Peter Schweizer

Systematisch Lösungen **finden**

Eine Denkschule für Praktiker

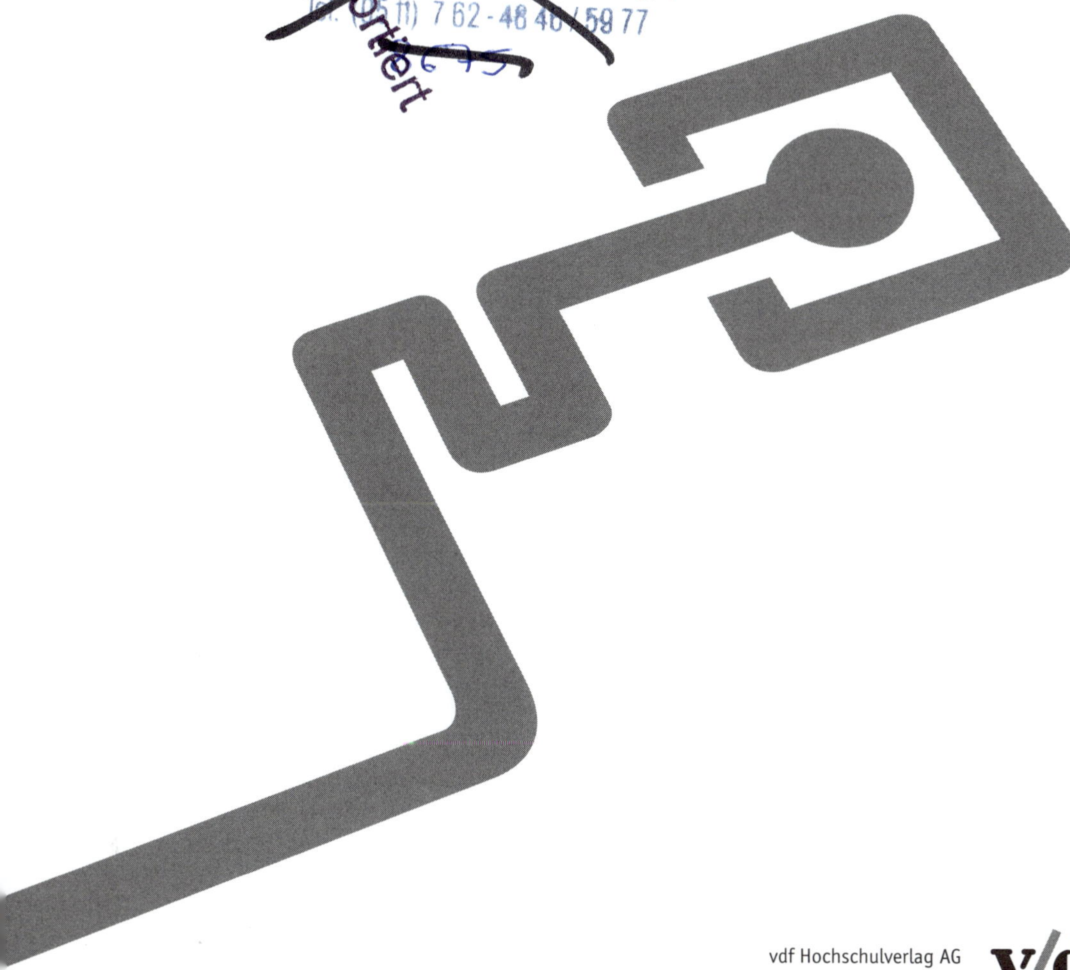

vdf Hochschulverlag AG
an der ETH Zürich

Bibliografische Information der Deutschen Nationalbibliothek

Die Deutsche Nationalbibliothek verzeichnet diese Publikation in der Deutschen Nationalbibliografie; detaillierte bibliografische Daten sind im Internet über http://dnb.d-nb.de abrufbar.

ISBN 978-3-7281-3087-7

Inhaltsverzeichnis

Vorwort

Die vorliegende Publikation versteht sich als Lehrbuch und Nachschlagewerk. Sie gibt Wissen wieder, das in den letzten Jahrzehnten auf verschiedenen Gebieten perfektioniert und insbesondere als Mittel zur interdisziplinären Kooperation aufgearbeitet wurde. Heute vergessen wir oft, dass es sich hierbei nicht einfach um eine Kunstlehre handelt, sondern dass auch wichtige wissenschaftliche Erkenntnisse den angewandten Management- und Arbeitstechniken zugrunde liegen. In diesem Sinne kann es nicht schaden, in einzelnen Fällen wieder an die Wurzeln bestimmter Methoden zurückzugehen. Ich denke hier etwa an die Systemanalyse, die heute noch attraktive, wenig bearbeitete Fragestellungen anbietet. Ähnliches gilt für die Risikotheorie, die vielfältige, teilweise auch mathematisch anspruchsvolle Anwendungen besitzt.

R.C. Lewontin, einer der grossen Naturwissenschafter dieser Tage, hat in seinem Buch „The doctrine of DNA“ (London 1993) Biologie als Ideologie bezeichnet. Ausgehend von der Überlegung, dass Wissenschaft einerseits Erkenntnisgewinn anstrebt, andererseits aber auch ein Instrument der praktischen Lebensgestaltung ist, zeigt er, wie Denkhaltungen, Meinungen und gesellschaftliche Umstände wissenschaftliche Ansätze beeinflussen können.

Aus dieser Sicht sind Theorie und Praxis an transparenten Verfahren und Methoden interessiert. Wer in Systemen denkt und sich um Problemlösungstechniken bemüht, ist weder gescheiter noch – notwendigerweise effizienter. Aber er arbeitet in jedem Fall so „systematisch“, dass sein Vorgehen für andere verständlich und, wenn nötig, reproduzierbar und kontrollierbar wird. In einer komplexen Welt ist dies eine Kernvoraussetzung für die Kooperation. Und es ist gleichzeitig auch der Grund, weshalb wir in Wirtschaft, Verwaltung und Wissenschaft täglich Projektmanagement üben sollen.

So wünsche ich der vorliegenden Publikation viel Erfolg. Gleichzeitig hoffe ich, sie möge auch zur weiteren Verständigung zwischen Theorie und Praxis und zu einer verständnisvollen Zusammenarbeit zwischen Universitäten und Fachhochschulen führen.

Stephan Bieri, Dr. oec. publ.
Präsident der Eidgenössischen Fachhochschulkommission EFHK

Anmerkungen des Verfassers

Das vorliegende Buch ist als Lehrbuch und Nachschlagwerk konzipiert. Es soll den Lesern helfen ihre Problemlösungsfähigkeit zu steigern. Der Inhalt basiert stark auf meinem früheren Buch „Systematische Produktentwicklung mit Mikroelektronik“, das 1989 im Ott-Verlag und im VDI-Verlag erschienen ist, sowie auf weiteren, inzwischen erschienenen Publikationen und eigenen, neuen Beobachtungen und Erfahrungen. Kurz: Ich habe dazugelernt und fand es nützlich, ein neues, mehrbändiges Werk herauszugeben. Im Gegensatz zu meinem ersten, oben erwähnten Buch konzentriert sich der vorliegende erste Band auf die eigentliche Problemlösungsmethodik. Alle weiteren Themen werden in die folgenden Bände verlagert. Dadurch wird Übersichtlichkeit gewonnen. Zudem steigt die Eignung zum Einsatz in verschiedensten Ausbildungsgängen und Fachgebieten.

Problemlösungsfähigkeit ist eine Schlüsselqualifikation für jede erfolgreiche wirtschaftliche Tätigkeit. Eigentlich sollte jede Grundausbildung diese Fähigkeit vermitteln. Dieses Buch enthält vor allem Beispiele aus der Industrie und widerspiegelt damit den Ingenieurbackground des Autors. Die beschriebenen Methoden sind aber von allgemeiner Gültigkeit und auch in anderen Wirtschaftsbereichen sowie im Privaten nützlich. Ich habe darauf geachtet, einfache, für die Praxis geeignete Hilfsmittel zu beschreiben. Die Erfahrung zeigt, dass Problemlösungsmethoden nur dann zur Anwendung kommen, wenn sie nicht jedesmal ein Literaturstudium voraussetzen. Es ist bekannt, dass vom Verstehen bis zum Beherrschen einer Methode ein grosser Lernschritt erforderlich ist. Wer ein Buch über Klavierspielen gelesen hat, kann noch lange nicht Klavier spielen. Ich kenne auch niemanden, der theoretisch zum Snowboarder geworden ist. Neue Fähigkeiten und neues Verhalten lernt man anhand praktischer Beispiele. Diese kann dieses Buch nicht vermitteln. Dazu sind Kurse und praktische Arbeiten geeignet. Den Lernenden sei auch empfohlen, sich nicht gleichzeitig möglichst viele Hilfsmittel anzueignen, sondern nur wenige, diese dann aber praktisch anzuwenden. Anhand neuer Problemsituationen kann man sich sukzessive mit weiteren Methoden vertraut machen. Der vorliegende Band will vor allem Zusammenhänge klarmachen und Literaturhinweise zur weiteren Vertiefung geben.

Dank

Dieses Buch wäre nicht entstanden ohne die wertvolle Mithilfe meiner Studenten an der Ingenieurschule beider Basel. Sie haben ihren Kursstoff immer wieder kritisch hinterfragt und in ihren Studien- und Diplomarbeiten erprobt. Folgenden Helfern aus meinem Freundeskreis danke ich, dass sie das Manuskript durcharbeiteten und viele wertvolle Hinweise lieferten: Urs Flükiger, Assistent der Konzernleitung bei Schindler; Marian Briska, ehemals erfolgreichster Entwickler bei IBM Deutschland; Felix Hauri, Produktionsleiter bei ABB;

Peter Bisang von der Allgemeinen Morphologischen Gesellschaft; Rolf Grunder, Ressortleiter bei Sulzer Escher Wyss, Oberstleutnant Peter Tschofen, Instruktionsoffizier, Peter Schaffner, Dozent, H. Liebhart, Bereichsleiter Feuerwehrausbildung bei der Gebäudeversicherung des Kantons Zürich. Mein Bruder Robert, Mathematiklehrer, betätigte sich wieder als „sprachliches Gewissen“ und brachte viele Stilverbesserungen an. Meine Frau Crina waltete als kritische Gesprächspartnerin. Sie war gerade daran, diesen Stoff im Rahmen ihres Nachdiplomstudiums in Betriebs- und Produktionswissenschaften an der ETH Zürich zu lernen. Mein 16jähriger Sohn Adrian veranlasste, dass alle komplizierten Ausdrücke, die er nicht verstehen konnte, aus dem Manuskript verschwanden. Einen ganz speziellen Dank an Sylvia van Moorsel für die liebevoll gezeichneten Karikaturen und die Geduld für alle meine Änderungswünsche. Nicht zuletzt auch ein Dankeschön dem vdf Verlag für die gute Zusammenarbeit.

Ihnen allen meinen herzlichen Dank!

Anmerkungen zur zweiten Auflage

Nachdem nun auch der Folgeband „Systematisch Lösungen realisieren“ erschienen ist, fand ich Zeit, die Anregungen und Hinweise für Korrekturen aus der Leserschaft in diesem Band umzusetzen. Grundlegende Änderungen ergaben sich nicht. Was ich aber inzwischen dazugelernt habe, ist ebenfalls eingearbeitet. Weitere Hinweise und Gedanken für Verbesserungen für spätere Auflagen nehme ich stets gerne entgegen.

Zürich, im Juli 2001

Anmerkungen zur dritten Auflage

Inzwischen sind auch die weiteren Bände in dieser Reihe fertig gestellt. Sie vertiefen verschiedene, bereits in diesem Band angesprochene Themen, führen aber auch weit darüber hinaus. Gegenüber der früheren Auflage ergaben sich im vorliegenden Band keine grundlegenden Änderungen. Einige erkannte Fehler wurden jedoch korrigiert, wenige Ergänzungen angebracht und mit Querverweisen auf die weiteren Bände ergänzt.

Zürich, im August 2007

1 Chancen erkennen

1.1 Erfolgsfaktoren im Wettbewerb

Jede Firma will überleben, einen Gewinn erzielen und den Substanzwert für ihre Inhaber steigern. Das versucht sie über die Produktion von Gütern (Waren und/oder Dienstleistungen). Sie will vorhandene Bedürfnisse befriedigen und dafür honoriert werden. Das trifft zum Teil sogar auch für Nonprofitorganisationen zu. In den letzten hundert Jahren haben wir gelernt, immer effizienter zu produzieren. Das galt vorerst für die Landwirtschaft, aber auch in der Industrie stellen heute immer weniger Leute immer mehr Produkte her. Dank dieser Fortschritte konnte sich der Dienstleistungsbereich stark entwickeln. Die „Nachindustrielle Zeit" wird aber nicht stattfinden! Auch eine durch viele Dienstleistungen geprägte Gesellschaft wird Industrie und Gewerbe brauchen. So wie auch die Landwirtschaft nicht aussterben wird. Effizienz in der Produktion ermöglicht hohen Wohlstand und geistig kulturelle Leistungen. Neue Technologien ermöglichten qualitatives Wachstum und helfen bei der Bewältigung anstehender Bevölkerungs- und Umweltprobleme. Neben dem Wandel in der Wirtschaft findet in unserer Gesellschaft auch ein Wandel der Werte statt, was uns zur stetigen Neuorientierung zwingt. Unternehmen müssen sich rasch auf veränderte Bedingungen ausrichten. Ihr Erfolg hängt von ihrer Fähigkeit zum Wandel ab. Kundenorientierung und Problemlösungsfähigkeit sind gefragt. Erfolgreiche Unternehmen erkennen diesen Wandel als Chance. Sie verstehen sich daher immer weniger als reine Produktelieferanten, sondern als Problemlöser. Ihr Ziel ist es, Kundenbedürfnisse zu erkennen und effizient zu befriedigen.

Wenn der Wind der Veränderung weht, bauen die einen Mauern und die anderen Windmühlen.

Über die ausschlaggebenden Faktoren des wirtschaftlichen Erfolges wurde schon viel nachgedacht, untersucht und publiziert. Als Quintessenz stösst man immer wieder auf die folgenden Punkte:

- Problemlösungsfähigkeit und vernetztes Denken
- Sozialkompetenz und emotionale Intelligenz: Fähigkeiten im Umgang mit Menschen (Konflikt-, Kommunikations- und Teamfähigkeit) sowie Sprachkenntnisse (Fremdsprachen)
- Fachkompetenz

Besonders in schnell fortschreitenden High-Tech-Bereichen veraltet das relevante Fachwissen rasch. Selbst Fachleuten wird es unmöglich, sich auf der ganzen notwendigen Breite auf dem neuesten Stand des Wissens zu halten.

Erfolg haben kann nur, wer neben einem breiten Grundlagenwissen die Fähigkeit besitzt, sich bei Bedarf rasch in neue Fachgebiete einzuarbeiten. Damit stellt sich natürlich für jedermann die Frage: „Was soll ich lernen?"

Lernfähigkeit ist die Kernkompetenz erfolgreicher Unternehmen.

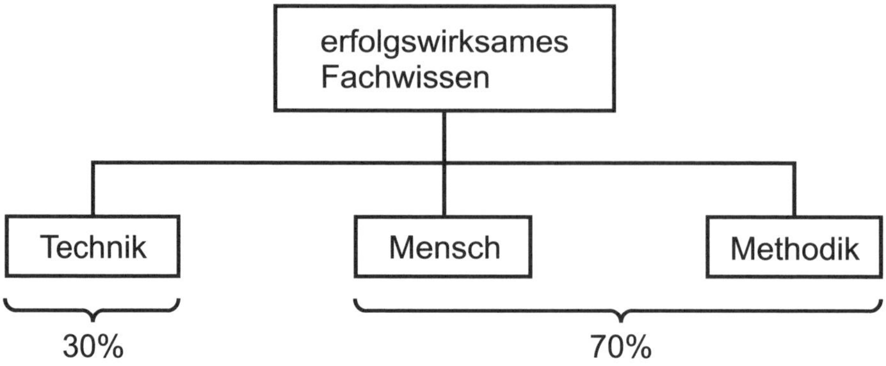

Abb. 1.1 *Untersuchungen an Projekten in der Industrie zeigten, dass gut zwei Drittel des erfolgswirksamen Wissens selbst im High-Tech-Bereich nichttechnischer Natur ist.*

1.2 Was soll ich heute lernen?

Die Globalisierung der Märkte und die Fortschritte in der Telekommunikation bieten innovativen Unternehmen neue Chancen, lassen aber auch Standortvorteile schwinden. Das hat zur Folge, dass der Wohlstand eines Landes immer mehr davon abhängt, was es zur Weltwirtschaft beiträgt. Unsere Arbeitsplätze hängen von einer auf dem internationalen Markt konkurrenzfähigen Wirtschaft ab. Das Problem der Arbeitslosigkeit lösen wir grundsätzlich nicht damit, dass wir die Arbeit gerecht verwalten, sondern indem wir die neuen Chancen nutzen und via gesteigerte Konkurrenzfähigkeit zusätzliche Arbeitsplätze schaffen. Wir befinden uns in einem internationalen Konkurrenzkampf. Entweder erfüllen wir die Wünsche unserer Kunden besser als die Konkurrenz – dann steht uns ein weltweiter Markt offen – oder die Arbeitsplätze sind eben woanders auf der Welt. Erfolg haben können wir nur mit Spitzenleistungen – auch wenn diese Erkenntnis einer antielitären Gesellschaft schwer fällt. Wir müssen bessere Leistungen anbieten als unsere Konkurrenten und dafür Kernkompetenzen entwickeln. Dazu gehören das allgemeine Bildungsniveau und in immer stärkerem Masse die Managementfähigkeiten.

1.2.1 Für die Wirtschaft relevante Wissensgebiete

Zuerst betrachten wir die wichtigsten Geschäftsprozesse in einem Industriebetrieb und überlegen uns dann, welche Fachgebiete und Fähigkeiten dazu von Bedeutung sind:
Welcher Manager kennt nicht die folgende Problematik: Er hegt grosse Pläne mit seiner Abteilung oder sogar mit seiner ganzen Firma. Das Tagesgeschäft hält ihn aber dauernd davon ab, diese Pläne zu Ende zu denken, geschweige denn, sie durchzuführen. Er weiss zwar, dass diese Pläne für die Zukunftssicherung der Firma und zur Arbeitsplatzerhaltung lebenswichtig sind, aber die aktuellen Terminpläne und ein wichtiger Kundenauftrag haben jetzt Priorität. Er muss sich dringend um diesen Kunden kümmern, wenn er weitere Geschäfte mit ihm nicht gefährden will. Er ist einfach auf diesen Kunden angewiesen. Mit dessen Geld wird er die Löhne zahlen, und zudem hat ein guter Quartalsabschluss direkten Einfluss auf sein persönliches Einkommen. Dieser Auftrag ist so wichtig, dass er darob sogar die Planung für den nächsten Kunden vernachlässigt, der wiederum für die nächsten Aufregungen sorgen wird.

Die beschriebene Situation dokumentiert die Problematik, die verschiedenen Themen und Disziplinen, mit denen die Industrie konfrontiert ist.

Fachkenntnisse In einem Industriebetrieb dominiert meist das Tagesgeschäft. Für die Weiterentwicklung der Firma müssen neben dem Tagesgeschäft aber auch „Unternehmensentwicklungsprozesse" laufen.

Methodik Arbeitstechnik, Problemlösungsfähigkeit und Führung sind häufig Schwachstellen. Die überforderten Mitarbeiter können sich den dafür notwendigen Freiraum nicht schaffen.

Verhalten Unsere Kommunikationsfähigkeiten im Umgang mit Mitmenschen sowie unsere Fähigkeiten, Konflikte zu bewältigen und mit Widersprüchen umzugehen, sind oft wichtiger als die Lösung selber.

Wertvorstellungen Wertvorstellungen und Anreizsysteme beeinflussen unser Handeln nachhaltig. Wir müssen sie immer wieder auf die angestrebten Ziele ausrichten. Wo sie in die falsche Richtung zeigen, wirken sie kontraproduktiv.

Bei den folgenden Betrachtungen gehen wir von einem mittleren Industriebetrieb aus, der eigene Produkte entwickelt und verkauft.

1.2.2 Kompetenzen für das Tagesgeschäft

Das Tagesgeschäft dient der unmittelbaren Leistungserstellung. Damit werden heute die Gewinne erwirtschaftet, die den Weiterbestand der Firma sichern. Das Ziel einer optimalen Organisation besteht darin, die vorhandenen Ressourcen, das heisst: Anlagen, Mitarbeiter und Kapital, möglichst gut zu nutzen – also mit minimalem Aufwand eine möglichst grosse Wertschöpfung zu erwirtschaften. Die Organisationsstrukturen und Geschäftsprozesse sind normalerweise für die **Routineabläufe** optimiert. Dazu gehören auch Konstruktionsänderungen, um Kundenwünsche zu erfüllen, nicht aber die Entwicklung vollständig neuer Produkte. Für die weiteren Betrachtungen legen wir eine Firma zugrunde, die ein eigenes Produktesortiment fertigt. In Abb. 1.2.2 sind die für das Tagesgeschäft relevanten Fachgebiete dargestellt. Diese Darstellung orientiert sich an der Porterschen Wertkette. Porter unterscheidet zwischen den Aktivitäten, die direkt der Wertschöpfung dienen, und den unterstützenden Tätigkeiten (Rechnungswesen, Personalwesen etc.). Im unteren Teil der Abb. 1.2.2 sind die Grundlagenfächer aufgeführt. Diese Grundlagen sind Voraussetzung, um die in der Darstellung darüber liegenden Fachgebiete im Porter-Schema erfolgreich anzuwenden.

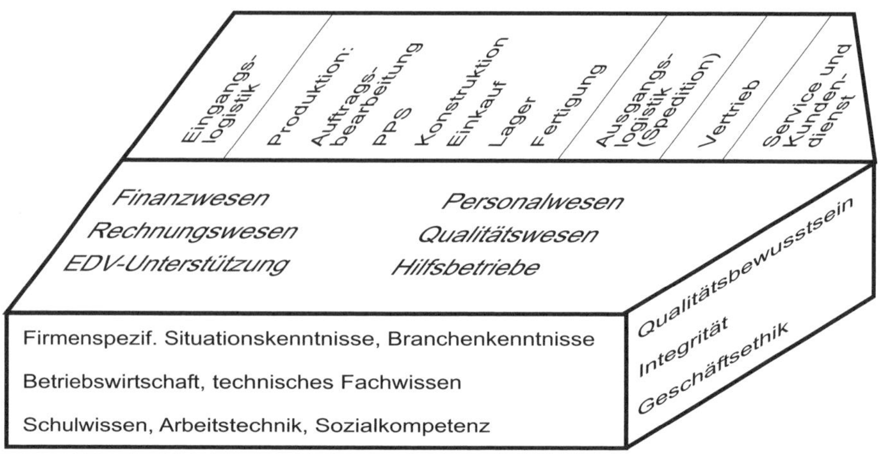

Abb. 1.2.2 Die relevanten Fachgebiete für das industrielle Tagesgeschäft.

Verfolgen wir den Ablauf der Aufträge: Der Verkauf konzentriert sich darauf, das vorhandene Produktesortiment abzusetzen. Dann folgt der Planungsprozess: Disposition, Arbeitsvorbereitung und Produktionsplanung und Steuerung geben die Aufträge an den Einkauf und die Produktion. Mit der Auslieferung der Produkte an den Kunden und dem Bezahlen der Rechnung ist ein Kundenauftrag abgeschlossen. Nach Abzug aller Kosten bleibt dann hoffentlich noch ein Gewinn übrig. Die direkt produktiven Aktivitäten werden von anderen Abteilungen, resp. Tätigkeiten unterstützt: Rechnungswesen, Qualitätssicherung, etc. Die Basis aber, die den Einsatz aller darüber liegenden Gebiete ermöglicht, besteht aus beruflichem Grundlagenwissen, Branchenkenntnissen, Schulwissen etc.

Behauptung: Das direkt auf das Tagesgeschäft ausgerichtete Wissen, speziell das firmenspezifische, wird hauptsächlich während des Berufslebens zum Beispiel durch innerbetriebliche Weiterbildung vermittelt. Ein grosser Teil wird auch durch „Training on the Job“ erworben. Investitionen in diese Fachgebiete zahlen sich für die Betriebe relativ rasch aus.

1.2.3 Kompetenzen für die Unternehmensentwicklung

Aktivitäten im Zusammenhang mit der Weiterentwicklung der Unternehmen haben meistens Projektcharakter. Dabei geht es um die Entwicklung neuer Leistungsangebote (Innovationen) oder um die Einführung neuer Verfahren (Organisationsabläufe, Produktionsprozesse etc.).

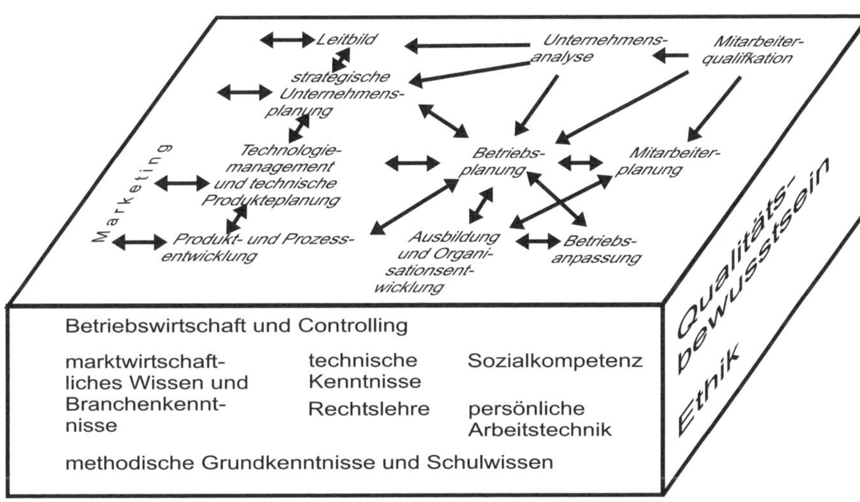

Abb. 1.2.3 *Die für die Unternehmensentwicklung relevanten Fachgebiete in ihrem Zusammenhang dargestellt.*

Solche Aktivitäten orientieren sich normalerweise nicht an einem Kundenprojekt, sondern verbessern die Konkurrenzfähigkeit der Firma. Abb. 1.2.3 stellt die für Unternehmensentwicklungsprozesse relevanten Fachgebiete und ihre gegenseitigen Beziehungen dar. Jede Unternehmensentwicklung ist ein

komplexer Prozess mit vielen Beteiligten, der viele Aspekte berücksichtigen muss. Ein systematischer Ablauf folgt etwa dem diesem Schema:
Ausgehend von Vorstellungen und Werthaltungen des Unternehmens (Leitbild), einer Unternehmensanalyse, dem vorhandenen Mitarbeiterpotential und natürlich vor allem aus der Analyse des Marktes entstehen im Rahmen der strategischen Unternehmensplanung Vorstellungen über die weitere Marschrichtung. Wo und wie wollen wir uns in Zukunft am Markt positionieren? Welches sind unsere strategischen Erfolgspositionen? Die anschliessende Produkteplanungsphase baut auf den Disziplinen des Technologiemanagements und des Marketings auf. Ist die Vorentwicklungsphase abgeschlossen, folgt die eigentliche Produkt- und Prozessentwicklung. Parallel dazu beginnt die Betriebsplanung. Die Organisation, die Mitarbeiterzahl und die Weiterbildung sind zu planen und schliesslich zu realisieren (Betriebsanpassung).
Einige Fachgebiete unterstützen alle oben beschriebenen Prozesse. Sie sind in Abb. 1.2.3 im unteren Teil dargestellt: Controlling, betriebswirtschaftliche Fähigkeiten, technisches Wissen und vor allem Sozialkompetenz (Fähigkeiten im Umgang mit Menschen). Dies besonders dann, wenn es darum geht, Veränderungsprozesse anzustossen und Akzeptanz für Neues zu gewinnen. Ethik, Moral, Werthaltungen und Qualitätsbewusstsein beeinflussen die Kultur eines Unternehmens stark. Diese Faktoren werden von den Persönlichkeiten im Topmanagement geprägt und wirken sich vor allem auf der Ebene der normativen Führung aus.

das Management ist zum Engpass geworden

Durch den immer rascher ablaufenden technischen und gesellschaftlichen Wandel ist der Anpassungsdruck seit dem Zweiten Weltkrieg stets gewachsen. Das Beherrschen der Unternehmensentwicklungsprozesse ist daher immer bedeutsamer geworden. Der rasche Wandel ist aber nur beherrschbar, wenn er von vielen Mitarbeitern getragen wird. Diese müssen dazu fachlich und emotional bereit sein und bedürfen einer dauernden Weiterbildung. Mit den alten Prinzipien „Oben wird geführt und unten ausgeführt“ lässt sich die zunehmende Komplexität nicht mehr bewältigen. Entscheide sind nahe an den Ort des Geschehens zu delegieren. Die sich daraus ergebenden Konsequenzen sind flachere Hierarchien und „Empowerment“ (unternehmerisches Denken und Handeln der Mitarbeiter).

1.2.4 Soziale Verantwortung

In unserer immer stärker vernetzten Welt sind wir gesteigerten Gefahren ausgesetzt. Die Anzahl der nichtversicherbaren Grossrisiken hat zugenommen. Die technischen Möglichkeiten, damit umzugehen, haben sich jedoch zum Glück ebenfalls verbessert. Firmen und ihre Mitarbeiter beginnen ihre Blicke immer mehr über die Firmengrenzen hinaus zu richten. Sie verstehen sich als Glied in der Wertschöpfungskette innerhalb der ganzen Gesellschaft. Reines Shareholder-value-Denken wird langfristig seine eigene Basis zerstören. In einer Welt voller Abhängigkeiten kann man nicht allein Erfolg haben. Um dies zu verstehen, braucht es Kenntnisse der volkswirtschaftlichen Zusammenhänge. Letztlich wird man auch immer wieder auf Sinnfragen und Fragen der Ethik stossen.

1.3 Die Informationsflut

die Flut

Während der vergangenen 15 Jahre hat sich das weltweite Wissen verdoppelt. Die so genannte „Halbwertszeit" des Wissens ist in den High-Tech-Gebieten auf zwei bis drei Jahre gesunken. Weltweit erscheinen täglich ca. 20'000 neue Fachpublikationen, und es werden über 5000 Patentansprüche angemeldet. Das heisst: Alle 30 Sekunden wird irgendwo auf der Welt ein Patent angemeldet. Eine Flut zusätzlicher Informationen erreicht uns jetzt noch über die sich weltweit stark entwickelnden Computernetze und Datenbanken (Stichwort: Internet). Doch statt klüger werden wir nur noch info-gestresster.

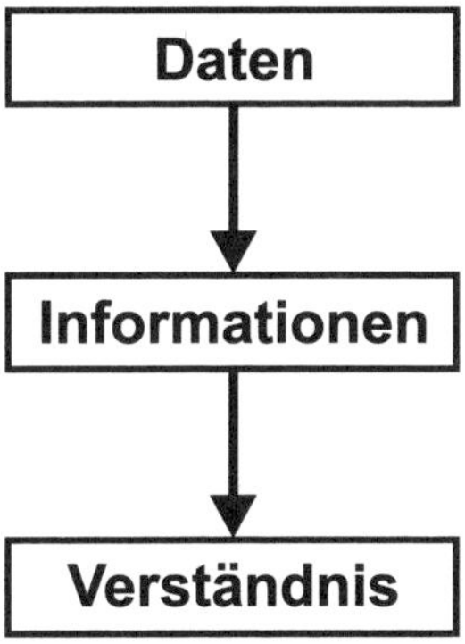

Abb 1.3 *Internet ersetzt das Denken nicht! Daten sind noch keine Information, und Information garantiert noch kein Verständnis.*

die Gründe

Während es die technischen Entwicklungen auf den Gebieten der Kommunikations- und Computertechniken ermöglichen, immer einfacher an Informationen zu gelangen, sind sie zugleich auch Ursache der Informationsflut. Publizieren wurde einfacher. Benutzerfreundliche Programme verbessern zwar die Qualität der Darstellungen. An der Qualität der Inhalte aber ändern sie nichts. Solange Wissenschaftler vor allem an der Anzahl ihrer Publikationen gemessen werden sowie an der Häufigkeit, mit der sie von anderen zitiert werden, entstehen nicht kompakte Veröffentlichungen, sondern Fortsetzungsromane, die nicht für die Leser bestimmt sind, sondern in erster Linie die fachliche Qualifikation des Autors untermauern sollten. Neben der beruflichen Informationsfülle sind wir nolens volens weiteren Informationsflüssen der Medien, Werbung und Unterhaltung ausgesetzt.

Die intellektuelle Arbeit des Auswertens der Informationsflut nimmt uns die Technik nicht ab. Unterstützung erhalten wir heute zum Glück beim gezielten Suchen, im Internet zum Beispiel durch verschiedenste „Suchmaschinen“.

Können ist Macht

„Wissen ist Macht“ statuierte einst Francis Bacon. Heute ist aber Wissen allein nicht mehr Macht. Wissen ist leichter verfügbar geworden. Heute ist erst die Fähigkeit, mit Wissen umzugehen, Macht.
Das Ausmass der heutigen Informationsflut stellt ein Phänomen dar, mit dem die Menschheit bisher noch nie konfrontiert war. Vergleichbare Auswirkungen auf das intellektuelle Leben findet höchstens noch eine Parallele in der Erfindung des Buchdrucks durch Gutenberg im 15. Jahrhundert. Damals wurden plötzlich für alle Gesellschaftsschichten Bücher zugänglich. In den vergangenen Jahren ist es noch einfacher geworden, an Wissen zu gelangen. Informationen sind standortunabhängig weltweit mit einem PC mit Modem über eine Telefonleitung oder über Satellit abrufbar. Doch wenn uns auch die heutigen Hilfsmittel erlauben, rasch und einfach an Informationen zu gelangen, müssen wir diese dennoch selber lesen und verarbeiten. Und dazu benötigen wir Zeit. Die Kompetenz zum Umgang mit grossen Informationsmengen und die dazu gehörende Arbeitstechnik werden unter diesen Umständen immer mehr zu Erfolgsfaktoren für jede Organisation und jede Person. Hier entsteht auch ein neuer Markt. Das zeigen die sich rasch entwickelnden Hilfsmittel im Internet sowie neue Firmen, die Serviceleistungen anbieten, um mit dem Daten-Smog umzugehen.

1.4 Die heutige Ausbildungssituation

Wo wird was vermittelt?

Wo werden die oben beschriebenen, für die Industrie wichtigen Kompetenzen vermittelt? Ein Grossteil davon leider nicht an unseren Ingenieurschulen! Diese konzentrieren sich bis anhin auf das nach wie vor wichtige technische Wissen, das sie auch effizient vermitteln. Diese Spezialisierung hat aber Konsequenzen: Besonders für finanziell wichtige Entscheide sind die Ingenieure fachlich und methodisch schlecht vorbereitet. Daher gelangen oft andere Berufsgruppen rascher in einflussreiche Führungspositionen, und junge, vor der Berufswahl stehende Leute fragen sich: „Warum soll ich Ingenieur werden, wenn ich viel einfacher sein Chef werden kann?“

Die gesamte heutige Ausbildungssituation, nicht nur diejenige der Ingenieure, ist durch eine starke Spezialisierung und Abtrennung der Wissensgebiete gekennzeichnet. Das ist teilweise historisch bedingt und lässt sich auf die Trennung der Geistes- und Naturwissenschaften zurückführen. Dazu kamen später noch die ökonomischen und die Sozialwissenschaften, die sich nochmals von den beiden ersteren entfernten. Ein ähnliches Bild trifft man auch bei den Fachhochschulabsolventen zwischen den Bereichen Wirtschaft und Technik sowie beim Werkstatt- und Büropersonal. Hindernd wirkt heute in vielen Firmen das fehlende Verständnis für die Gesamtzusammenhänge und Prozesse sowie für die Tätigkeiten und Denkweisen der andern Berufe. Standesdünkel und Prestigedenken erschweren die Kommunikation zusätzlich. Die inzwischen in der Schweiz entstandenen Fachhochschulen stellen für unser Land eine Chance dar, die Situation in diesem Bereich zu verbessern.

der Ruf nach mehr Generalisten

Der Ruf nach mehr Generalisten erschallt schon seit einiger Zeit. Machtstrukturen und Anreizsysteme in unserer Industriegesellschaft erschweren aber deren Akzeptanz und Erfolg. Nach wie vor wird aber, durch die Globalisierung noch gefördert, vor allem Spezialistenwissen honoriert. Der innovative Generalist läuft Gefahr, nachdem er vielleicht sogar gegen Widerstände eine neue, bessere Lösung zustande gebracht hat, dass ihn die Spezialisten in die Wüste schicken, um die Situation wieder allein zu kontrollieren. Erfolg hat heute der Spezialist mit generalistischen Fähigkeiten.

1.4.1 Ausbildung und Stellung der Mitarbeiter in der Wirtschaft

> **„Heute gehen die Firmen nicht zugrunde, weil die leitenden Ingenieure das Ohmsche Gesetz falsch anwenden, sondern weil sie nicht wissen, was Cashflow bedeutet.“**
>
> *Dr. R. Lagadec*

Ursprünglich war das Ingenieurwesen eine hauptsächlich auf Erfahrungen aufbauende Disziplin. Im Anschluss an den Zweiten Weltkrieg wurde in den USA festgestellt, dass wissenschaftlich arbeitende Ingenieure erfolgreicher sind als solche, die in erster Linie auf Erfahrungen aufbauen. Diese Beobachtung hatte eine bis heute nachwirkende Neuausrichtung der Ingenieurausbildung zur Folge. Man begann auf Universitätsstufe Ingenieurwissenschaftler auszubilden. Diese eigneten sich in der Folge eher für die Forschung als direkt für die Industrie.

In der Nachkriegszeit ging es allen gut, die Güter liefern konnten. Jenen, die technisch bessere Produkte lieferten, ging es sogar sehr gut. Die Produzenten versuchten, ihre Maschinen optimal auszulasten. Lieferfristen waren unwichtig. Die Kunden waren das Warten gewohnt. Marketing war unnötig. Die Ingenieure konstruierten ein besseres Produkt und warteten auf die Bestellungen. Die technisch-wissenschaftliche Ingenieurausbildung brachte offensichtlich Erfolg. Zur Führungsausbildung genügte das Militär. Dort wurden damals aber vor allem Hierarchiedenken und Befehlen geschult und nicht eigentlich „Führen“. Mit der Zeit veränderte sich vieles, und die so ausgebildeten Ingenieure hatten ohne Weiterbildung keinen Erfolg mehr. Managementausbildung wurde notwendig. MBA-Abschlüsse (Management of Business Administration) waren gefragt. Die traditionellen Ingenieure aber hatten von Finanzen und Management immer noch keine Ahnung. (Das sind schliesslich minderwertige, unwissenschaftliche Dinge, mit denen sich ein Naturwissenschaftler nicht abgibt oder die er sowieso beherrscht.) Andere Spezialisten, zum Beispiel Betriebswirte, Juristen und MBAs, übernahmen mehr Funktionen im Top-Management. Diese waren aber wiederum bei raschen technischen Veränderungen überfordert. Das gegenseitige Misstrauen wuchs.

„Wegwerf-spezialisten“

Mitarbeiter, die sich zu „schmal“ ausgebildeten Spezialisten entwickeln, werden bei grossen Veränderungen in einer Firma oft unbrauchbar. Aus Eigeninteressen sperren sie sich daher jeweils gegen Veränderungen und werden, wenn sie ihre Position nicht mehr halten können, entlassen oder in unwichtige Positionen verschoben. Daran nehmen sich die übrigen Spezialisten ein Beispiel und bekämpfen die nächste Veränderung umso vehementer.

Vorurteile

Das Misstrauen und die Kommunikationsprobleme zwischen den verschiedenen Berufsgruppen haben babylonische Ausmasse angenommen und lassen sich etwa folgendermassen karikieren: Die Kulturschaffenden und ein Teil der Politiker stehen fern von industriellen und finanziellen Problemen. Sie konzentrieren sich auf Kunst und Kultur. Mit diesen Leuten können die Ingenieure nichts anfangen. Einen noch weiteren Bogen machen sie um die Psychologen. Die Betriebswirte sind lästige Bremser, weil sie jede neue Idee mit einer Wirtschaftlichkeitsrechnung bekämpfen. Diese wiederum schauen auf die Ingenieure hinunter, die von Finanzen und Geschäftsführung keine Ahnung haben und sich nur mit unwichtigen technischen Spielereien befassen.
Tragisch ist, dass unsere Gesellschaft mit Konflikten nicht konstruktiv umgeht. Sie werden meist verdrängt, unterdrückt und auf verschobenen Ebenen ausgetragen.

1.5 Ausbildungsziele

Unsere Gesellschaft benötigt kompetente, selbstbewusste Persönlichkeiten, welche den heutigen und zukünftigen Herausforderungen unserer Gesellschaft gewachsen sind. Es genügt nicht mehr, einen Beruf zu erlernen oder ein Studium abzuschliessen und es dann dabei bewenden zu lassen. Wir sollten „Lebensunternehmer“ werden. Dazu benötigen wir ein breites Verständnis der wirtschaftlichen und industriellen Zusammenhänge, soziale Kompetenz (Kommunikations- und Teamfähigkeit) und vor allem die Fähigkeit, sich selbständig lebenslang weiterzubilden. Bei Bedarf sind solche Persönlichkeiten in der Lage, sich rasch in neue Gebiete einzuarbeiten. Auch Spezialisten sollen ein gemeinsames Generalistenwissen besitzen, das sie zur interdisziplinären Zusammenarbeit befähigt. Bereits in der Primarschule können Lehrer diese Fähigkeiten fördern, indem sie nicht einfach Lehrstoff verabreichen, sondern

den Kindern beibringen, wie sie am besten lernen. Projektorientiertes Arbeiten lässt Schüler selbständig Informationen sammeln. Ältere Schüler und Lehrer wirken dabei als Berater. Schüler hingegen, die dauernd kritisiert und zu Anpassern erzogen werden, sind später einfach zu manipulieren und wenig geeignet, neue Herausforderungen zu meistern.
Wir bewegen uns in die Richtung einer **„Lerngesellschaft"**. Es wird eine Zeit kommen, da niemand mehr fragt: „Was hast du studiert?", sondern: „Was hast du in den letzten drei Jahren dazugelernt?"
Die Bildungspolitik muss daher die Fähigkeit zur Weiterbildung zum ersten Ziel der Ausbildung machen.

Freiheit verpflichtet

Wenn wir freie, selbstbewusste Menschen sein wollen, müssen wir auch bereit sein, für unsere Entscheide die Konsequenzen zu tragen und nicht alles an den Staat und die Gesellschaft zu delegieren. Freiheit setzt daher die Fähigkeit voraus, selber Entscheide zu treffen, sowie die Fähigkeit, die Konsequenzen dieser Entscheide abzuschätzen. Wer das nicht kann, ist nicht in der Lage, seine Freiheiten zu nutzen.

Industriereifeprüfung

Eine akademische Ausbildung setzt heute unbestritten die „Reifeprüfung" (Matura) in Allgemeinbildung voraus. Für die industriellen Berufe müssen wir in Zukunft ähnliche Forderungen stellen. Wir müssen eine „Industriereifeprüfung" einführen als Voraussetzung für eine weitere Spezialisierung: für Ingenieure, Betriebswirte etc. Die Kultur des Abendlandes ist durch eine „Industrie- und Technokultur" zu ergänzen.

1.6 Probleme sind Chancen

Hurra, ein Problem!

Je grösser das Problem, umso bedeutender die Gelegenheit, etwas zu verbessern. Über einen Kunden, der reklamiert, sollten wir uns freuen. Es gibt keine bessere Gelegenheit, sein Vertrauen zu erwerben, als durch eine gut bearbeitete Reklamation. Statt uns am Arbeitsplatz über Konflikte zu ärgern, nehmen wir die Gelegenheit wahr, sie konstruktiv zu lösen, und damit die zukünftige Zusammenarbeit zu verbessern.
Alles ist lediglich eine Frage unserer Einstellung, wie wir mit Problemen umgehen. Nicht die Tatsache, dass wir im Leben Probleme haben, macht uns zum Opfer, sondern unsere Haltung, sie vom Standpunkt des Opfers her anzugehen.
Fürchten wir uns auch nicht vor „grossen" Problemen. Sie sind nicht schwieriger zu lösen als „kleine" Probleme. Die Schwierigkeit, eine Lösung zu finden, und die Bedeutung der Aufgabe haben nichts mit einander zu tun! Zur Lösung kleiner Probleme benötigen wir oft viel mehr Wissenschaft und technischen Aufwand als zur Lösung wirklich bedeutender Probleme.

Chancendenken statt Abwehrhaltung

Zwei Touristen machten zusammen eine Exkursion in den Urwald. Um sich vor den in jener Gegend lebenden Tigern zu schützen, kam der eine mit einer schweren Ausrüstung und einem langen Stock anmarschiert. Der zweite hingegen kam nur leicht bekleidet und mit Turnschuhen ausgerüstet. „Wie kommst denn du daher?“ wunderte sich der erste. „Du meinst doch nicht, dass du auch nur die geringste Chance hast, vor dem Tiger davonzurennen?“ „Das ist auch nicht nötig“, antwortete der zweite. „Es genügt, wenn ich schneller bin als du.“

Diese Geschichte zeigt, dass wir Aufgaben auf verschiedene Arten anpacken können und dass, wenn wir unsere Fähigkeiten und Stärken geschickt einsetzen, es oft auch in scheinbar ausweglosen Situationen überraschende Möglichkeiten gibt, uns gegenüber anderen zu differenzieren.

Es ist besser, eine Kerze anzuzünden, als die Dunkelheit zu verfluchen!

2 Problemlösungsfähigkeit entwickeln

2.1 Problemlösungsmethodik ist kein Schulfach

Die Problemlösungsmethoden, die man uns in der Schule beibrachte, waren meist fachbezogen und problemspezifisch. Probleme im täglichen Leben gehen wir gewöhnlich intuitiv und mit Erfahrung an. Mit Systematik wollen wir „keine Zeit verlieren". Vom Musterschüler, wie er heute noch vielerorts abgerichtet wird, erwartet der Lehrer die Antwort, noch bevor er die Frage fertig formuliert hat. Methodologie (die Lehre der Methoden) als Schulfach existiert in keinen Lehrplänen. Wie man systematisch Probleme löst, wird in unserem Ausbildungssystem nicht gelehrt. Das zeigt sich besonders bei Prüfungen, in denen meist theoretisches Wissen, viel seltener die Anwendung dieses Wissens geprüft wird. Die Auswirkungen zeigen sich am augenscheinlichsten bei Musterschülern, die später beim Lösen von praktischen Aufgaben im Beruf oder im Privatleben versagen. Für diese Situation mag es folgende Erklärungen geben:

Routine- und Pionierprobleme

Die Schule befasst sich vor allem mit Routineproblemen. Der Lehrer kennt den Lösungsweg bereits. In der Industrie sind wir aber oft mit Pionierproblemen konfrontiert. Bei diesen müssen wir den Lösungsweg erst suchen und sehen erst hinterher, ob er günstig war.

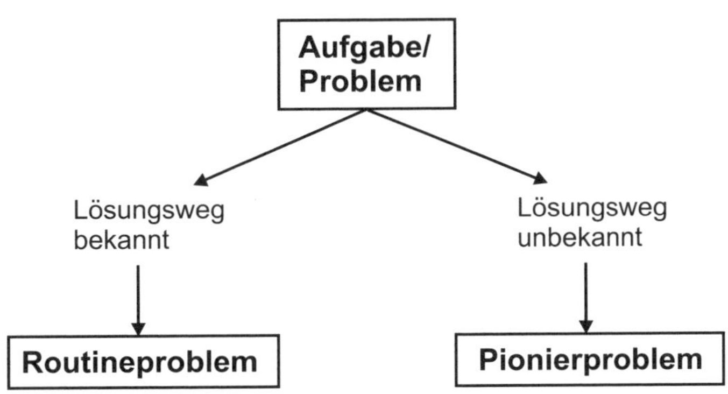

Abb. 2.1 *Routine- und Pionierprobleme.*

Einmal gelöste Pionierprobleme werden zu Routineproblemen, sobald man die Lösungswege beherrscht. Die Lösung gehört dann zu unserem Erfahrungsschatz.

Zunahme des Systemanteils

Prof. Antoulas unterteilt die Wissenschaften in zwei Klassen: In „Wissenschaften mit kleinem Systemanteil" und in „Wissenschaften mit grossem Systemanteil" (siehe Tabelle 2.1). Die Wissenschaften mit grossem Systemanteil erleben ihre Blüte erst seit dem Zweiten Weltkrieg. In den Jahrhunderten zuvor überwogen die klassischen Naturwissenschaften. Sie versuchten, die Welt in Formeln zu fassen. Alles, was nicht messbar und mathematisch beschreibbar war, galt als unwissenschaftlich. In früheren Zeiten genügte das analytische, klassisch-wissenschaftliche Vorgehensprinzip: Beobachtung, Hypothese, Experiment, Folgerung. Es ist das Vorgehensprinzip, das wir im Physikunterricht gelernt haben und das oft zu grossen Erfolgen geführt hat. Aber bereits beim Bau eines einfachen elektrischen Verstärkers kommen wir mit diesen rein analytischen Methoden nicht mehr weiter.

Klasse I Naturwissenschaften *(Systemanteil klein)*	**Klasse II** „künstliche" Wissenschaften *(Systemanteil gross)*
Astronomie Chemie Geologie Physik Werkstoffkunde	Ingenieurwissenschaften organische Chemie Informatik Biologie* Kybernetik Ökologie Operations Research Wirtschaftswissenschaften

* Die Biologie stellt unter den Naturwissenschaften eine Ausnahme dar. Sie hat einen sehr grossen „Systemanteil".

Tabelle 2.1 *Einteilung der Wissenschaften in Klassen mit kleinem und grossem Systemanteil.*

Wir benötigen die Systemtheorie. Wir arbeiten mit Modellen und betrachten das Ganze als ein System mit Rückführung. Als Grundelement dient uns dabei ein Transistor. Dieser gehorcht in seiner Funktion den physikalischen Gesetzen. Wie wir aber das Feedback-Netzwerk aufbauen müssen, schreiben uns die Gesetze der Physik nicht vor. Dies ist der systemtheoretische Teil. Die Elektronik geht sogar noch einen Schritt weiter. Sie ist zur systemübergreifenden Sparte geworden. Es genügt heute nicht mehr, dass der Elektroniker die Elektronik versteht. Um erfolgreich zu sein, muss er auch diejenigen Gebiete gut kennen, in denen er die Elektronik zur Problemlösung einsetzt; seien diese nun das Bankwesen, der Maschinenbau, die Nachrichtentechnik oder die Medizin. Ähnliches hat sich in vielen anderen Bereichen zugetragen. Am augenscheinlichsten ist diese Entwicklung im Zusammenhang mit dem Umweltschutz geworden. Hier versteht die Zusammenhänge nur, wer in global vernetzten Systemen denkt. Das einfache Ursache-Wirkung-Denken genügt nicht mehr. Probleme resultieren meistens aus der Verknüpfung einer Vielzahl verschiedener Ursachen und Wirkungen. Nur interdisziplinäre (= fachübergreifende) Zusammenarbeit bringt uns weiter.

Sozialkompetenz und emotionale Intelligenz

Interdisziplinäre Zusammenarbeit bedingt Teamfähigkeit. Ein weiterer Punkt, dem in unseren Ausbildungssystemen bisher zu wenig Beachtung geschenkt wird, sind die psychosozialen Aspekte. Widerständen gegenüber Veränderungen stehen wir oft ratlos gegenüber. In der betrieblichen Praxis gehören aber Führungs- und Organisationsprobleme sowie Konflikte zur Tagesordnung. Dazu kommt das politische Umfeld. Veraltete Gesetze, vorhandene Machtstrukturen, Protektionismus und Ideologien können neue Lösungen erschweren. Dies alles zu verstehen und miteinzubeziehen ist oft wichtiger als die technische Lösung selbst. Letztlich müssen wir uns bewusst sein, dass unsere Bemühungen den Menschen dienen sollen. *Es gibt keine personenunabhängige Probleme!* Lösungen, die keine Akzeptanz finden, sind keine Lösungen. Mit Sozialkompetenz allein lösen wir weder technische noch soziale Probleme. Ohne Sozialkompetenz aber auch nicht.

> **„Technik funktioniert nicht,**
> **wenn die Technik im Mittelpunkt steht!"**
> *Prof. E. Ulich (ETH Zürich)*

Für das Lösen von heutigen, komplexen Problemen mit hohem Systemanteil sollten wir also neue Methoden (meta hodos (griech.) = Wege (zum Ziel)) einsetzen. In den letzten Jahren hat auch in der Öffentlichkeit ein Paradigmenwechsel (= Veränderung der Denkmuster) eingesetzt. Vernetztes Denken ist zum Schlagwort geworden. In der Praxis kann man aber feststellen, dass es oft nur bei Schlagworten bleibt, die Fähigkeiten dazu aber noch weitgehend fehlen. Es gibt also noch viel zu tun. Das vorliegende Buch soll dazu einen Beitrag leisten.

2.2 Das Problem und die Lösung

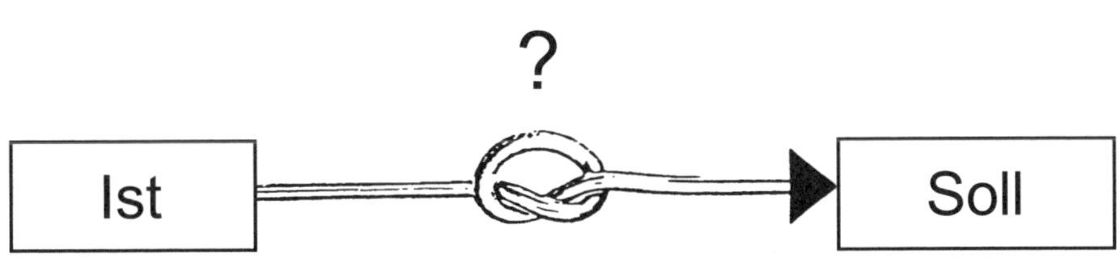

Abb. 2.2 *Das Problem als Differenz zwischen Ist und Soll.*

Der Ausgangspunkt einer Lösungssuche ist immer eine als problematisch empfundene Situation der Gegenwart oder Zukunft. Meist existiert auch eine zumindest vage **Zielvorstellung,** wie die Situation sein beziehungsweise nicht sein sollte. Das Problem kann daher im weitesten Sinne als die Differenz zwischen einem Ist und einem Soll verstanden werden. Die Einschätzung des Ist-Zustandes und unsere Zielvorstellungen sind bewusst oder unbewusst weitgehend durch unsere Wertvorstellungen geprägt. Diese können sich zwischen verschiedenen Kulturen, aber auch zwischen Einzelpersonen stark unterscheiden. Ausführlicher mit dieser Thematik befasst sich der Band 3 („Systematisch Lösung werden").

Alle Probleme sind Erfindungen von Menschen.
Die Natur kennt keine Probleme. Sie funktioniert so, wie sie funktioniert. Probleme können daher auch nur von Menschen gelöst werden – unter Miteinbezug derjenigen, die die Probleme haben. Siehe dazu speziell die Darstellung im Kapitel 5.4.
Bei der Lösung eines Problems kommen verschiedene Fachgebiete zur Anwendung: Zuerst bauen wir auf der Situationskenntnis auf: Mit wem und womit haben wir es zu tun? Welches sind die Randbedingungen? Welche Personen und wessen Interessen spielen mit? Welche Mittel stehen uns zur Verfügung? Dann spielen Fachwissen und Erfahrung eine Rolle. Wie schon oben betont, basiert jede Lösung auf Ethik-, Moral- und Wertvorstellungen, wenn auch oft unbewusst. Psychologisch richtig vorgehen müssen wir, wenn wir unsere Lösung „verkaufen" oder „durchsetzen" wollen. Und methodisch richtig vorgehen müssen wir, wenn wir effizient zur Lösung eines Problems gelangen möchten. Die Berücksichtigung all dieser Komponenten nennen wir **„ganzheitliches Denken".**

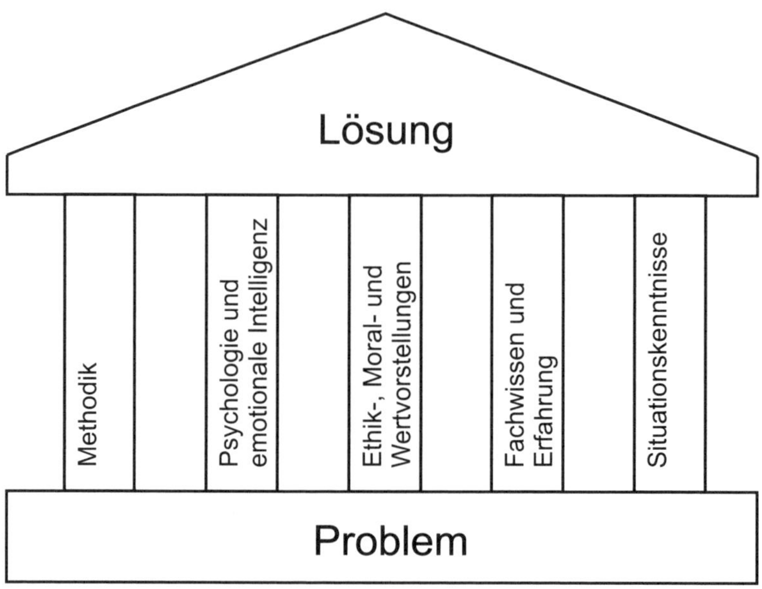

Abb. 2.3 *Die Säulen, die die Lösung tragen.*

3 Methodenüberblick

Die in diesem Buch behandelten Methoden zur Lösungssuche lassen sich in die folgenden drei Bereiche einteilen:

- Denken in vernetzten Systemen und Top-Down-Approach
- Lebensphasenbetrachtungen
- Problemlösungsschema

Hinter jedem dieser Begriffe verbergen sich viele Methoden, Betrachtungsweisen und Verfahren, die je nach Situation zum Einsatz kommen.

3.1 Denken in vernetzten Systemen und Top-Down-Approach

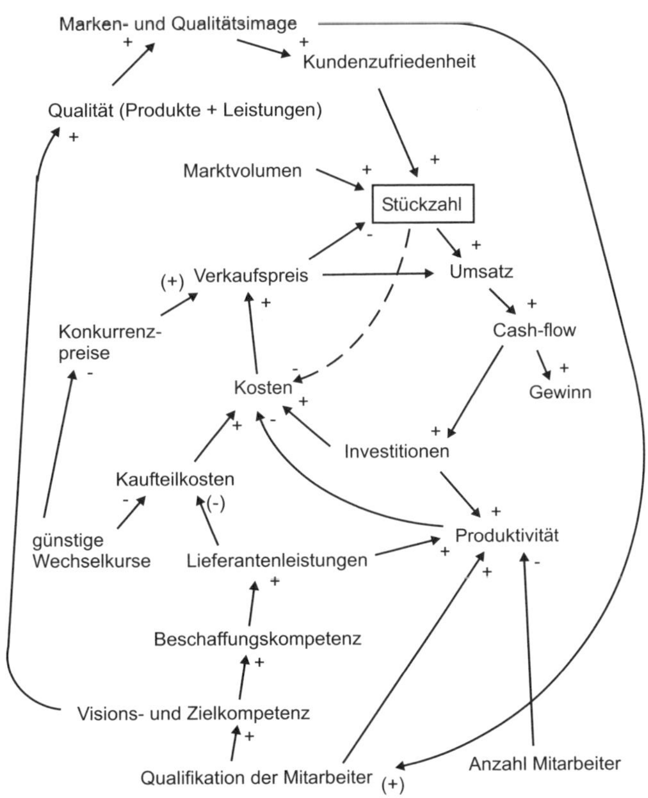

Abb. 3.1.1 *„Motoren des Unternehmens": Vernetztes Denken macht komplexe Zusammenhänge transparent (dieses Beispiel wurde in der Firma Beringer Hydraulik in Neuheim erarbeitet).*

Der Begriff **„Vernetztes Denken"** wurde vor allem durch Frederic Vester populär. Es bedeutet die Abkehr vom einfachen Ursache-Wirkung-Denken und versucht, die komplexen Zusammenhänge zwischen Teilsystemen zu erfassen.

Top-Down-Approach

Leider findet sich bis heute keine befriedigende Übersetzung für dieses neudeutsche Wort. Eine Übersetzung mag etwa lauten: „Vom Groben zum Detail vorgehen". Der Top-Down-Approach bedeutet, dass wir uns zuerst um die Funktion des gesamten Systems kümmern, bevor wir uns auf die Details stürzen. Wir müssen uns daran gewöhnen, bei jedem Vorgehensschritt zuerst das Allgemeine, Umfassende, erst dann die Details zu betrachten. Einige Beispiele erläutern dies. Auch bei der Lösungssuche entwirft man vorerst ein grobes Konzept und verfeinert dieses anschliessend schrittweise. Die Voraussetzung zum Top-Down-Approach bietet das Systemdenken, das heisst die ganzheitliche Betrachtung von Systemen und Problemen.

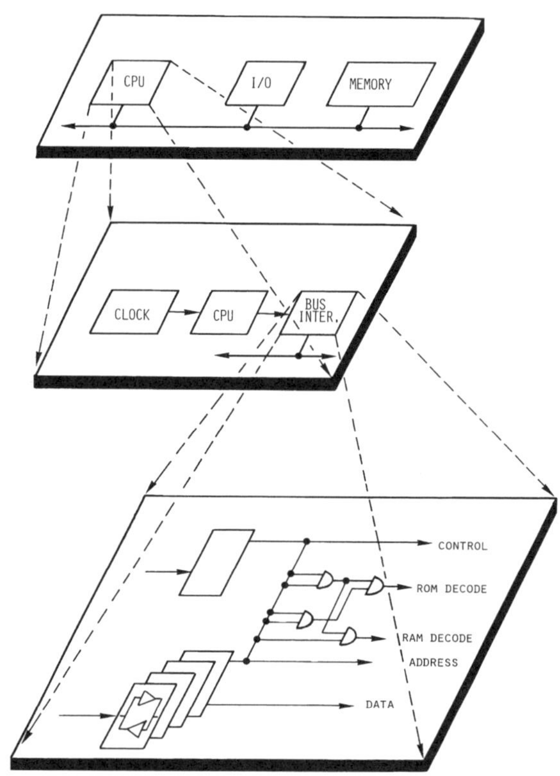

Abb. 3.1.2 *Das Vorgehen vom Groben zum Detail am Beispiel einer Schaltungsentwicklung.*

Die Prozessoreinheit eines Computers ist ein gutes Beispiel für ein sehr kompliziertes System mit Hunderttausenden von Transistoren. In den Detailschaltungen würde sich jedermann verlieren. Dank der Top-Down-Betrachtungsweise beherrschen aber die Entwickler und später die Anwender die Komplexität trotzdem.

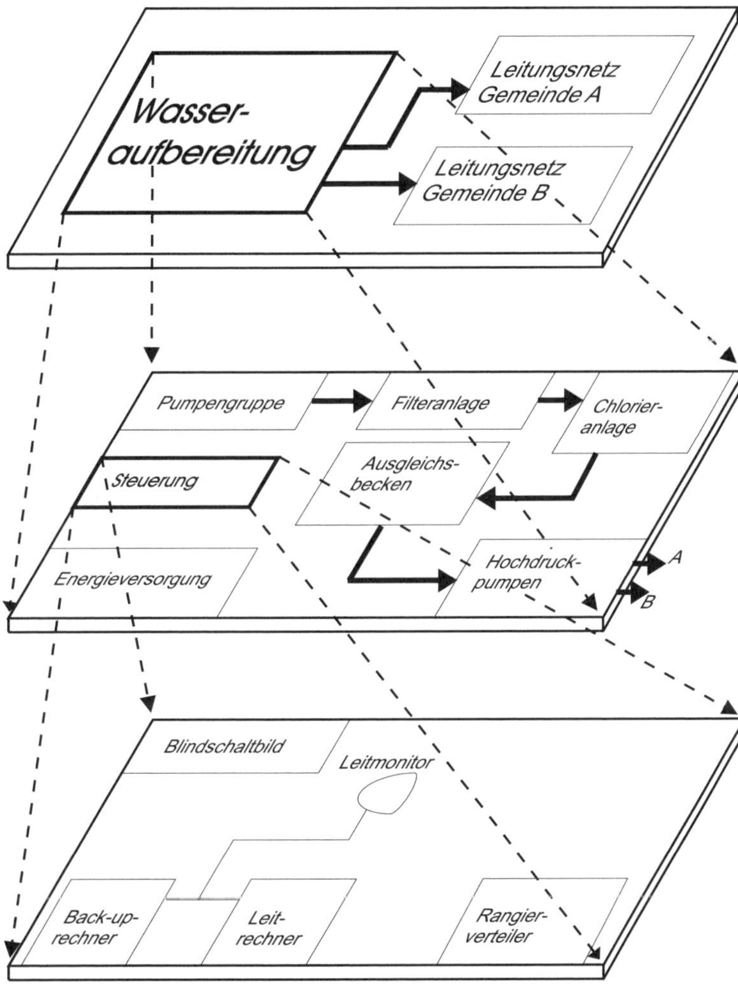

Abb. 3.1.3 *Systematisches Vorgehen vom Groben zum Detail am Beispiel einer Wasserversorgung für die Gemeinden A und B, die systematisch in Untersysteme aufgegliedert wird. In den weiteren Entwicklungsschritten wird man immer weiter in die Details gehen und nur noch Teilsysteme und Teilaspekte betrachten.*

3.2 Lebensphasenbetrachtungen

3.2.1 Es gibt nur Zwischenlösungen

> **„Alles fliesst!"**
> *Heraklit (544–483 v. Chr.)*

Wir leben in einer sich ständig verändernden Umwelt, in der die Veränderungsgeschwindigkeit in den letzten Jahrzehnten ständig zugenommen hat. In einer solchen Umgebung gilt:
Jede Lösung ist immer nur eine Zwischenlösung. Die Aufgaben ändern sich und machen Lösungen obsolet, oder neue Techniken ermöglichen wesentlich bessere Lösungen. Das gilt für technische Systeme sowie für Organisationen (soziale Systeme).

3.2.2 Die Lebensphasen technischer Systeme

Die Lösung unternehmerischer Probleme resultiert oft in der Entwicklung neuer Systeme (Produkte, Anlagen etc.). Die folgenden Überlegungen orientieren sich am Systementwicklungsprozess. Technische Systeme durchlaufen normalerweise die in Abb. 3.2.2 dargestellten Lebensphasen, und in jeder dieser Phasen sind Probleme zu lösen. Anhand dieser Darstellung können wir uns bewusst werden, in welcher Lebensphase sich unser betrachtetes System befindet und welche Probleme wir bearbeiten.

Der **Anstoss** zur Entwicklung eines Systems kommt oft vom **Markt** (Kundenbedürfnisse) oder vom **technischen Fortschritt,** der es gestattet, bekannte Bedürfnisse besser als bisher zu befriedigen. Der Anstoss kann sich aus der Benützung eines verbesserungswürdigen Vorgängersystems ergeben. Er kann aus dem unbefriedigenden Resultat einer laufenden Entwicklung hervorgehen. Er kann sich in seltenen Fällen aus der genialen Idee eines einzelnen ergeben. Er kann durch die Konkurrenz aufgezwungen werden. Kurzum, er kann von den verschiedensten Seiten kommen. Es gibt dafür keine Regeln. Aber eine Regel sollten wir bei der Entwicklung neuer Produkte immer beachten: Egal, woher der Anstoss kommt, er muss mit Hilfe von Produkteplanung und Marketing als Auftrag der Unternehmensleitung formuliert in die Entwicklungsabteilung gelangen. So können wir vermeiden, dass am Markt vorbeientwickelt wird.

Die **Systementwicklung** erfolgt im nächsten Schritt. Mit ihr werden wir uns noch detailliert befassen. Nach der Systementwicklung müssen wir entscheiden, ob das Resultat den Anforderungen entspricht, ob wir die Produktion starten, ob wir die ganze Übung abbrechen oder ob sich der Anstoss zu einem Neubeginn ergibt.

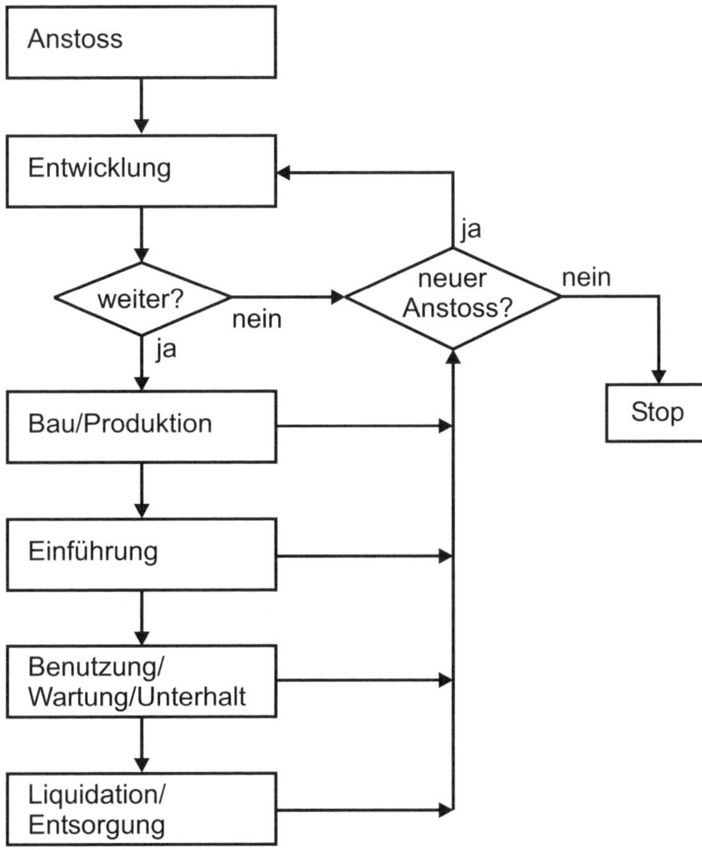

Abb. 3.2.2 *Die Lebensphasen eines technischen Systems.*

Beim **Systembau** liegen die Probleme meist auf produktionstechnischer und organisatorischer Seite. Bei der Entwicklung von Einzelsystemen fallen die beiden Schritte Systementwicklung und Systembau oft zusammen. Beispiel: Bau eines Forschungssatelliten.

Die **Systemeinführung** muss vom Marketing und vom Verkauf durchgeführt werden. Siehe dazu auch das Kapitel 3.2.4. Dies gilt besonders für Massenprodukte. Bei komplexen Systemen im Investitionsgüter- und Anlagenbau zählt die Inbetriebsetzungsphase dazu. Dabei tragen die technischen Abteilungen die Hauptverantwortung.

Die **Systembenutzungsphase** soll dem Kunden den erhofften Nutzen des Systems bringen. In dieser Phase gilt es, aus den Erfahrungen mit dem System zu lernen. Vielleicht ergeben sich auch vom Markt her weitere Anstösse für Systemverbesserungen.

Die **Systemliquidation** bedeutet normalerweise das Ende eines technischen Systems. Es wird abgebrochen und muss rezykliert und/oder entsorgt werden. Auch hier können sich Probleme ergeben, an die zu denken sich schon in der Entwicklungsphase lohnt. Stichwort: Beseitigung ausgedienter Kernkraftwerke. Untersuchungen haben ergeben, dass der grösste Anteil der Entsorgungskosten bereits bei der Entwicklung und Konstruktion eines neuen Systems festgelegt wird.

In jeder der oben beschriebenen Lebensphasen sind Probleme zu lösen. Wie wir dabei systematisch vorgehen, wird in den späteren Kapiteln aufgezeigt.

3.2.3 Die Lebensphasen von Technologien

Auch Methoden und Techniken werden dauernd weiterentwickelt und verbessert, bis sie durch neue, andere abgelöst werden. Vielleicht sind ihnen noch die Rechenschieber und Logarithmentabellen bekannt. Das waren „die Arbeitsinstrumente“ ganzer Ingenieurgenerationen bis in die 70er Jahre. Wenn die Genauigkeit der Rechenschieber nicht mehr ausreichte, nahm man die Logarithmentafeln zu Hilfe, in denen man noch mühsam interpolierte. Dann wurden die technisch-wissenschaftlichen Taschenrechner verfügbar. Zu Beginn waren sie noch sehr teuer. Dann aber verdrängten sie die alten Methoden vollständig. Auch die mechanischen Rechner, darunter die legendäre Curta („die Kaffeemühle“), verschwanden innerhalb sehr kurzer Zeit.

Die Theorie der **S-Kurven** besagt, dass innerhalb einer gegebenen Technologie der Entwicklungsaufwand, der erforderlich ist, um weitere Wettbewerbsvorteile zu erreichen, mit der Zeit ansteigt. Der Beginn ist jeweils schwierig, danach kommt die Entwicklung quasi in eine „Erntephase“. Wenn man mit dem Verfahren aber mit der Zeit gegen die physikalischen Grenzen stösst, wird der Weg des Fortschrittes wieder sehr steinig. Weitere Fortschritte kann man nur mit einer anderen neuen Technik, mit anderen Verfahren erreichen. Man muss sich auf eine neue S-Kurve begeben. Der Start ist zu Beginn wieder schwierig und teuer. Die Frage stellt sich dann für den Unternehmer, wann der richtige Zeitpunkt zum Umsteigen gekommen ist. Beispiele: die Ablösung mechanischer Wägesysteme durch elektronische Wägezellen bei Laborwaagen; die Ablösung der elektromechanischen Ferrariszähler durch elektronische Sensoren (Hall-Sensoren) in elektrischen Energiezählern; die teilweise Ablösung der herkömmlichen Metallbauweise im Flugzeugbau durch die Faserverbundtechnik.

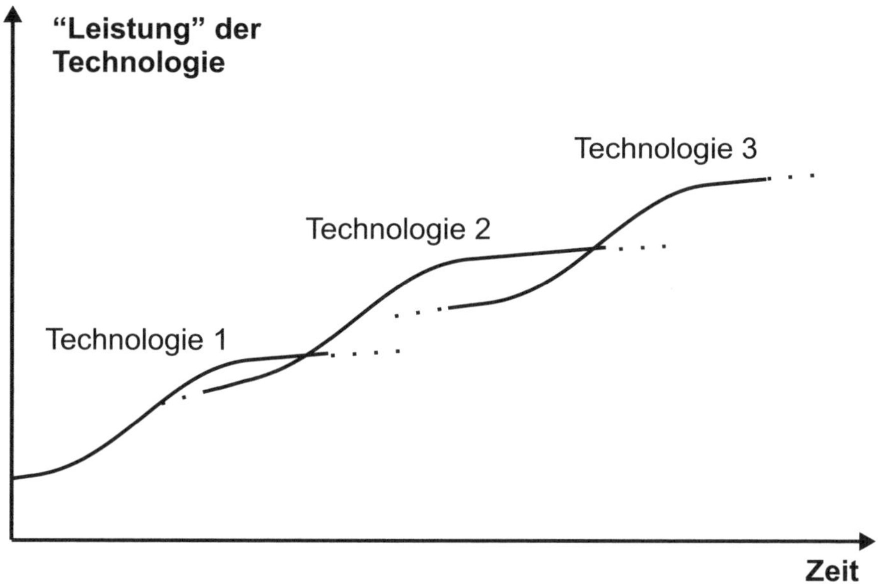

Abb. 3.2.3 *Die S-Kurven (nach McKinsey).*

Schrittmachertechnologien werden zu Beginn der Entwicklung neuer Verfahren erforscht und entwickelt. Typischerweise befinden sie sich noch im experimentellen Stadium. Ihr Einsatz- und Entwicklungspotential ist noch unsicher und schlecht abschätzbar. Sie bilden aber die Basis zukünftiger Lösungen. Beispiele (2006): Hochtemperatur-Supraleitung, Semantische Suchverfahren, Brenstoffzellenanwendungen.

Schlüsseltechnologien bestimmen in der späteren Phase die Leistungs- und Differenzierungsmöglichkeiten im Wettbewerb. Sie bestimmen die Kosten und Weiterentwicklungsmöglichkeiten für das Produkt. Beispiel (2006): Nanotechnologie, gentechnische Verfahren, Hochleistungs-Stromspeicher.

Basistechnologien sind Know-how-Bereiche, die zur Herstellung der Produkte, oder zur Bereitstellung der Leistung erforderlich sind, die aber kaum eine Differenzierung gegenüber Konkurrenten erlauben. Ihr Entwicklungspotential ist weitgehend ausgeschöpft, und alle Wettbewerber beherrschen sie etwa gleich gut. Beispiele (2006): konventionelle Giessereitechnik, Halbleiter-Herstellungsprozesse, Mobiltelephonie. Aber Achtung: Auch hier ergeben sich bisweilen unerwartete Durchbrüche!

Die Grenzen zwischen Schlüssel- und Basistechnologien sind fliessend. Eine Basistechnologie kann in einem anderen Bereich durchaus zur Schrittmachertechnologie werden. Andere, hochentwickelte Technologien hingegen geraten für immer in Vergessenheit oder werden nur noch als Hobby weitergeführt. Beispiele (2006): Floppy Disk, Radioröhren, elektromechanische Rechner.

3.2.4 Der Produktezyklus am Markt

Auch ein neues, auf den Markt gebrachtes Produkt durchläuft einen Lebenszyklus. Es lässt sich nicht ab Beginn in grössten Stückzahlen verkaufen. Hoffentlich wird es aber mit der Zeit zum Marktrenner. Irgendwann kommt dann wieder die Zeit, in der es sich überhaupt nicht mehr verkaufen lässt, weil es technisch überholt ist. Wie schnell die einzelnen Phasen durchlaufen werden, ist vom Produkt und Markt abhängig. Nach Abb. 3.2.4 unterscheidet man die folgenden Phasen:

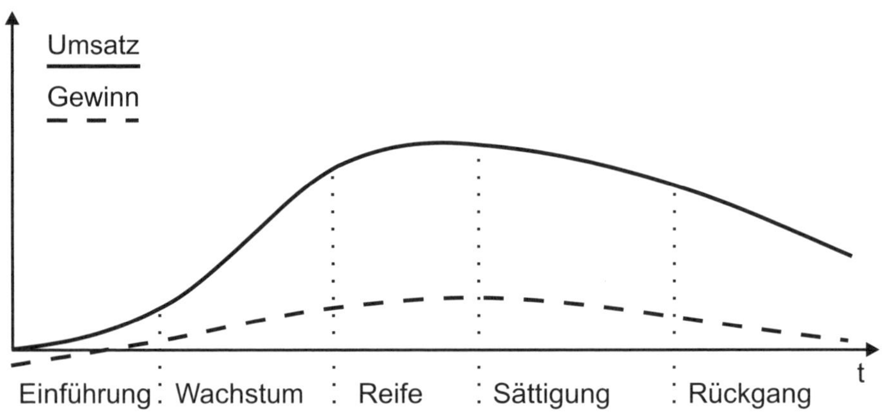

Abb. 3.2.4 *Der Produktezyklus für einen abgegrenzten Markt.*

Einführung

In dieser Phase bringen Pioniere ein neues Produkt auf den Markt und kämpfen um Akzeptanz bei den potentiellen Kunden. Die Kunden reagieren z.T. noch überrascht, dass das überhaupt funktioniert. Zum Teil dominiert auch Misstrauen. Die Technik ist hauptsächlich damit beschäftigt, „kleine Mängel" zu beheben und nach weiteren Verbesserungen zu suchen. Produktion und Verkauf müssen aufgebaut und den Bedürfnissen angepasst werden. Beispiele (gültig für 2006): HDTV, Sonnenenergieanlagen, Satellitentelephone, semantische Suchmethoden, Wearable Computing, CAI.

Wachstum

Das Produkt hat eine verbesserte Qualität erreicht. Es hat einen grossen Bekanntheitsgrad und wird vorerst von den fortschrittlichen, später auch von konservativeren Kunden gekauft. Es kann in grossen Stückzahlen produziert werden. Das Preis-Leistungs-Verhältnis verbessert sich rasch. Meist treten weitere Konkurrenten auf, die von den zweistelligen Zuwachszahlen profitieren wollen. Bei High-Tech-Produkten erscheinen in rascher Folge neue, verbesserte Modelle, mit denen sich die Konkurrenten Vorteile verschaffen wollen. Der Markt beginnt sich in Nischen zu segmentieren, und neben den Produkteeigenschaften und -funktionen wird der Preis zum immer wichtigeren Differenzierungsmerkmal. Beispiele (gültig für 2006): UMTS, Breitbild-TV, elektronische Kameras, Internet-Shopping, Mobile-Computing, Electronic Ticketing, Hybridantriebe für Autos, Partikelfilter für Dieselfahrzeuge.

Reife

Jetzt kaufen auch noch die Nachzügler unter den potentiellen Kunden das neue Produkt. Der Ersatzmarkt für alte Geräte macht einen immer grösseren Anteil am Umsatz aus. Das Produkt ist technisch gereift. Das Preis-Leistungs-Verhältnis verbessert sich nicht mehr so schnell wie früher. Es haben sich Standards gebildet, und der Markt ist unter wenigen Wettbewerbern aufgeteilt. Unter diesen existieren unter Umständen noch Absprachen. Am Markt versucht man sich durch Funktions- und immer mehr durch Preisreduktionen zu differenzieren. Beispiele (gültig für 2006): flache Bildschirme, GPS-Systeme, CAD-Systeme, Bluetooth, RFID, Internet, USB-Memorystick, MP3-Player.

Sättigung

Beinahe jeder hat das Produkt. Neue Anwender sind seltener. Bei den meisten Verkäufen handelt es sich jetzt um den Ersatz alter Anlagen. Die Produkte sind normiert, die Margen klein. Es wird vor allem Prozessentwicklung betrieben. Kostenführerschaft ist wichtig. Beispiele (gültig für 2006): Standard Personenaufzüge, Kühlschränke, Kaffeemaschinen, Mobiltelephone, Personal Computer, Telefaxgeräte, Snowboard, Farbdrucker, Laserdrucker.

Rückgang

Das Produkt wird durch ein anderes ersetzt, oder wegen sozialen Veränderungen erlischt der Bedarf. Am Markt treten Preiskämpfe auf. Der Preis wird zum wichtigsten Verkaufsargument. Beispiele (gültig für 2006): Schreibmaschinen, herkömmliche Photo-Kameras. Bereits „tote" Produkte: Rechenschieber, Grammophon, Schwarzweiss-TV-Apparate, Pager.

Die obige Darstellung orientiert sich an ganzen Produktegruppen. Für einzelne Produkte, bezw. Modelle sind diese Zyklen noch kürzer. Das kann in den Bereichen raschen technischen Fortschritts bisweilen groteske Züge annehmen. So dauert heute (2006) die Entwicklung eines neuen Mobiltelephons länger, als sich das Produkt anschliessend am Markt absetzen lässt. Nach sechs bis neuen Monaten muss es bereits durch ein Nachfolgemodell abgelöst werden.

Revitalisierung

Es ist manchmal möglich, ein etabliertes Produkt durch Neuerungen aus der Sättigungs- oder Reifephase heraus wieder neu zu beleben. Dazu tragen technische Neuerungen und/oder Modetrends bei. Beispiele (gültig für 2006): Das konventionelle Fahrrad wurde durch das Mountainbike abgelöst, die konventionellen Rollschuhe durch die Inlineskater.

3.2.5 Die Lebensphasen von Organisationen

Auch neu gegründete Firmen und andere Organisationen durchlaufen Entwicklungsphasen. Deren Übergänge sind meist durch Krisen gekennzeichnet und werden durch veränderte Anforderungen ausgelöst, die die Umwelt an die Organisation stellt, sowie durch Lerneffekte der einzelnen Mitglieder der Organisation und/oder der Organisation als Ganzes.

Die Autoren Glasl und Lievegoed (siehe Literaturverzeichnis) unterscheiden zwischen den vier folgenden Entwicklungsstufen einer Organisation:

Pionierphase: typischerweise eine um eine Person aufgebaute informelle Organisation; getragen durch eine Idee/Vision. Alles, was Erfolg bringt, wird unterstützt.

Differenzierungsphase: Durch Spezialisierung und Automatisierung der Abläufe erreicht man Effizienz.

Integrationsphase: Prozessorientierung und Selbstorganisation garantieren mehr Flexibilität.

Assoziationsphase: Das Unternehmen versteht sich als Teil eines Ganzen im Wertschöpfungsprozess vom Rohstoff bis zum Kunden.

Nicht alle Teile einer Organisation müssen sich in derselben Phase befinden. Glasl und Lievegoed meinen auch, dass keine Organisation eine Phase überspringen kann, um in eine nächste zu gelangen. Wohl aber kann man bei ungelösten Problemen wieder stufenweise zurückfallen.

3.3 Das Problemlösungsschema

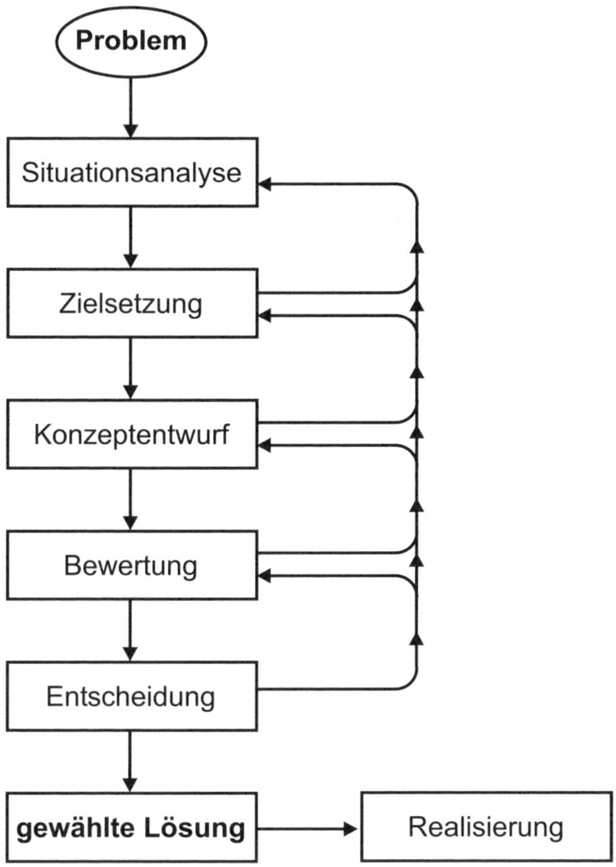

Abb. 3.3 Das Problemlösungsschema.

Das in Abb. 3.3 gezeigte Schema wird uns noch durch das ganze Buch hindurch verfolgen. Vor der detaillierten Auseinandersetzung mit den einzelnen Schritten betrachten wir aber das ganze Vorgehen im Überblick. Wenn wir uns eines Problems bewusst geworden sind und es systematisch angehen wollen, müssen wir in einem ersten Schritt die Situation analysieren.

Der Anstoss, ein Problem anzupacken, kann verschiedenste Ursachen haben. Er kann einer Vorstellung, einer Vision entspringen, oder als Teilproblem aus einer übergeordneten Aufgabe abgeleitet sein.

Bei der **Situationsanalyse** geht man zweckmässigerweise mehrstufig vor. In einem ersten Schritt formuliert man die Aufgabe klar und stellt fest, wieviel Zeit zur Verfügung steht. Je nach Situation geht man anschliessend weiter in die Details. Wenn es „brennt", sind Sofortmassnahmen auszulösen, um damit mehr Zeit für die Entwicklung einer umfassenden Lösung zu gewinnen. Dann gilt es, das „System" genau zu definieren, d.h. gegenüber seiner Umwelt abzugrenzen. Wir müssen Ursachen und Wirkungen analysieren und die Beziehungen im und um das Problemsystem beschreiben. Zu einer Situationsanalyse gehört auch eine Verhaltensprognose über das System und seine Umwelt. Alle weiteren Schritte bauen auf das Wissen, das in der Situationsanalyse zusammengetragen wurde.

Bei der **Zielsetzung** werden nun auf Grund der Situationsanalyse die Ziele und Teilziele formuliert, die man mit der gesuchten Lösung erreichen will. Die Ziele müssen dabei lösungsneutral formuliert werden, d.h. sie sollen den zu wählenden Lösungsansatz oder sogar die Lösung nicht vorwegnehmen. Wichtig ist hier, dass man klar zwischen Zielen und möglichen Massnahmen unterscheidet und Ziele setzt, nicht Massnahmen vorschreibt.

Beim **Konzeptentwurf** handelt es sich um den eigentlich kreativen Vorgang im ganzen Problemlösungsprozess. Hier wird auf Grund des in der Situationsanalyse erarbeiteten Wissens nach Lösungen gesucht, welche die formulierten Ziele erfüllen. Ideen haben, das kann man lernen! Wir werden uns mit Entwurfsmethodik und Kreativitätsförderungsmethoden befassen. Wer mehr Lösungen findet, vergrössert seinen Handlungsspielraum. Je nach Problemsituation werden wir ein geeignetes Auswahlverfahren anwenden.

Bei der **Bewertung** unserer Lösungskonzepte gehen wir zurück zur Zielsetzung und führen darauf aufbauend ein dem gewählten Entscheidungsverfahren entsprechendes Bewertungsschema ein. Nach diesem Schema bewerten wir unsere Lösungsvorschläge hinsichtlich ihres Nutzens zur Zielerreichung.

Der **Entscheid,** welche Lösung wir wählen, wird nun einfach: Entweder ergibt sich aus der vorgängigen Bewertung ganz klar, welche Lösung zu wählen ist, oder die Zielnutzen der möglichen Lösungen unterscheiden sich kaum. In diesem Fall kommt dem Entscheid keine grosse Bedeutung zu. Wichtig ist, dass er gefällt wird!

Rücksprünge zu vorhergehenden Schritten: Aus dem Schema in Abb. 3.3 wird deutlich, dass man von einem Vorgehensschritt oft wieder zu einem früheren zurückspringen muss. Das trifft immer dann zu, wenn in einem Schritt Fragen auftauchen, die in einem vorhergehenden nicht beantwortet wurden. So kann es sich in den meisten späteren Schritten immer wieder als notwendig erweisen, in die Situationsanalyse zurückzuspringen, um weitere Abklärungen vorzunehmen. Manchmal wird man auch die Zielsetzung revidieren müssen. Entweder schraubt man sie zurück, weil sie sich mit den vorhandenen Mitteln als nicht erreichbar erweist, oder man erweitert sie, weil sich bei der Lösungssuche weitere erstrebenswerte Ziele zeigen.

Mehrmaliges Durchlaufen des Problemlösungsschemas: Beim Lösen von umfangreichen Problemen wird man das beschriebene Vorgehen mehrmals durchlaufen. Zuerst werden wir eine Gesamtlösung suchen. In weiteren Stufen werden wir Teillösungen erarbeiten, die in die Gesamtlösung passen.

3.3.1 Die Realisation der Lösung

Der so gefundene Lösungsvorschlag oder Plan muss nun in die Realität umgesetzt werden. Vor allem bei umfangreichen Aufgaben mit vielen Beteiligten empfiehlt es sich, **Methoden des Projektmanagements** einzusetzen. Darunter fallen Methoden zur Planung und Kontrolle von Terminen und Kosten. Es sind aber auch Fragen der Organisation und Führung zu lösen und des Umgangs mit Störungen aller Art. Auch beim Projektmanagement sind Teil- und Detailprobleme zu lösen, wobei uns natürlich das geschilderte Problemlösungsschema wieder zu Hilfe kommt. Das Projektmanagement befasst sich also nicht mit der Gestaltung der Lösung, sondern mit der Gestaltung der Lösungsprozesse und der Zusammenarbeit der Beteiligten.

Die eigentlichen Methoden des Projektmanagements werden im Band 2, „Systematisch Lösungen realisieren“, behandelt.

Vernetztes Denken bewahrt uns davor, uns selber in unseren eigenen Gedanken zu verstricken.

4 Denken in vernetzten Systemen

4.1 Der Systembegriff

Je stärker heute der Trend zu komplexen Strukturen wächst, umso wichtiger wird das Systemdenken. Es erleichtert das Verständnis komplexer Strukturen und das Erarbeiten ganzheitlicher Lösungen.

Was verstehen wir unter einem System?

Generell wird unter einem System eine in sich gegliederte Ganzheit verstanden. Objekte, welche wir als „System" bezeichnen, weisen folgende Merkmale auf:

- Ein System bildet eine **„Ganzheit"**. Es ist gegenüber seiner Umwelt abgrenzbar.
- Ein System lässt sich in **Elemente** zerlegen, bis man auf Bausteine stösst, die sich aus der Sicht des Systems nicht mehr weiter zerlegen lassen.
- Zwischen den Elementen existieren **Beziehungen.**
- Die Anordnung, bzw. die Beziehungen zwischen den Elementen ergeben die **Struktur** des Systems bzw. ein **Ordnungsprinzip**.

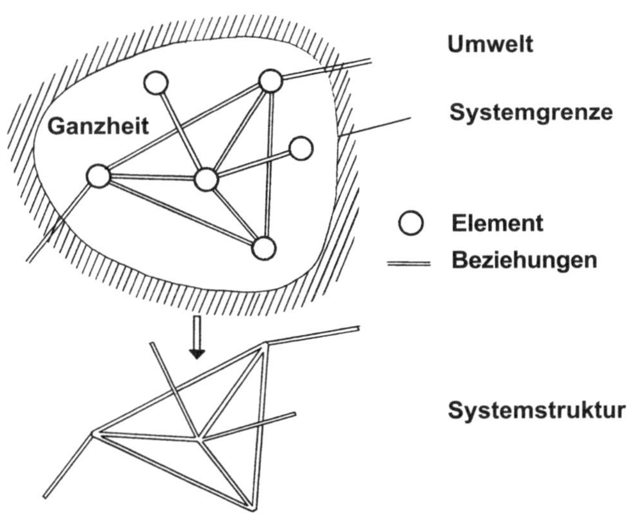

Abb 4.1 Begriffsdefinition „System".

Wenn wir in Systemen denken, so bewegen wir uns oft auf einer abstrakten Ebene. Auf dieser abstrakten Ebene arbeiten wir mit Modellen. Deshalb sehen wir uns noch den Begriff des Modells näher an.

4.2 Der Modellbegriff

Jede Beschreibung eines Systems bildet ein Modell desselben. Die systemorientierte Betrachtungs- und Denkweise ist in hohem Masse modellbezogen. Jeder Ingenieur oder Wissenschaftler arbeitet mit Modellen, denkt in Modellen, konzipiert mittels Modellen und entscheidet auf Grund von Modellvorstellungen.

4.2.1 Begriffsdefinition

Wird ein System unter einem bestimmten Aspekt (= Gesichtspunkt) abgebildet, so erhält man ein Systemmodell, welches in bestimmten Eigenschaften dem Originalsystem sehr ähnlich ist. Die Modellbildung ist immer mit einem Abstraktionsprozess verbunden, bei dem Information verlorengeht. Umgekehrt kann ein Modell auch eine Idee sein, ein Lösungsmodell bzw. ein Vorbild für etwas zu Schaffendes.

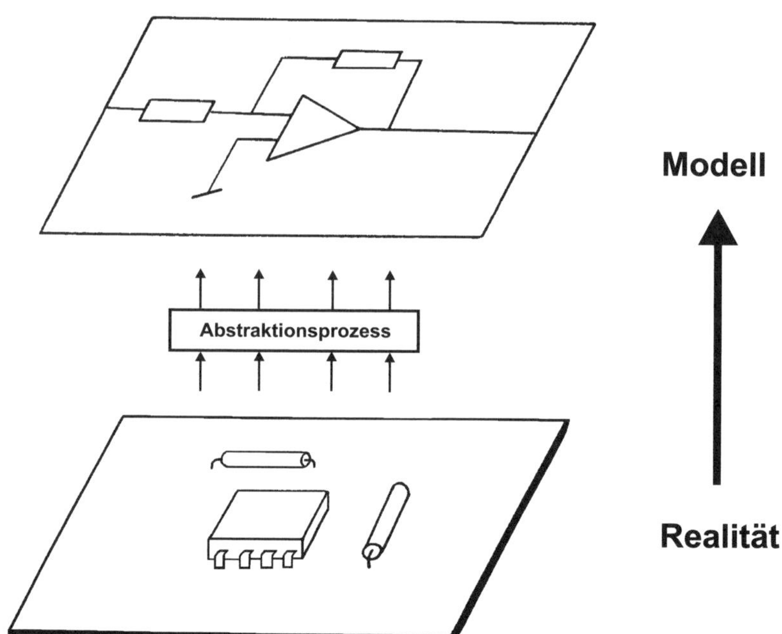

Abb. 4.2.1 *Die Modellbildung: Ein Abstraktionsprozess.*

4.2.2 Beispiele für Modelle

Strassenkarte	Abbildung eines Gebietes unter dem Aspekt der Verkehrsverbindungen für Strassenfahrzeuge.
Politische Karte	Abbildung eines Gebietes unter dem Aspekt der politischen Zugehörigkeit.
Topographische Karte	Abbildung eines Gebietes unter dem Aspekt der topographischen Struktur.
Geologische Karte	Abbildung eines Gebietes unter dem Aspekt des geologischen Untergrundes.

Abb. 4.2.2 *In der Natur kommen Realitäten vor, die sich so gut zur Abbildung aus verschiedensten Standpunkten eignen, dass sogar sie selbst im üblichen Sprachgebrauch „Modelle“ genannt werden.*

Damit sei gezeigt, dass ein Objekt unter sehr verschiedenen Aspekten betrachtet werden kann. Vom gleichen Objekt lässt sich eine Vielzahl von Modellen konstruieren. In der Technik vergessen wir immer wieder, dass wir mit Modellen arbeiten. Dabei benutzen wir dauernd Schemata und mathematische Modelle. Wenn dann die Resultate nicht mit unseren fehlerfreien Berechnungen übereinstimmen, hört man oft das Gerede vom „Unterschied zwischen Theorie und Praxis". Dieser Unterschied kommt aber nur daher, dass wir ein Modell gewählt haben, welches die Eigenschaften des realen Systems unvollständig wiedergibt. Vielleicht haben wir eine Spule in eine reine Induktivität abgebildet, statt auch ihren ohmschen Widerstand zu berücksichtigen. Oder wir haben einfachheitshalber in einem ökonomischen Modell den Fall der „vollständigen Konkurrenz" und „Angebotstransparenz" angenommen, was nie mit der Realität übereinstimmt. Der Unterschied zwischen „Theorie und Praxis" ist also der Unterschied zwischen dem gewählten Modell und der Realität.

> **„Es gibt nichts Praktischeres als eine gute Theorie!"**
> *Immanuel Kant*

4.2.3 Die Anwendung von Modellen

Modelle können Abbild von etwas Bestehendem oder Vorbild für etwas zu Schaffendes sein (vergleiche Kapitel 4.2.1). Die Darstellung in Abb. 4.2.3 zeigt, wie wir bei einem Meliorationsprozess (Verbesserung eines existierenden Systems) vorgehen. Im Rahmen der Situationsanalyse, ausgehend von der Realität, schaffen wir uns in der Modellebene ein Abbild des Bestehenden. Dann spielt sich die Lösungssuche in der Modellebene ab, wo ein Konzept als Vorbild für die Lösung entsteht. In der Realisierungsphase bewegen wir uns dann aus der Modellebene schrittweise zurück in die Realität, wo am Schluss des ganzen Prozesses die Lösung steht. Für Routineprobleme besitzen wir normalerweise ausgereifte Modelle. Bei Pionierproblemen müssen wir zweckmässige Modelle suchen und sehen oft erst nach der Lösung, ob sie wirklich geeignet waren.

Achtung

Beim praktischen Problemlösen sollten wir uns darauf konzentrieren, eine Lösung zu realisieren und nicht unser Modell. Das Modell soll uns bei der Lösungssuche nur helfen. Wenn aber nicht sein kann, was nicht sein darf – weil es in unserer Modellvorstellung nicht vorgesehen ist – blockiert unsere Modellvorstellung unsere Wahrnehmung. Unser Modell wird dann unbewusst zum selber aufgebauten Hindernis. Siehe dazu auch Kapitel 5.3.

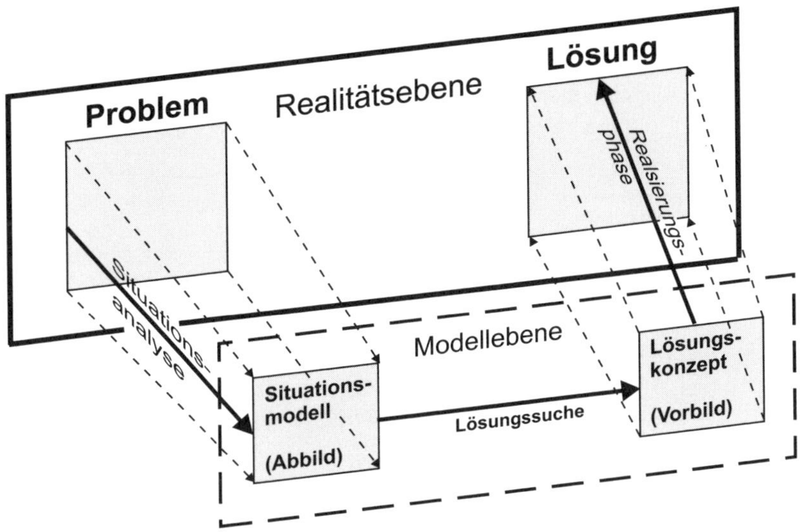

Abb. 4.2.3 *Lösungskonzeptsuche in der Modellebene.*

4.3 Klassen von Systemen

Systeme lassen sich nach den verschiedensten Aspekten unterscheiden. Auf einige gehen wir im Folgenden ein:

Determiniertheit

Ein System ist **deterministisch**, wenn alle Teile in vollständig voraussagbarer Weise aufeinander einwirken. Sein Zustand lässt sich sicher voraussagen. Beispiele: Uhrwerk, logische Schaltung, Computerprogramm (sogar ein Zufallszahlengenerator!), Werkzeugmaschine.
Ein System ist **probabilistisch**, wenn sein Verhalten keine streng detaillierte Voraussage zulässt. Zwar lassen sich Wahrscheinlichkeiten für das Verhalten des Systems angeben, aber eine Aussage zu einer Einzelsituation ist nicht möglich. Beispiel: Datenübertragungssystem mit Rauschen.

Komplexität

Komplexität ist ein Mass für die analytische Beschreibbarkeit eines Systems. Wenn wir mit einer sehr grossen Vielfalt von Details konfrontiert sind, sprechen wir von **Detailkomplexität**. Wenn die Beziehungen zwischen den Elementen in ihrem Zusammenspiel sehr kompliziert sind und evtl. noch zeitlich variieren, sprechen wir von **Dynamikkomplexität**. Das Verhalten chaotischer Systeme ist kaum mehr vorausschaubar.

Beobachtbarkeit

Es gibt Systeme, deren Verhalten bis ins Detail beobachtbar ist. Zum Beispiel bei einem Uhrwerk. Bei anderen Systemen sind die in ihnen ablaufenden Prozesse nicht beobachtbar. Wir sehen nur für uns nicht vollständig nachvollziehbare äussere Reaktionen. Zum Beispiel die Reaktion einer Arbeitsgruppe auf eine organisatorische Veränderung.

Grenzen

Offene Systeme stehen in Verbindung mit ihrer Umwelt (Stoff-, Informations-, Energieaustausch). Abgeschlossene Systeme stehen in keiner Verbindung zu ihrer Umwelt.

Merkmale	**Ausprägungen**		
Entstehungsart	natürlich	künstlich	
Seinsbereich	konkret	abstrakt	
Grenzen	offen	geschlossen	
Zeitabhängigkeit	statisch	dynamisch	
Determiniertheit	deterministisch	probabilistisch	
Komplexität	einfach	komplex	äusserst komplex

Abb. 4.3 *Morphologische Matrix mit Systemeigenschaften.*

4.3.1 Die wichtigsten Systemtypen

Statische, abgeschlossene Systeme
Die Eigenschaften der Elemente und der Beziehungen zwischen den Elementen verändern sich nicht. Zur Umwelt existieren keine relevanten Beziehungen. Beispiel: betriebliches Rechnungswesen (Berechnungsschema).

Dynamische, abgeschlossene Systeme
(Dynamis gr. = Kraft) Das in sich geschlossene System ist durch einen erzwungenen Bewegungsablauf gekennzeichnet. Beispiel: Uhr.

Dynamische, offene Systeme = Prozesssysteme
Diese Systeme stehen über „Kanäle“ (Input/Output) mit ihrer Umwelt in Verbindung. Im System läuft ein dynamischer Prozess ab. Beispiele: Wasserversorgungssystem, Telefonsystem.

Adaptive Systeme
Diese Systeme folgen nicht einem fixen Verhaltensalgorithmus, sondern sind sogar in der Lage, diesen den Umständen optimal anzupassen. Beispiele: Lebewesen, mit „künstlicher Intelligenz“ gesteuerte Maschinen.

Chaotische Systeme
Das Verhalten solcher Systeme ist kaum mehr voraussagbar, und wenn, dann nur noch kurzfristig. In ihnen gelten zwar Gesetze und beschreibbare Mechanismen, aber sie sind stark probabilistisch und sie enthalten unüberblickbar viele Beziehungen. Kleinste Ursachen können das System aus dem Gleichgewicht bringen und extreme Wirkungen zeitigen. So besagt zum Beispiel die

„Schmetterlingstheorie", dass der Flügelschlag eines Schmetterlings in Südamerika im Pazifik einen Wirbelsturm auslösen kann. Chaos und Anarchie werden oft in Beziehung gebracht. Sie treten vor allem in Übergangsphasen in Erscheinung, wenn zum Beispiel eine gesellschaftliche Ordnung zerfällt. Weitere Beispiele: das Wetter, soziale Gruppen und Systeme, Unternehmenskulturen.

Abhängig von den Systemtypen, mit denen wir es zu tun haben, werden wir andere Problemlösungsmethoden einsetzen.

4.4 Prozesse

Procedere (lat.) bedeutet fortschreiten, vorgehen. Für uns sind Prozesse **dynamische Abläufe in Systemen.** Im juristischen Bereich bedeuten sie die Austragung eines Streites nach einer vorgeschriebenen „Prozessordnung". Wichtige Prozesse in einer Firma sind zum Beispiel Produktions-, Organisations- und Logistikprozesse. Bei den Produktionsprozessen werden Stoffe umgewandelt, bei den Organisationsprozessen Informationen bearbeitet und bei den Logistikprozessen Waren verschoben und bereitgestellt. Geschäftsprozesse, zum Beispiel Auftragsablauf- oder Produktentwicklungsprozesse, laufen normalerweise quer durch die Aufbauorganisation über mehrere Abteilungsgrenzen hinweg.
Das heute in der Wirtschaft propagierte so genannte **Prozessdenken** empfiehlt den Abbau von Organisationshierarchien und eine vermehrte Ausrichtung auf die Abläufe der wichtigsten Geschäftsprozesse.

4.5 Der Regelungsaspekt

Dynamische Systeme, die auf Grund von Abweichungen zwischen dem Ergebnis und dem angestrebten Ziel so reagieren, dass sich das Ergebnis auf das Ziel hin verändert, nennen wir selbstregulierend. Zur Regelung sind Rückkopplungsvorgänge notwendig. Das Funktionieren einer Selbstregulierung bedingt informationsverarbeitende Prozesse. Die Kybernetik ermöglicht es, selbst sehr komplexe Systeme mathematisch in den Griff zu bekommen.

Beispiele

Kühlschrank: Er hält seine Innentemperatur unabhängig von der Aussentemperatur auf einem konstant tiefen Niveau.

Elektronikspeisegerät: Es hält seine Ausgangsspannung unabhängig von der Belastung konstant.

Das Qualitätswesen in einer Firma sorgt für angemessene Qualität der Produkte durch Qualitätsplanung, Qualitätskontrollen und Eingriffe in die Produktion.

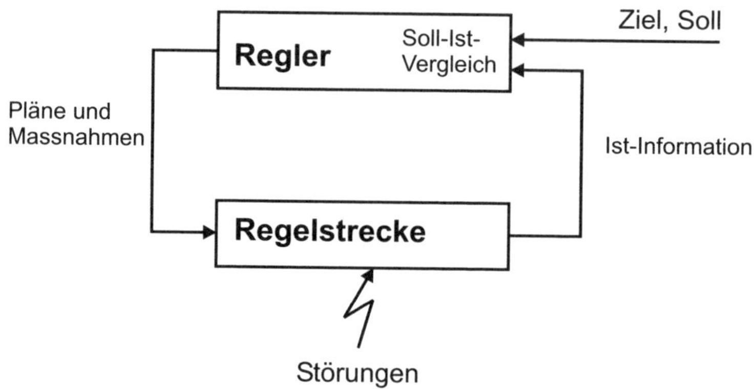

Abb. 4.5 *Regelkreismodell.*

4.6 Was ist Kybernetik?

Kybernetes (griechisch) heisst auf deutsch „Steuermann". Der Kybernetes stand in der Antike am Ende des Bootes, hatte den Überblick und war für die Einhaltung des Kurses verantwortlich. Die Kybernetik befasst sich heute mit den Gesetzmässigkeiten von technischen und biologischen Regelvorgängen. Kybernetische Systeme haben folgende Eigenschaften:

- Sie sind von komplexer bis äusserst komplexer Struktur.
- Sie weisen dynamisches Verhalten auf.
- Sie sind zu zielgerichtetem, selbstregulierendem Verhalten fähig.

In unserer Praxis haben wir es oft mit kybernetischen Systemen zu tun, z.B. mit dem Qualitätssicherungssystem oder andern Teilen der Betriebsorganisation, oder wir entwickeln ein System, bei dem der Mensch einen starken Einfluss auf den Betriebsablauf hat. Die meisten Systeme, bei denen der Mensch einen Teil des Systems darstellt, sind kybernetische Systeme. Als „Vater" der Kybernetik gilt der Mathematiker Norbert Wiener. Wiener arbeitete während des Zweiten Weltkriegs an der Verbesserung der Flugzeugabwehr. Die Aufgabe bestand darin, einen Mechanismus zu finden, der das Geschoss auf ein Ziel lenkt, das sich nicht gesetzmässig bewegt. Das Ziel, bzw. das Flugzeug wird vom Piloten bewusst gelenkt, um den Geschossen zu entgehen. 1948 erschien sein grundlegendes Werk: „Cybernetics or Control and Communication in the Animal and the Machine". Im ehemals kommunistischen Osteuropa wurde die Kybernetik aus ideologischen Gründen während langer Jahre als nicht systemkonforme Wissenschaft bekämpft. Einen eigentlichen Boom erlebte die Kybernetik bei uns in den 60er Jahren.

4.7 Die Technik der Systembetrachtung

4.7.1 Vom Groben zum Detail

Das Vorgehen vom Groben zum Detail ist ein Grundprinzip des Systems Engineering. Es besagt, dass wir Probleme immer so umfassend wie möglich betrachten sollen. Auf die Systemanalyse bezogen sollten wir zuerst das System als Ganzes und seine Beziehungen zur Umwelt betrachten, bevor wir es weiter zerlegen. Dazu hilft die Technik der Black-box-Betrachtung.

4.7.1.1 Black-box-Betrachtung

Abb. 4.7.1.1 *Die Black-box-Darstellung entspricht einer rein wirkungsbezogenen Betrachtungsweise.*

Die Kybernetik bedient sich der Black-box-Betrachtung, um die Komplexität (d.h. die fast-nicht-Beschreibbarkeit) von Systemen zu meistern. Bei der Black-box-Betrachtung verzichtet man auf jegliche Aussage über die innere Struktur des Systems. Es interessiert lediglich der kausale Zusammenhang zwischen Ursache und Wirkung. Bei der Black-box-Betrachtung grenzen wir unser System gegenüber seiner Umwelt ab und betrachten es als relativ isoliert. Die für das System relevante Umwelt wirkt über Eingänge auf das System. Das System wirkt auf seine Umgebung über bestimmte Ausgänge. Die für unsere Betrachtungen wichtigen Beziehungen zwischen der Umwelt und dem System nennen wir die relevanten Beziehungen. Elektroniker zum Beispiel sind das Denken in Modellen gewohnt. Ihre Schaltungen besitzen Ein- und Ausgänge. Dazwischen gibt es kausale Beziehungen.

Wir können auch eine Entwicklungsabteilung als System betrachten. Sie hat zu ihrer Umwelt viele relevante Beziehungen und liefert auch Output. Die Entwicklungsabteilung einer Firma stellt ein kybernetisches System dar: äusserst komplex (von Menschen beeinflusst), dynamisch und (hoffentlich!)

zielgerichtet. Wichtig bei der Black-box-Betrachtung ist es, dass wir uns überlegen, wo wir das System gegenüber der Umwelt abgrenzen und was dann die relevante Umgebung des Systems bildet. Das hängt alles davon ab, von welchem Standpunkt aus wir das System betrachten.

Achtung

Bei chaotischen Systemen genügt das einfache Ursache-Wirkung-Denken nicht mehr! Wir laufen Gefahr, mit der Black-box-Betrachtung die Situation zu stark zu vereinfachen und die Vielfalt der Einflussmöglichkeiten zu unterschätzen.

4.7.1.2 Systemhierarchien

Untersuchen wir die innere Struktur einer Black-box, so stossen wir auf ein System von Elementen und Beziehungen zwischen diesen Elementen. Diese Elemente seien wiederum strukturlose Boxes. Betrachten wir nun diese gefundenen Elemente mit einem grösseren Auflösungsvermögen, quasi durch ein Vergrösserungsglas, so finden wir, dass es sich bei diesen Elementen wieder um Systeme handelt. Nehmen wir schliesslich noch ein Mikroskop, so lassen sich die Elemente von vorhin nochmals in kleinere Systeme auflösen. Wir erkennen, dass wir es mit einer ganzen Hierarchie von Systemen zu tun haben: mit einer Systemhierarchie.

Wir wollen nun noch einige Begriffe definieren:

Übersystem

Von der betrachteten Systemebene aus gesehen das übergeordnete System.

Untersystem

Von der betrachteten Systemebene aus gesehen das untergeordnete System.

Systemelement

In der betrachteten Systemebene nicht weiter zerlegbare, strukturlose Blackbox. Diese entpuppt sich erst auf der nächsttieferen Betrachtungsebene als Untersystem.

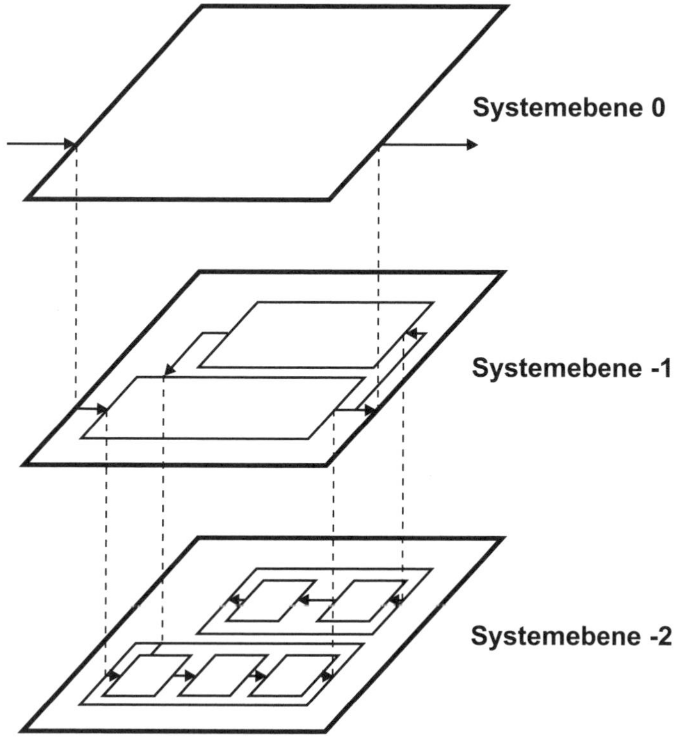

Abb. 4.7.1.2.1 *Durch sukzessiv detailliertere Untersuchung einer Black-box gelangen wir zu immer kleineren Systemen.*

Die gefundenen Teil- und Detailsysteme stellt man zweckmässigerweise hierarchisch dar. Siehe als Beispiel Abb. 4.7.1.2.2 Systemhierarchien widerspiegeln sich auch in Stücklisten (Strukturstücklisten), die in Produktions- und Montagebetrieben zur Anwendung kommen. Sie sind ein wichtiges Hilfsmittel bei der Produktionsplanung und -steuerung (PPS).

„Man muss das Einzelne kennen, um das Ganze zu verstehen. Man muss das Ganze kennen, um das Einzelne zu verstehen.“
Blaise Pascal

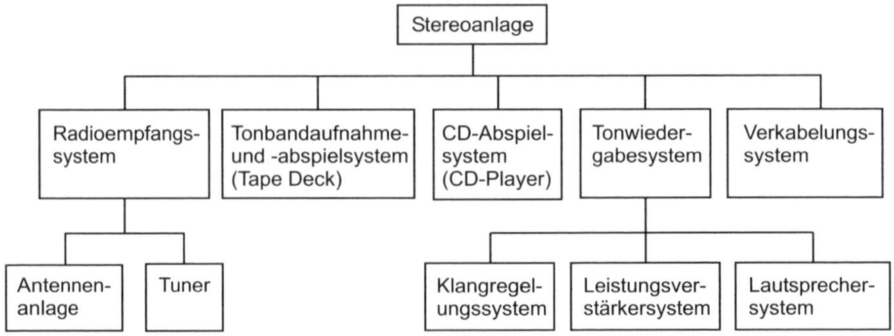

Abb. 4.7.1.2.2 *Ein einfaches Beispiel einer Systemhierarchie anhand einer Stereoanlage. Ein physikalisches System wird in seine Teilsysteme zerlegt und diese werden hierarchisch dargestellt.*

4.7.1.3 Funktionshierarchien

Eng verwandt mit Systemhierarchien sind Funktionshierarchien. So wie wir eine existierende Stereoanlage in Teilsysteme zerlegen können, so lassen sich komplexe Funktionen in Teilfunktionen zerlegen und hierarchisch darstellen (z.B. Die Funktionen, die ein zu entwickelndes System erbringen soll.) In der Software ist dies als „Methode von Jackson“ bekannt. Die Funktionshierarchie orientiert sich nicht am physikalischen Aufbau des Systems, son-

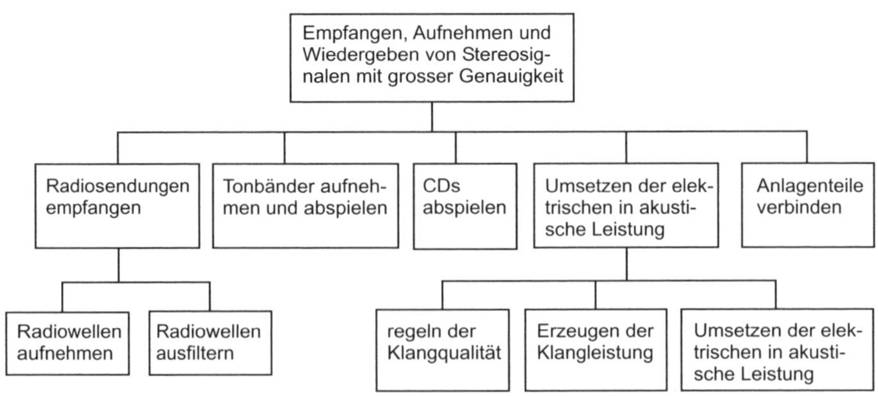

Abb. 4.7.1.3.1 *Ein einfaches Beispiel einer Funktionshierarchie für eine Stereoanlage. Die Gesamtfunktion wird in ihre Teilfunktionen zerlegt und diese werden hierarchisch dargestellt.*

dern am logischen Zusammenwirken der Teil- und Detailfunktionen. Es ist ein Zeichen guter modularer Konstruktion, wenn Teilfunktionen von Teilsystemen erfüllt werden und nicht „irgendwie“ durch das Zusammenwirken verschiedener Baugruppen. In den Abb. 4.7.1.3.1 und 4.7.1.3.2 sind Beispiele von Funktionshierarchien dargestellt.

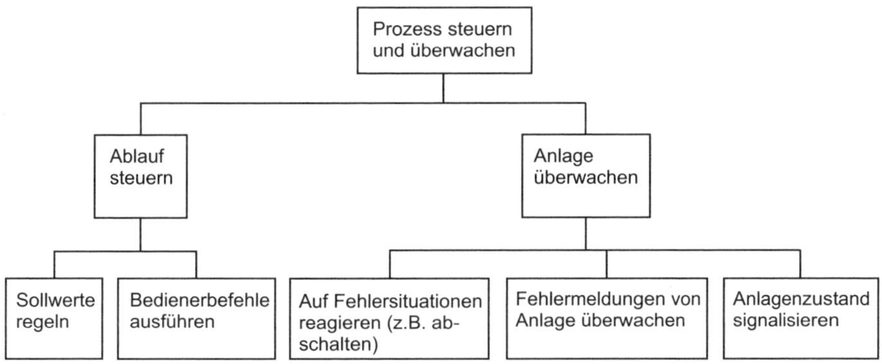

Abb. 4.7.1.3.2 *Beispiel einer Funktionshierarchie für ein Prozesssteuerungssystem.*

Wenn wir ein System analysieren, sollten wir es nur so detailliert betrachten, wie das zum Verständnis unbedingt nötig ist. Wir sollten auf einer möglichst hohen Systemebene bleiben. Der Vorstoss auf eine zu tiefe Systemebene bedeutet Aufwand und birgt die Gefahr in sich, dass wir an Detailproblemen hängenbleiben.

Beispiel: Wenn wir ein Computernetzwerk unter dem Aspekt des Datenflusses betrachten, so werden wir die Übertragungskanäle als Black-boxes behandeln und nicht weiter in die Schaltschemata der Modems eindringen.

4.7.2 Aspektweise Systembetrachtung

Ebenso wichtig wie das Vorgehen vom Groben zum Detail ist die Betrachtung eines Systems unter verschiedenen Aspekten und Teilaspekten. Wenn wir Systeme betrachten, so verwenden wir Modelle, die Abbildungen der Realität unter den interessierenden Aspekten sind. Nur das Betrachten von Systemen unter verschiedenen Aspekten vermittelt uns verschiedene Systemmodelle und neue Erkenntnisse. Wenn wir ein existierendes System sofort in seine Teilsysteme zerlegen und diese weiter untersuchen, fixieren wir uns zu stark auf das vielleicht unzweckmässig Existierende und schränken dabei unsere Kreativität ein. Bevor wir also Systeme detaillierter analysieren, müssen wir uns Rechenschaft darüber ablegen, welche Aspekte und Teilaspekte wir berücksichtigen wollen.

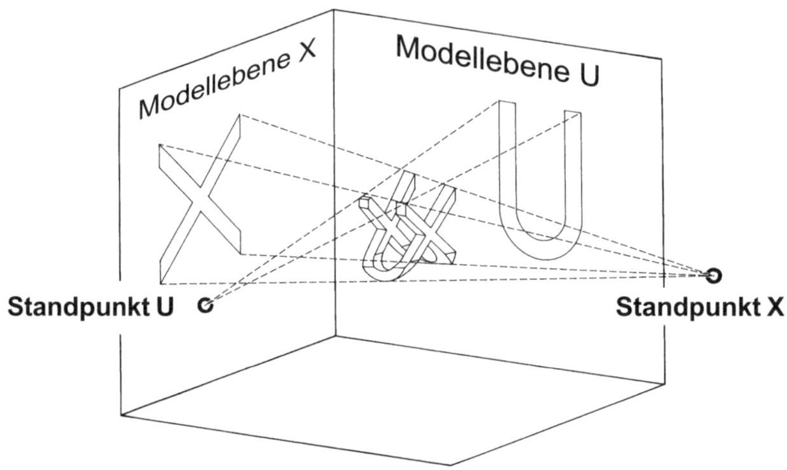

Abb. 4.7.2.1 *Lassen Sie sich ein X für ein U vormachen! Die Betrachtung eines realen Systems unter verschiedenen Aspekten führt zu verschiedenen Systemmodellen.*

Beispiel 1 Aspekte, unter denen man ein Wasserkraftwerk betrachten kann:

Hydraulik:	Stausee, Fluss, Wasserfluss, Druckverlauf
Mechanik:	Stauwehr, Turbine, Schieber
Elektrotechnik:	Generator, Transformator, Schalter, Steuerung
Regelung:	Regelung der hydraulischen Leistung, Regelung der elektrischen Grössen (Spannung, Frequenz)
Wirtschaftlichkeit:	Finanzierungskosten, Betriebskosten, Unterhaltskosten, Steuern, Ertrag
Ökologie:	Auswirkungen auf die Umgebung, Vorschriften, Einstellung der Bevölkerung

Beispiel 2 Ein Prozessregelungssystem können wir unter den folgenden Aspekten betrachten:

- Wirtschaftlichkeit
- Informationsfluss
- Regelgenauigkeit
- Hardware-Aufbau
- Bedienung
- Zuverlässigkeit und Störsicherheit
- Leistungsverbrauch mit den Teilaspekten Leistungsbedarf elektrisch und hydraulisch, sowie Verluste / Kühlung

Unter jedem Aspekt oder Teilaspekt wird man ein geeignetes Systemmodell wählen müssen und die Systeme soweit wie nötig in Teilsysteme untergliedern.

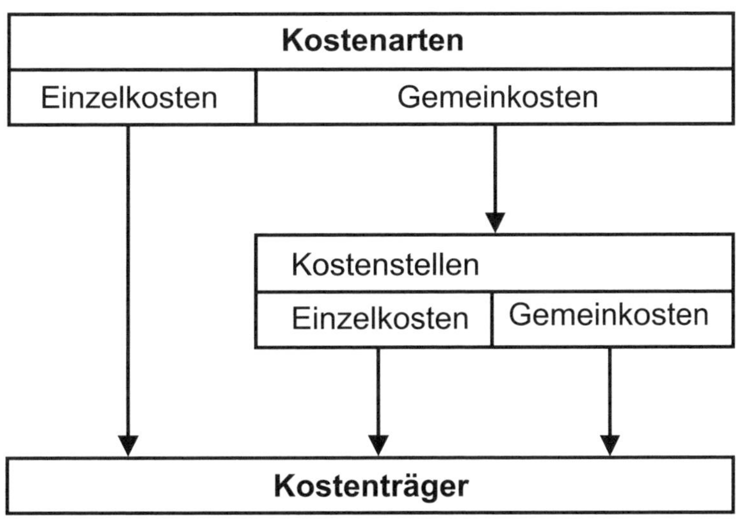

Abb. 4.7.2.2 *Kostenrechnungssystem, Verrechnungssystem der Einzelkosten und der Gemeinkosten auf die Kostenträger.*

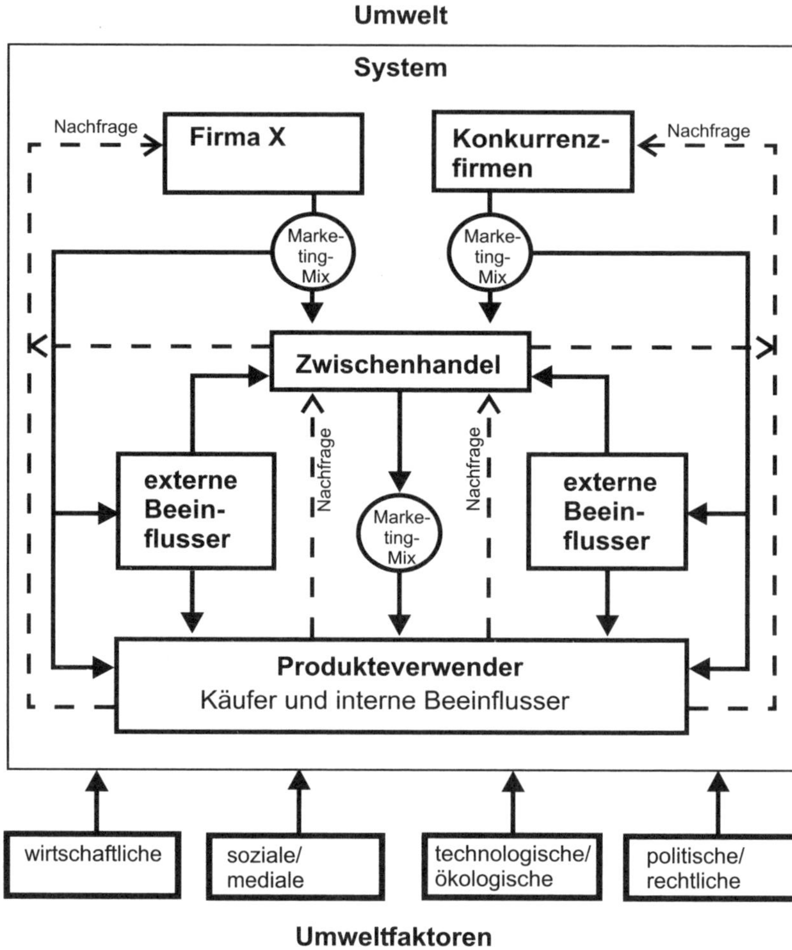

Abb. 4.7.2.3 *Das Marktgeschehen als System (nach Prof. Dr. R. Kühn).*

Die andere Sicht:

„Für das Ei ist das Huhn lediglich eine notwendige Zwischenform, um sich zu reproduzieren."

4.8 Wirkungsnetzanalyse (Analyse der Vernetzung)

Wie bereits früher erwähnt, ist ein Problem selten die Konsequenz einer einzigen Ursache, sondern das Resultat des Zusammentreffens verschiedener Ursachen und Wirkungen. Indem wir dieses Netzwerk von Wirkungen aufzeichnen, können wir rasch ein Modell von der Situation entwickeln. Die konstruktive Gestaltung des Systems wird nur soweit berücksichtigt, wie das zum Verständnis des Wirkungsablaufes notwendig ist. Diese Darstellungsweise eignet sich für technische und nichttechnische Systeme.

Wie man, auf dieser Betrachtungsweise aufbauend, weiter die Dynamik des Systems untersuchen und Lenkungsmöglichkeiten analysieren kann, behandelt das Kapitel „Situationsanalyse" ausführlich (siehe Kapitel 6.2).

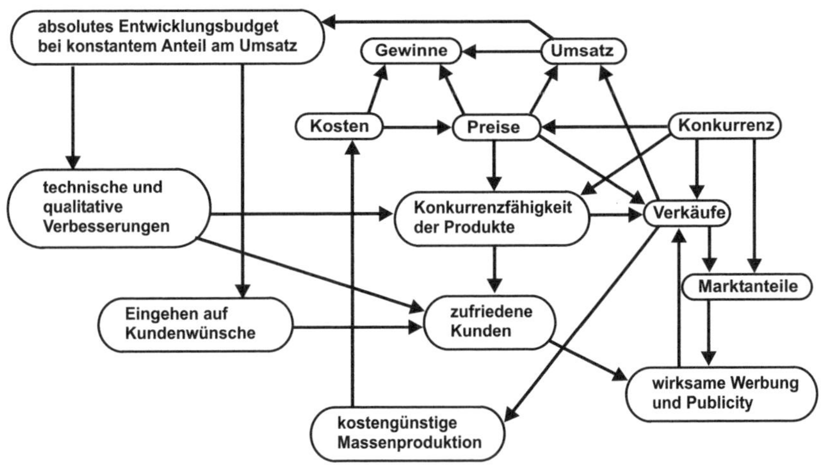

Abb. 4.8.1 *Beispiel eines Wirkungsnetzes, das die wesentlichen Zusammenhänge für den Markterfolg eines Produktes darstellt*

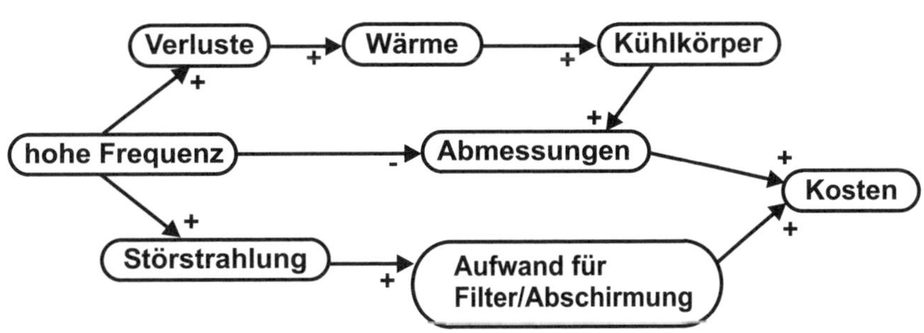

Abb. 4.8.2 *Beispiel eines Wirkungsnetzes für die Verwendung einer hohen Frequenz in einem Schaltnetzteil.*

4.9 Aus dem System herausspringen

Wer mit seinen Gedanken in seinem System gefangen bleibt, blockiert sich selbst und ist blind gegenüber weiteren Möglichkeiten oder Systemveränderungen. Ein Unternehmer konzentriert sich zum Beispiel bei seiner Planung auf den Kampf mit Konkurrenten, Lieferanten, Händler etc. Statt dessen könnte er aus dem System herausspringen und sich als Glied einer Wertschöpfungskette betrachten, in der er noch ganz andere Möglichkeiten hätte, strategische Erfolgspositionen aufzubauen. Wer in seinem Denken und seinem System gefangen bleibt, läuft auch Gefahr, dass er sich im Problemlösungsprozess auf die Bekämpfung von Symptomen konzentriert, statt deren Ursachen in übergeordneten, vor- oder nachgelagerten Systemen zu korrigieren.

Abb. 4.9.1 *Wenn nicht bald eine Weiche kommt, sind wir verloren!*

Beispiel Ein Produktionsleiter konzentriert sich auf alle möglichen Kostenreduktionsmöglichkeiten in seinem Betrieb. Eines Tages macht ihn ein Mitarbeiter, der sich mit der Beschaffung neuer Vorrichtungen für die Bearbeitung von Gussrohlingen beschäftigt, darauf aufmerksam, dass der Gusslieferant die Rohlinge mit geringem Aufpreis vorbearbeitet liefern könnte. Teurere eigene Operationen und Werkzeuge würden so wegfallen. Das Endprodukt käme günstiger. Wenn wir jedes einzelne System für sich allein optimieren, erreichen wir das

Optimum für das gesamte System selten. Wir bleiben in eingefahrenen Denkstrukturen verhaftet. Vernetztes Denken, vor allem die Wirkungskettenanalyse, hilft uns, aus dem System herauszuspringen, komplexe Zusammenhänge zu verstehen und die Probleme ganzheitlich anzupacken.

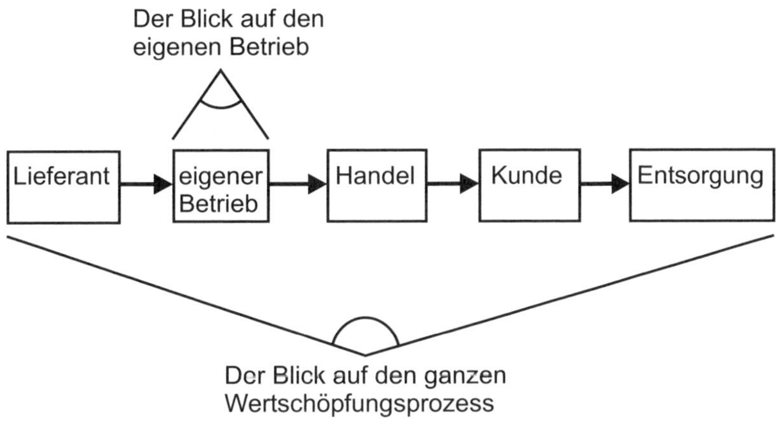

Abb. 4.9.2 *Vom Blickwinkel Betrieb zum Blickwinkel Wertschöpfungskette.*

4.10 Einflussgrössenanalyse

Wir können ein System als Black-box betrachten und die Zusammenhänge ihrer Input- und Output-Grössen weiter detailliert untersuchen. Dabei interessieren die Wirkungsverläufe und deren Dynamik. Technisch ausgedrückt: Wir untersuchen die Übertragungsfunktion (= f [Ausgangsgrössen] / f [Eingangsgrössen]). Im Hinblick auf eine detaillierte Wirkungskettenanalyse oder den Aufbau eines Simulationsmodells kann das erforderlich sein. Je nach Anforderungen wird man auch zwischen kurzfristigen und längerfristigen Reaktionen unterscheiden, so, wie die Elektroingenieure bei Bedarf Gleichstrom- und Wechselstrom-Ersatzschaltbilder verwenden. Eine detaillierte Wirkungskettenanalyse oder -simulation setzt eine Einflussgrössenanalyse der einzelnen Teilsysteme voraus.

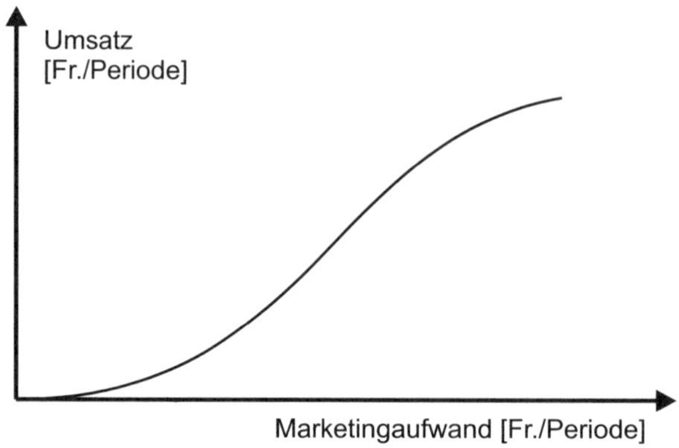

Abb. 4.10.1 *Wirkungsverlauf zwischen Absatz pro Periode in Funktion der Marketingaufwendungen bei konstantem Preis in einem bestimmten Markt.*

4.11 **Das Sensitivitätsmodell** (Vesters Papiercomputer)

Mit dem von Frederic Vester propagierten Papiercomputer erzeugt man mit wenig Aufwand Erkenntnisse über die Bedeutung einzelner Grössen in einem vernetzten System und das Verständnis für die darin enthaltenen Abläufe.

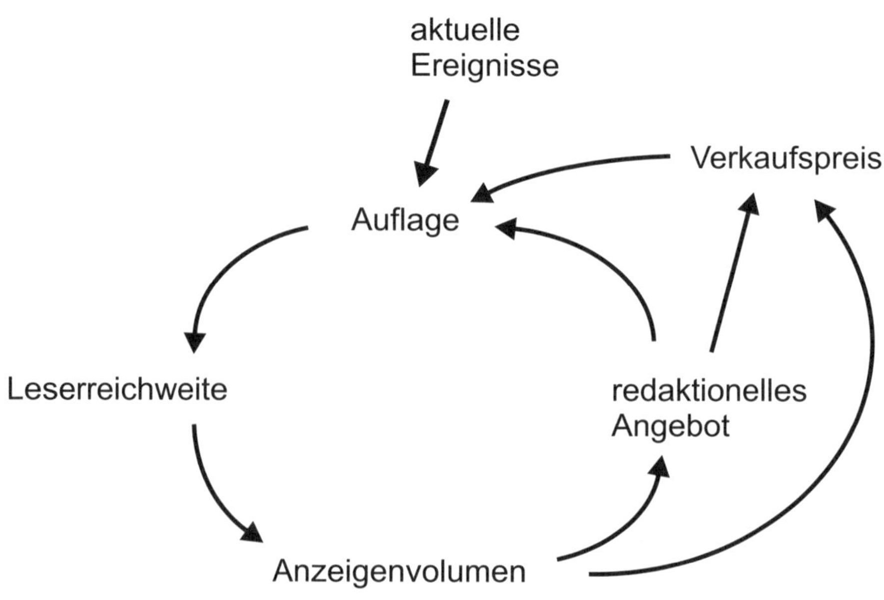

Abb. 4.11.1 *Einfaches Wirkungsnetz eines Zeitschriftenverlages.*

Wirkung von: / auf:	Verkaufsauflage	Leserreichweite	aktuelle Ereignisse	Anzeigenvolumen	redaktionelles Angebot	Verkaufspreis	Aktivsumme AS	Quotient Q (=100*AS/PS)
Verkaufsauflage		3	0	0	0	0	3	38
Leserreichweite	0		0	3	0	0	3	100
aktuelle Ereignisse	3	0		0	0	0	3	∞
Anzeigenvolumen	0	0	0		2	2	4	133
redaktionelles Angebot	3	0	0	0		2	5	250
Verkaufspreis	2	0	0	0	0		2	50
Passivsumme PS	8	3	0	3	2	4		
Produkt P (=AS * PS)	24	9	0	12	10	8		

Abb. 4.11.2 Einfacher Papiercomputer für das Wirkungsnetzwerk eines Zeitschriftenverlages.

Der Papiercomputer geht von einem Netzwerk von Wirkungsketten aus. In einer Matrix wird die Stärke der Beeinflussung jeder Beziehungsgrösse mit jeder anderen Beziehungsgrösse eingetragen. Dabei verwendet man nur eine grobe Abstufung:

0 = keine Beeinflussung
1 = geringe Beeinflussung
2 = mittlere Beeinflussung
3 = starke Beeinflussung

Die Berechnung und die Auswertung der Daten seien am Beispiel von Abb. 4.11.1 erklärt.

Zur Auswertung berechnet man die Summen der Einträge in den Zeilen und Spalten. Das ergibt die so genannten Aktiv- und Passivsummen. Alsdann berechnet man die Quotienten Q und die Produkte P und erhält die Darstellung in Abb. 4.11.2

4.11.1 Interpretation der Ergebnisse

höchstes Q = „aktivste" Grösse	beeinflusst stark, wird selber wenig beeinflusst; systemexterne Einflüsse haben den Wert ∞ (unendlich)
tiefstes Q = „passivste" Grösse	beeinflusst am schwächsten, wird selber stark beeinflusst
höchstes P = „kritischste" Grösse	beeinflusst stark, wird selber auch stark beeinflusst
tiefstes P = „trägste" Grösse	beeinflusst schwach, wird selber ebenfalls schwach beeinflusst; Achtung: Bei systemexternen Einflussgrössen ist P = 0! Sie können aus unserem System heraus nicht beeinflusst werden, beeinflussen selber aber trotzdem stark.

Interpretation der Ergebnisse aus dem Papiercomputer für unser Beispiel:

Die „aktuellen Ereignisse" stellen in diesem Beispiel einen systemexternen Einfluss dar. Q = ∞ (unendlich) und P = 0, das heisst: Diese Grösse beeinflusst stark und wird selber durch unseren Verlag überhaupt nicht beeinflusst. Das stimmt mit den praktischen Erfahrungen überein. Ein wichtiges Sportereignis, z.B. Olympische Spiele, wird die Auflagen von Sport- und anderen Zeitschriften steigern. Die Olympischen Spiele selber mit allen ihren Details werden aber durch die Zeitschrift nicht beeinflusst (P = 0).
Das redaktionelle Angebot ist in unserem Beispiel die wichtigste, aktivste Grösse innerhalb des Systems (Q = 250). Das heisst, sie beeinflusst den Erfolg der Zeitschrift am stärksten und wird von den anderen Grössen in unserem Netzwerk nur wenig beeinflusst. Dann folgt als nächste sehr aktive Grösse das Anzeigenaufkommen (Q = 133).
Als kritische Grösse erkennen wir die Verkaufsauflage (höchstes P = 24) und als träge Grösse den Verkaufspreis (tiefstes P = 8). Das absolut tiefste P = 0 für die „aktuellen Ereignisse" bedeutet, dass diese systemexterne Grösse durch uns nicht zu beeinflussen ist.

In der Gesamtbeurteilung erweist sich das redaktionelle Angebot als zentrale Grösse. Es hat die grösste Hebelwirkung. Wenn wir den Erfolg unserer Zeitschrift verbessern wollen, müssen wir uns mit erster Priorität auf das redaktionelle Angebot konzentrieren. Mit zweiter Priorität sollten wir versuchen, das Anzeigenvolumen zu steigern (zweithöchstes Q = 133). Das heisst, wir müs-

sen möglichst viele Inserenten gewinnen. Die Verkaufsauflage (P = 24) ist als kritische Grösse zu beachten, da eine Veränderung an diesem Punkt eine Kettenreaktion auslösen kann. Gleichzeitig ist sie auch die passivste Grösse (tiefstes Q = 33). Das heisst, die Verkaufsauflage wird stark von den anderen Grössen beeinflusst. Es nützt also nichts, einfach mehr zu drucken. Das Gedruckte muss auch noch Leser finden.
Die obigen Erkenntnisse helfen uns also rasch, die Mechanismen in diesem Zeitschriftengeschäft besser zu verstehen und die Eingriffsmöglichkeiten besser zu beurteilen.

4.11.2 Häufig vorkommende Fehler beim Einsatz des Papiercomputers

Beim Unterrichten von Studenten konnte ich beobachten, dass bei der Anwendung des Papiercomputers oft die folgenden Fehler gemacht werden:

1. Fehler

Unkorrektes Eintragen der Einflüsse
Die Berechnungsmatrix muss sich am zuvor erstellten Wirkungsgefüge orientieren. Manchmal unterläuft einem der Fehler, dass man beim Ausfüllen der Matrix direkte Wirkungen einträgt, die im Wirkungsgefüge gar nicht vorhanden sind oder nur über Umwege erfolgen. Die Matrix muss also mit dem zuvor aufgezeichneten Wirkungsgefüge übereinstimmen und darf nicht zusätzliche Wirkungen enthalten.

2. Fehler

Zu starke Vereinfachung
Der Papiercomputer macht die Zusammenhänge transparent, die in ihn hineingesteckt wurden. Beziehungen, die im Wirkungsgefüge nicht berücksichtigt wurden, beeinflussen weder die Resultate noch kann etwas über sie ausgesagt werden.

3. Fehler

Vermischung von Hierarchieebenen
Statt sich auf übergeordnete Zusammenhänge zu beschränken, gelangen teilweise Detailprozesse aus Teilsystemen in das Sensitivitätsmodell. So entstehen zwar nicht grundsätzliche Fehler, aber die Gesamtsicht wird dadurch verzerrt.

4. Fehler

Falsche Eintragungen
Beziehungen, die falsch eingetragen wurden, verzerren die Ergebnisse und führen zu Missinterpretationen.

Zusammenfassende Beurteilung:

Vesters Papiercomputer ist ein praktisches Hilfsmittel, um sich in der Einarbeitungsphase rasch ein qualitatives Bild der Situation zu machen. Oft genügt das, um im Lösungsprozess weiter voranzuschreiten. Wenn das Netzwerk sehr umfangreich wird, leidet die Handhabbarkeit. Wo exaktere, quantitative Aussagen notwendig sind, wird man Simulationsverfahren einsetzen.

4.12 Aus zeitlich verzögerten Systemreaktionen resultierende Schwierigkeiten

Wir lernen aus Erfahrung. Wenn sich aber die Reaktionen auf unsere Systemeingriffe erst mit grosser Verspätung einstellen und sich nicht mehr unseren früheren Eingriffen zuordnen lassen, lernen wir nichts. Wenn wir daher etwas lernen und ein System besser verstehen wollen, müssen wir a) das System so umgestalten, dass die Reaktionszeiten kürzer werden, und b) mehr Transparenz schaffen, damit die längerfristigen Auswirkungen unserer Eingriffe voraussehbar werden.

Beispiel

Der Verwaltungsrat der Hopp AG erwartet von Herrn Primus, dem neu eingestellten Geschäftsleiter, dass er die Ertragslage der Firma massiv verbessert, und zwar subito! Primus reduziert die Entwicklungsabteilung bis auf einen kleinen Rest. Zudem entlässt er die Marketingleute und den ganzen Planungsstab. In allen übrigen Abteilungen reduziert er die Mannschaft um 15 % und fordert von den verbleibenden Mitarbeitern mehr Einsatz. Auch die Firmenbeiträge an die jährlichen Abteilungsausflüge und die Firmensportclubs streicht er. Die Angst der „Überlebenden" ist so enorm wie der Erfolg des neuen Chefs. Die Hopp AG kann bereits im ersten Jahr unter Primus den Gewinn verdoppeln und im zweiten Jahr sogar verdreifachen. Der Erfolg strahlt auch nach aussen. Nach zweieinhalb Jahren wird Primus von einem Grosskonzern gekauft. Sein Nachfolger Hans Zweier kann zuerst mit einer weiteren einschneidenden Sparrunde das Vorjahresergebnis noch knapp halten, erleidet dann aber auf allen Märkten Einbrüche. Bald muss Zweier „im gegenseitigen Einvernehmen" die Firma verlassen. Sein Nachfolger Max Trio versucht noch zu retten, was zu retten ist, und schlägt dem Verwaltungsrat vor, möglichst rasch – bevor die Firma am Markt nicht noch mehr Terrain verliert – mit der Konkurrenz Fusionsverhandlungen aufzunehmen ...

Die Firma Strat AG erwartet von Ihrem neuen Geschäftsführer Hans Ender, dass er die Ertragslage mittelfristig massiv verbessert und auf dem Markt eine Spitzenposition erreicht. Ender bezieht ein Basissalär und einen Erfolgsanteil, in Form vergünstigter Aktien, die er jeweils erst nach zwei Jahren verkaufen darf. Ender organisiert sofort, dass jedes Kadermitglied pro Monat mindestens zwei Kunden besucht und über seine Eindrücke einen kurzen Bericht schreibt. Die Mitarbeiter müssen pro Monat mindestens einen Tag lang in einer anderen Abteilung mitarbeiten. Dann stellt Ender Freiwillige zusammen, die die Arbeitsabläufe dokumentieren und überdenken. „Wer sich selber wegrationalisiert, wird befördert", gibt er bekannt. „Unser Ziel ist es, die Durchlaufzeiten zu halbieren und die Kosten jährlich um mindestens 20 % zu senken." Bald schon werden Qualitätsprobleme und Kundenreklamationen viel rascher bearbeitet. Und dann folgen Produkteverbesserungen und die Kosten sinken. Nach einem Jahr führt die Firma Strat AG am Markt ein neues Sortiment ein, das die Konkurrenz aufschreckt. Die Börsenkapitalisierung hat sich inzwischen bereits verdoppelt.

Merke: Ziele und Anreize steuern die Langfristigkeit des Denkens.

5 Unser Problemlösungsorgan: das Gehirn

Systeme können wir dann sinnvoll einsetzen und bedienen, wenn wir wissen, wie sie aufgebaut sind und wie sie funktionieren. Mit unserem Gehirn ist das nicht anders.

5.1 Die Evolution der Gehirnentwicklung

Technische Systeme entwickeln sich oft aus einfachen Einrichtungen heraus zu immer komplexeren Gebilden. Zusätzliche Aufgaben und Funktionen realisiert man durch Verbesserung am Bestehenden, durch Anbauten und mittels Adaptern. Wenn das Ganze zu komplex geworden ist, löst man es durch ein neues Konzept ab, das auf einer neuen Architektur, evtl. auf ganz anderen Verfahren beruht. Das kann die Natur nicht. Bei den Tieren haben sich im Verlauf der Evolution auf alten, bewährten Strukturen des Gehirns neuere entwickelt, die von den alten dominiert werden. Im Folgenden wollen wir die einzelnen Teile unseres Gehirns in derjenigen Reihenfolge besprechen, in der sie sich im Verlauf der Evolution entwickelt haben.

5.1.1 Das Stammhirn

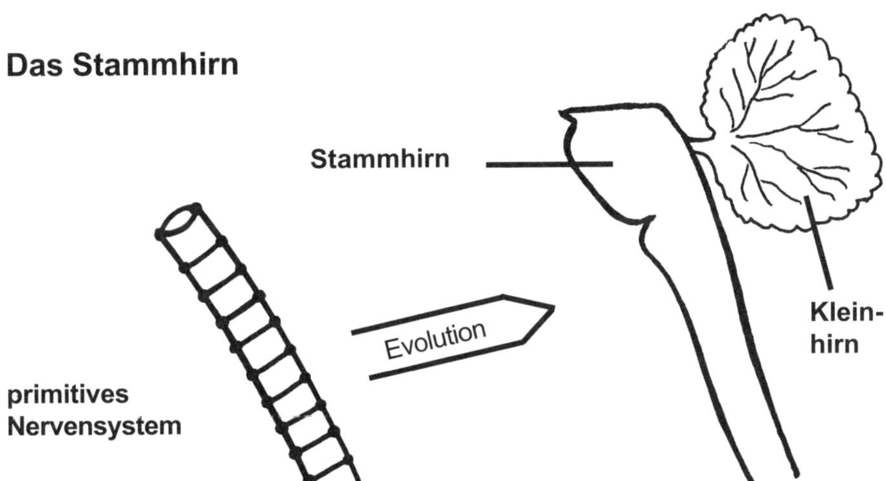

Abb. 5.1.1 *Das Stammhirn entwickelte sich aus den Nervensträngen einfachster Lebensformen.*

Für sehr einfache Lebewesen genügt ein den Körper durchziehender Nervenstrang, an dessen vorderem Ende sich ein Nervenknoten befindet. Diese Einrichtung ist in der Lage, die Signale der einfachen Sensoren (Druck, Temperatur, chemische Substanzen) auszuwerten, den Organismus zu steuern (vegetative Funktionen) und sinnvolle, angeborene Reflexe zu veranlassen. Im Verlaufe der Entwicklung entstand daraus das verlängerte Rückenmark. Für komplexere Bewegungsabläufe reichte das aber nicht mehr aus. Das Kleinhirn entwickelte sich zur Steuerung des Bewegungsapparates. Für die noch komplexeren Sensoren (Sehen und Hören) entwickelte sich das Mittelhirn. Diese ältesten Strukturen nennen wir heute zusammen das Stammhirn. Im Hinblick auf dessen Hauptfunktionen wird es oft auch als „Instinkthirn" bezeichnet.

5.1.2 Das Zwischenhirn

Um auch in komplexeren Situationen sinnvoll zu reagieren, vor allem aber die riesigen Informationsmengen der Augen auszuwerten, reichte das Stammhirn nicht mehr aus. Weitere Strukturen mussten entwickelt werden.

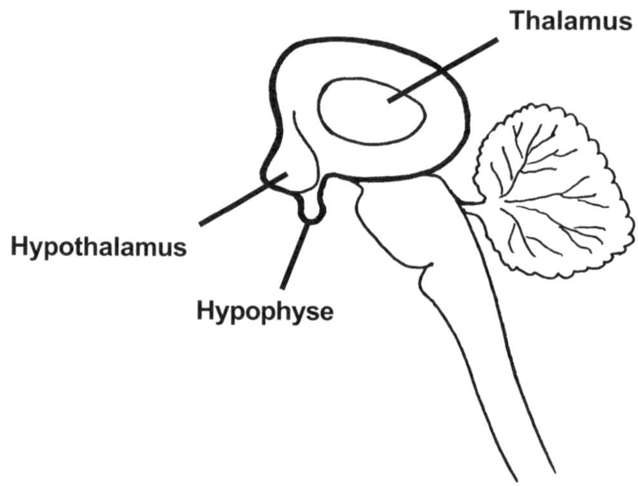

Abb. 5.1.2 *Das Zwischenhirn hat sich über dem Stammhirn entwickelt.*

Der **Hypothalamus** kann als ein dem Stammhirn übergeordnetes Regulationszentrum bezeichnet werden. Er ist das Steuerzentrum des vegetativen Nervensystems und der hormonellen Funktionen. Er ermöglicht es, unseren Organismus auf Abwehr, Flucht, Angriff oder andere Verhaltensweisen einzustellen. Siehe dazu auch Kapitel 8.3.6 „Der Stressmechanismus". Über die Hypophyse (die wichtigste Hormondrüse unseres Körpers) steuert der Hypothalamus verschiedene andere Organe in unserem Körper, zum Beispiel die Sexualorgane. Diese werden über die von der Hypophyse ausgeschütteten Hormone chemisch aktiviert.

Der **Thalamus** ist das Koordinationszentrum der allgemeinen **Empfindungen und Gefühle.** Alle wesentlichen Bahnen der Sinnesorgane enden im

Thalamus. Aus ihm treten auch Nervenbahnen ganz gezielt in spezielle Bereiche des Grosshirns. Der Thalamus bewertet die Informationen von aussen und innen mit Lust- und Unlustgefühlen, beruhigt oder alarmiert. Diese Gefühlsbildung geschieht in Zusammenarbeit mit dem Hypothalamus, der den Organismus dann vegetativ und hormonell auf die so bewertete Situation vorbereitet. Der Thalamus ist aber auch ein Informationsfilter. Unwichtige Informationen gibt er nicht an das Grosshirn weiter und ermöglicht es uns so, dass wir uns auf etwas konzentrieren können. Während ich diesen Text lese, ist die Tastempfindung meiner Füsse unwichtig. Ich nehme sie nicht wahr. Nur jetzt, da ich daran denke, beginne ich die Druckstellen und Auflageflächen zu spüren. Die Filterwirkung des Thalamus macht uns aber auch betriebsblind und hindert uns daran, Gewohntes anders zu betrachten. Andererseits regen uns gerade die Emotionen zum Denken an und motivieren uns, Probleme zu lösen. Ohne Emotion keine Kreativität!

Mit der Entwicklung des Zwischenhirns beginnt das bewusste Denken. Der Thalamus wird daher auch **das Tor zum Bewusstsein** genannt.

5.1.3 Das Grosshirn

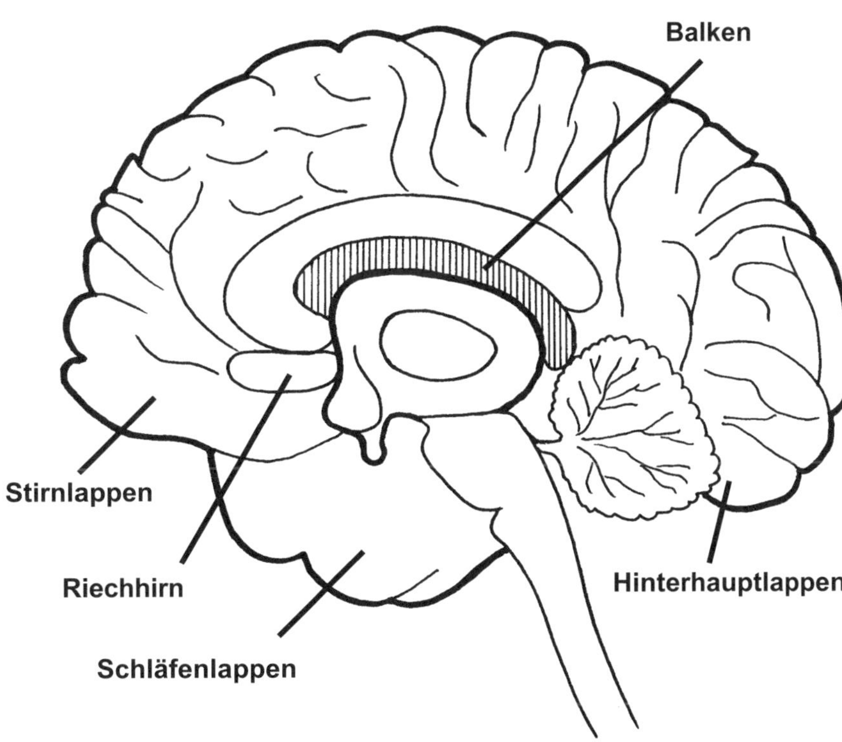

Abb. 5.1.3 *Das Grosshirn hat sich über dem Zwischenhirn entwickelt.*

Das Grosshirn ist die jüngste Errungenschaft der Gehirnentwicklung. Es ist nicht nur ein riesiger Informationsspeicher, sondern auch das Zentrum des logischen Denkens. Das Grosshirn kann Probleme logisch durchdenken und Schlüsse ziehen. Es kombiniert Fakten und Methoden. Dabei unterlaufen ihm bisweilen auch Fehler. Sein grösstes Handicap sind aber die Einschränkungen, denen es durch die Filterwirkung des Zwischenhirns unterworfen ist. Ohne Grosshirn ist der Mensch biologisch lebensfähig. Personen, denen eine Hirnhälfte operativ entfernt werden musste, sind nach einem Training wieder einigermassen arbeitsfähig. Wenn aber untere Gehirnteile ausfallen, tritt sofort der Tod ein.
Von den im Thalamus vorhandenen Gefühlen erfährt das Grosshirn erst, wenn es die entsprechenden Nervenimpulse erhält. Es kann diese dann sachlich bewerten und zurück auf das Zwischenhirn einwirken. Kommt es aber zu keiner Besinnungspause, reagieren wir rein emotionell und im Affekt. Das wird zusätzlich durch Leitungen unterstützt, die direkt vom Thalamus zur Hypophyse führen. Wir fallen dann ohne nachzudenken in alte, für das Überleben im Verlauf von Jahrmillionen bewährte Verhaltensmuster.

5.1.4 Die beiden Gehirnhälften

Das Zwischenhirn und das Grosshirn sind symmetrisch aufgebaut. Die beiden Grosshirnhälften sind über den sog. **Balken** miteinander verbunden. Hirnforscher fanden heraus, dass sich die beiden Hirnhälften unterschiedlich spezialisiert haben. Die linke Hälfte nennen sie die „sprechende Hemisphäre“. Die rechte Hälfte ist bekannt als Sitz der schöpferischen und künstlerischen Fähigkeiten. Wenn wir uns zu ganzheitlichen Menschen entwickeln wollen, sollten wir versuchen, beide Gehirnhälften zu aktivieren. Dazu ist es notwendig, den Informationsaustausch über den Balken zu trainieren. Sport, der das Gleichgewicht trainiert und beide Gehirnhälften aktiviert, kann dafür nützlich sein. Auch die Kinesiologie kann hier weiterhelfen.

5.2 Vereinfachte Schemata der Gehirntätigkeit

Jedes Modell unseres Gehirns muss neben der Realität armselig wirken. Es geht aber hier nicht darum, die Komplexität unserer 15 Milliarden grauen Zellen abzubilden, sondern um ein Schema, das einige unserer Denkmechanismen veranschaulicht.

Für unsere intellektuell-geistigen Fähigkeiten ist vor allem das Zwischenhirn im Zusammenspiel mit dem Grosshirn massgebend.

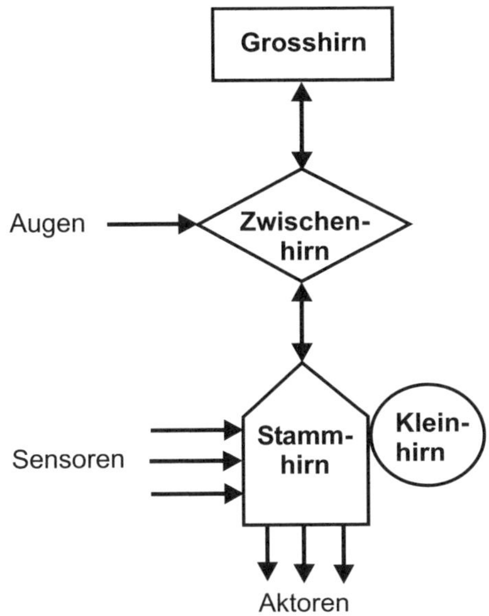

Das Grosshirn hat die intellektuelle Funktion. Es speichert Informationen und verarbeitet sie logisch. Es wird vom Zwischenhirn gesteuert.

Das Zwischenhirn hat die emotionale Funktion. Es bewertet, fühlt, schätzt und entscheidet. Es regelt die Körperreaktionen. Alles verläuft spontan, selbstorganisierend, ohne bewusste Kontrolle.

Das Stammhirn steuert die vegetativen Prozesse im Körper. Es wird auch als „Instinkthirn“ bezeichnet. Ein spezieller Teil davon, das Kleinhirn, regelt die Motorik. Automatikfachleute würden von einem „Frontendrechner” sprechen.

Abb. 5.2.1 *Ein einfaches Strukturmodell für unsere Gehirntätigkeit.*

5.2.1 Die Datenströme im Gehirn

Die zentrale Rolle für unsere intellektuellen Fähigkeiten spielt das Zwischenhirn. Es hat eine beachtliche Datenverarbeitungskapazität. Aus der riesigen Informationsfülle (ca. 10^9 Bits/s), die alle unsere Sensoren liefern, muss es das Wichtigste herausfiltern.

Die wenigen vom Zwischenhirn herausgefilterten Sachverhalte und Gefühle werden im Grosshirn abgespeichert und dort logisch weiterverarbeitet. Der Datenaustausch mit dem Grosshirn geschieht vergleichsweise sehr langsam: lediglich 16 Bits/s! Das Grosshirn übermittelt gefällte Entscheide wiederum dem Zwischenhirn, welches die Reaktionen über das Stammhirn auslöst. Das Kleinhirn steuert die komplexen Bewegungsabläufe über eine Vielzahl von Nervensträngen.

Verglichen mit unseren unbewusst ablaufenden Tätigkeiten (Bewegungssteuerung, Sehen, Hören) erscheint das rationale Denken als eine eher schlechte Ausnutzung unserer neuronalen Hardware.

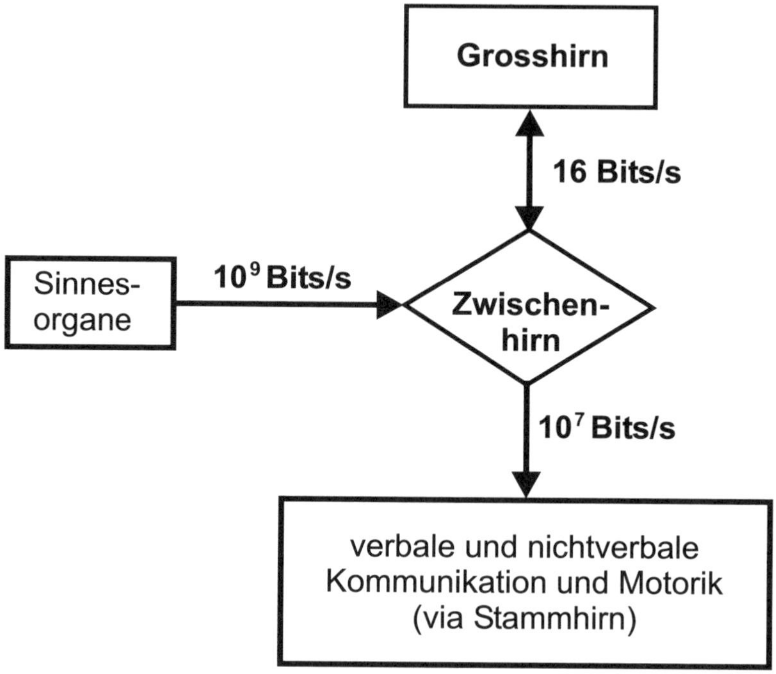

Abb. 5.2.2 *Die Datenströme um das Zwischenhirn.*

5.3 Unsere „Wirklichkeit“

Zwischen die Welt und unsere Vernunft hat die Evolution das Zwischenhirn gesetzt!

Was wir als Realität erleben, sind durch unsere Sensoren aufgenommene Informationen, die das Zwischenhirn gefiltert hat. Unsere Wahrnehmung ist ein selektiver Prozess. Aus der Vielfalt der Informationen nehmen wir nur jene auf, die uns das Gefühl geben, in sinnvollen, eindeutigen Beziehungen zu leben. Was unser Selbstverständnis bedroht, nehmen wir nicht wahr oder verdrängen es.

mein Ich

Es gibt ca. 6.5 Milliarden Menschen auf der Welt. Einer davon, der in Zürich lebt, heisst Peter Schweizer. Und genau ich bin dieser Typ. Und ich weiss, dass ich ich bin. Das ist doch eine erstaunliche Tatsache. Woraus besteht denn dieses Ich?
Eine Theorie aus der Selbstbewusstseinsforschung besagt, dass ich eine in meinem Gehirn abgelegte und sich über Jahre entwickelte Modellvorstellung sei. Ein Modell, das ich mir von mir und meiner Umwelt mache; wie ich mich

selber erlebe und wie ich mich selber sehen möchte. Ich erlebe meine Existenz immer nur an mein Ich gebunden.

unser Selbstverständnis

Unser Selbstverständnis besteht aus dem Gefühl, dass das, was wir glauben, fühlen, denken und wahrnehmen, zusammenpasst und übereinstimmt. *Wir wollen immer recht haben.* Durch alle Informationen und Ideen, die unserer Intuition widersprechen und unser Selbstverständnis in Frage stellen, fühlen wir uns bedroht. Wir lehnen sie ab. Je bedrohter wir uns fühlen, umso selektiver und verzerrter nehmen wir unsere Umwelt wahr. Wir hören das, was wir hören wollen. Wir sehen das, was wir sehen wollen. Wir lesen jene Zeitung, die uns in unserer Meinung bestärkt und uns recht gibt.

„Realisten" sind die grössten Illusionisten. Sie leben in der Illusion, dass es „die Realität" gibt.

Ängste und Gefahren

Vom Grosshirn erkannte Gefahren lösen im Zwischenhirn Angstgefühle aus. Diese aktivieren alte, im Verlauf der Evolution bewährte Reaktionsmuster. Unser Körper stellt sich auf eine Kampf- oder Fluchtsituation ein (siehe dazu auch Kapitel 8.3.6 „Stress"). Dazu benötigt das Zwischenhirn den Datenaustausch mit dem Grosshirn nicht. Dieses würde sowieso viel zu langsam reagieren. Das Zwischenhirn übernimmt die Führung. Für die weiteren Reaktionen wird zwar das logische Denken nicht ganz abgeschaltet, aber nur noch für Kampf- oder Fluchtreaktionen eingesetzt. Wir reagieren „regressiv". Triebhafte Verhaltensweisen setzen sich gegen Vernunft und Einsicht durch. Differenzierte Betrachtungsweisen sind nicht mehr möglich. Wir malen nur noch schwarz/weiss. Wenn der Datenaustausch mit dem Grosshirn schliesslich ganz zusammenbricht, geraten wir in Panik und reagieren „kopflos".

Wirklichkeitsverlust

Wirklichkeitsverlust tritt dann ein, wenn ein Mensch so stark von Vorstellungen und Ideen dominiert ist, dass er nichts mehr sieht, das diesen Vorstellungen widerspricht. Er schafft sich eine eigene Welt, in die einzudringen Aussenstehenden und Andersdenkenden unmöglich wird. Wo die Welt nicht seinen Vorstellungen entspricht, reagiert er mit Fanatismus und Gewalt, um sie seinen Vorstellungen entsprechend abzuändern. Solche Gedankenwelten sind im religiösen und ideologischen Bereich anzutreffen, aber auch in absolutistisch geführten Firmen. Den Mitgliedern werden moralisch begründete Denkverbote auferlegt. Die Meinungsfreiheit ist eingeschränkt und es wird eine absolute Gefolgschaft gegenüber den Führern gefordert. Unter solchen Umständen lassen sich auch absolut abstruse Gedankenwelten am Leben erhalten. Im Leben verunsicherten Anhängern bieten solche Gemeinschaften Geborgenheit. Für die Umwelt und die Anhänger können sie aber auch gefährlich werden, wie die folgenden Beispiele zeigten: Die Anschläge der Al-Qaida vom 11. Sept. 2001, die Giftgasanschläge der Aum-Sekte in Japan, die Selbstmorddramen der Sonnentemplersekte in der Schweiz und in Frankreich sowie viele Selbstmordattentate von Islamisten im nahen Osten.

Speziell Experten sind durch ihr grosses Wissen und ihre Erfahrung oft an der Akzeptanz neuer Erkenntnisse gehindert. Mehr dazu im Band 3.

> **„Die Wahrheit triumphiert nie, ihre Gegner sterben nur aus."**
> *Max Planck*

positive Gefühle

Fakten speichern wir zusammen mit Gefühlen ab. Erinnerungen an sie sind später mit Lust- oder Unlustgefühlen verbunden. Was mit Unlustgefühlen verbunden ist, versuchen wir zu verdrängen. Wir möchten uns nicht mehr daran erinnern. Was hingegen mit Lustgefühlen verbunden ist, bleibt besser haften. Wenn wir also effizient lernen wollen, müssen wir ein positives, lustbetontes Lernklima schaffen. **Man müsste also können wollen, was man können sollte!**

erfolgreich verhandeln

Entscheide fällt letztlich das Zwischenhirn auf Grund der vom Grosshirn gelieferten Fakten und Gefühlen. Dabei kann es die vom Grosshirn gelieferten Fakten nicht gewichten. Es vergleicht lediglich die Anzahl „Jas" und „Neins". Wenn es uns gelingt, in einer Verhandlung eine positive Grundstimmung zu schaffen und in vielen Detailfragen, auch wenn diese gar nichts mit dem Verhandlungsgegenstand zu tun haben, ein „Ja" zu erlangen, steigen damit die Chancen, für eine Übereinkunft. Sympathisch erscheinende und freundlich auftretende Menschen haben daher grössere Chancen, in Verhandlungen zu einem „Ja" zu gelangen.

„sachlich" entscheiden

Wenn wir unser Zwischenhirn durch eine grosse, unübersichtliche Datenflut nicht verwirren oder wenn wir uns durch einen gerissenen Verhandlungstechniker nicht zu unüberlegten Entscheiden hinreissen lassen wollen, müssen wir entscheidungsunterstützende Methoden einsetzen. Siehe dazu Kapitel 6.5. „Bewerten und Entscheiden". Eine Nutzen- oder Nutzwertanalyse leistet dabei gute Dienste.
Übertriebener Methodikeinsatz kann auch ein Zeichen von Angst sein. Das äussert sich dann so, dass sich der Entscheidungsträger vor dem Entscheid und dessen Konsequenzen bzw. vor der zu tragenden Verantwortung so sehr fürchtet, dass er den Entscheid am liebsten einer Methode überlassen und seine Hände in Unschuld waschen möchte. Der Methodeneinsatz und das Durchdenken möglicher Gefahren sowie des „worst case" können dem Entscheidungsträger die Angst nehmen. Wenn er aber bereits so gestresst ist, dass sein Denken blockiert ist, befindet er sich in einem Teufelskreis und reagiert höchstens noch auf Sachzwänge.
Auch beim Entscheiden versuchen wir letztlich unser Selbstverständnis aufrecht zu erhalten.

kühlen Kopf bewahren

Stressreaktionen können wir reduzieren oder ganz vermeiden, wenn wir uns zeitig auf sie einstellen. Situationen, die wir eingeübt haben, bringen uns, wenn sie eintreffen, nicht mehr aus der Ruhe. Auch unsere Lebenseinstellung

(Selbstverständnis) können wir stressresistenter gestalten, wenn wir lernen, Widersprüche in uns selber zu akzeptieren. Wir sind dann in der Lage, vorurteilslos Informationen aufzunehmen, die vorläufig nicht in unser Selbstverständnis passen. Das ermöglicht uns, in Konfliktsituationen Dialogbereitschaft zu bewahren.

5.4 Wir konstruieren unsere Probleme selber

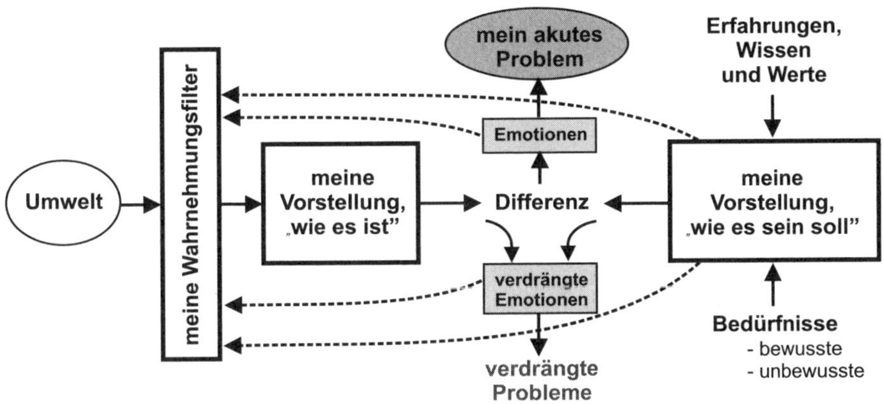

Abb. 5.4 *Wenn sich zwischen meiner Wahrnehmung der Umwelt, also meiner Vorstellung „wie es ist", und meiner Vorstellung „wie es sein soll", Differenzen ergeben, erzeuge ich Emotionen und sehe „Probleme".*

Wenn wir unsere Umgebung wahrnehmen, geschieht das durch unsere Wahrnehmungsfilter: Erfahrungen, Interessen, Vorurteile, Erwartungen, etc. Wir konstruieren unsere Welt selber, sagen die Konstruktivisten. Wir leben in einem selber konstruierten Modell von unserer Umwelt. Auch unsere Vorstellung, wie es sein soll, haben wir uns im Laufe unserer Sozialisation, Erziehung und Ausbildung angeeignet bzw. konstruiert. Die Emotionen, die wir entwickeln, wenn sich das Wahrgenommene nicht mit unseren Sollvorstellungen deckt, beeinflussen wiederum unsere weitere Wahrnehmung und erschweren eine „objektive" Wahrnehmung der Umgebung.

Die Natur selber kennt keine Probleme. Sie kennt weder „gut" noch „schlecht", weder „lieb" noch „böse". Sie funktioniert, wie sie funktioniert. Erst wir Menschen haben Werte definiert und damit auch Probleme konstruiert. Unser ganzes Leben lang verwenden wir dann viel Energie darauf um mit den Differenzen zwischen unserem selbst konstruierten Bild von der wahrgenommenen Umwelt und unserer Vorstellung, wie es sein soll, umzugehen.

Eigentlich wollen wir gar keine Probleme lösen, sondern nur immer Recht behalten.

Die Entstehung und die Entwicklung unserer Wertsysteme wird im Band 3 ausführlicher behandelt. Diese Aspekte werden normalerweise bei Ingenieuraufgaben nicht gross hinterfragt, obwohl das natürlich in vielen Fällen hilfreich wäre.

5.4.1 Die eigenen Probleme lösen

Ob eines meiner Probleme gelöst ist oder nicht, kann nur ich selber entscheiden – auf Grund der Emotionen, die ich verspüre. Wenn wir vom Schema in Abb. 5.4 ausgehen, kann ich versuchen, die Umwelt meinen Vorstellungen anzupassen. Das ist der Ansatz, den normalerweise die Ingenieure wählen. Ich kann aber auch an meiner Wahrnehmung arbeiten und die Dinge anders betrachten, der Situation die positiven Aspekte abgewinnen. Das ist der Ansatz, mit dem z.B. Verkäufer versuchen, ihre Kunden zu beeinflussen. Ideologen und Politiker hingegen zielen auf die Wertvorstellungen. Sie versuchen uns einzureden, was gut und böse sei, damit wir eine vorhandene Situation positiv sehen und akzeptieren, oder aber uns mit allen Mitteln dagegen kämpfend einsetzen. Möglichkeiten zum Beeinflussen der Wahrnehmung und das Thema Wertvorstellungen behandelt der Band 3, „Systematisch Lösung werden“. Im vorliegenden Band 1 konzentrieren wir uns auf die Methoden zur Lösungssuche auf der „Sachebene“ via Veränderung der Umgebung mit technischen Lösungen – ohne die anderen Aspekte ganz ausser Acht zu lassen.

5.5 Ist Weisheit biologisch bedingt?

Das Gewicht des Gehirns nimmt beim erwachsenen Menschen mit zunehmendem Alter ab, nicht aber seine Denkfähigkeit, wenn er das Gehirn trainiert. Die Leistung des Kurzzeitgedächtnisses nimmt zwar mit fortschreitendem Alter ab. Dafür kann aber der erfahrene Mensch Neues viel einfacher an seinen Erfahrungsschatz „anhängen“. Alte Menschen, die ihren Geist wachhalten, überzeugen denn oft auch durch glasklares Denken.
Nach dem vierzigsten Lebensjahr wachsen zwischen dem Zwischenhirn und dem Grosshirn zusätzliche Verbindungen. Das ermöglicht dem Grosshirn, Emotionen besser in seine Logik zu integrieren, aber auch die im Zwischenhirn entstehenden Emotionen besser zu steuern. Wenn wir das als eine Eigenschaft der Weisheit betrachten, dürfen wir annehmen, dass sich Weisheit biologisch bedingt erst nach dem vierzigsten Lebensjahr einstellen kann. Zwingend ist das aber, wie das tägliche Leben zeigt, nicht!

5.6 Unsere eigenen Denkmuster kennen lernen

Jeder Mensch hat seine bevorzugten Denkmuster und Präferenzen. Wenn wir uns und unsere Mitmenschen besser verstehen wollen, lohnt es sich, seine eigenen unbewussten Muster kennen zu lernen. Dazu gibt es verschiedene Modelle und entsprechend viele Tests. Die folgenden haben mir viel zu meinem Selbstverständnis geholfen:

Biostruktur-analyse

Die Biostrukturanalyse basiert darauf, dass unsere drei Gehirnteile (Stammhirn, Zwischenhirn und Grosshirn) verschieden stark aktiv sind. Individuelle Unterschiede in der Aktivitätsverteilung haben Auswirkungen auf unsere Persönlichkeit. Die Methode ist geeignet, um rasch die verschiedenen Typen in einem Team zu identifizieren und zu verstehen, wer mit wem gut zusammenarbeiten kann. Die Methode der Biostrukturanlyse wird von der Firma IBSA Institut für Biostrukturanalysen AG, Baar, vertrieben.

Ganzhirn-Konzept

Das Ganzhirnkonzept von Ned Hermann basiert ebenfalls auf der Biostruktur unseres Gehirns, geht in der differenzierten Analyse aber über die Biostrukturanalyse hinaus. Die Methode wird von der Firma Hermann International vertrieben. Mehr dazu findet sich im Internet.

Transaktions-analyse

Ein sehr hilfreiches Mittel, um unser Verhalten, speziell im Umgang mit Partnern, zu verstehen. Das Egogramm zeigt auf, mit welcher Vorliebe wir mit verschiedenen „Ich-Zuständen“ reagieren: mit dem „Eltern-Ich“, dem „Erwachsenen-Ich“ oder dem „Kindheits-Ich“. Das „Miniskript“ zeigt auf, welche Einstellungen uns zu Aktivitäten antreiben. Eine sehr empfehlenswerte Einführung dazu schrieb Rüdiger Rogoll.

DISG-Persönlich-keitsprofil

Das DISG-Profil unterscheidet die folgenden vier Persönlichkeitsbereiche: Dominanz, Initiative, Stetigkeit und Gewissenhaftigkeit. Es zeigt auch auf, welche Typen in welchen Situationen gut miteinander auskommen. Materialien dazu werden von der Firma persolog GmbH, D-75196 Remchingen, vertrieben.

Unsere Persönlichkeit ist durch viele Einflussfaktoren geprägt und, wie alle Psychotests, beleuchten auch die obigen nur jeweils wenige dieser Faktoren. Ich würde mir nie anmassen, auf Grund eines solchen Tests über einen Menschen zu urteilen. Jeder Mensch ist etwas Einmaliges, und mit solchen Analysen können wir nur leichter verstehen, warum wir manchmal besser oder schlechter zusammenarbeiten können.

5.7 Die Kunst der Emotion

Wir leben in einer Welt, in der die traditionellen Werte zerfallen sind und Medien, Politik, und Werbung immer intensiver auf unsere Gefühle einwirken. In dieser Orientierungslosigkeit und Dauerbeeinflussung besteht die Gefahr, dass wir uns leicht von unseren Gefühlen überwältigen und dadurch manipulieren lassen. Daher benötigen wir Fähigkeiten zum Umgang mit unserem Zwischenhirn: Wir müssen **emotionale Intelligenz** entwickeln. Es geht dabei nicht einfach darum Emotionen zu unterdrücken, sondern sie konstruktiv, diszipliniert einzusetzen und auch zu geniessen. Die wesentlichsten Punkte sind dabei:

- **Emotionale Selbstwahrnehmung:** Sich der eigenen Gefühle bewusst werden. Das ist die Voraussetzung für eine Selbstkontrolle.
- **Emotionen gestalten:** Bewusst beeinflussen und steuern.
- **Emotionen produktiv nutzen:** Die Fähigkeit mit Emotionen die eigenen Aktivitäten zu unterstützen und sich selbst zu motivieren.
- **Empathie entwickeln:** Die Fähigkeit, die emotionale Befindlichkeit anderer Menschen zu erkennen („Menschenkenntnis“).
- **Umgang mit sozialen Beziehungen:** Die Fähigkeit, sich in der sozialen Welt schnell und intelligent orientieren zu können, echte von falschen Freunden zu unterscheiden und zu erkennen, wo ich Unterstützung finde und wo Intrigen gesponnen werden.

Zum Thema emotionale Intelligenz ist in den letzten Jahren eine Menge Literatur entstanden. Mehr dazu findet sich auch im Band 3, „Systematisch Lösung werden“.

6 Das Problemlösungsschema

6.1 Chancen identifizieren

6.1.1 Am Anfang steht die Vision

Probleme werden von Menschen erfunden

Jeder Mensch hat seine Vision. Bewusst oder unbewusst streben wir nach Glück, Harmonie, Geborgenheit, Sicherheit etc. Die wenigsten von uns haben schon darüber nachgedacht, was in unserer Bedürfnishierarchie ganz oben steht. Das ist individuell verschieden. Auch wenn wir uns dessen nicht bewusst sind, lassen wir uns in vielem von unserer Vision leiten. Die Vision ist immer etwas Abstraktes. Ziele sind konkret und können sich mit der Zeit verändern. Die Vision bleibt.
Auch Unternehmen sind von Visionen geprägt; vorab durch jene der Gründer, mit der Zeit immer mehr durch diejenigen des Managements.

In einer Firma erfolgt der Anstoss zum Anpacken einer Aufgabe meist aus einer unternehmerischen Tätigkeit heraus. Umfangreiche Aufgaben, bzw. Probleme resultieren aus Visionen oder unternehmerischen Zielsetzungen und münden in Projekten. Im Verlauf von Projekten sind wiederum viele Teilprobleme zu lösen. Oft sind wir mit ganzen Aufgabenhierarchien konfrontiert. Jedes Problem wollen wir effizient lösen und müssen uns daher fragen, welcher Art es ist, auf welcher Ebene wir es angehen und welche Methoden wir dabei zweckmässigerweise einsetzen wollen. **Eine Aufgabe richtig zu formulieren ist oft schwieriger, als sie anschliessend richtig zu lösen.**

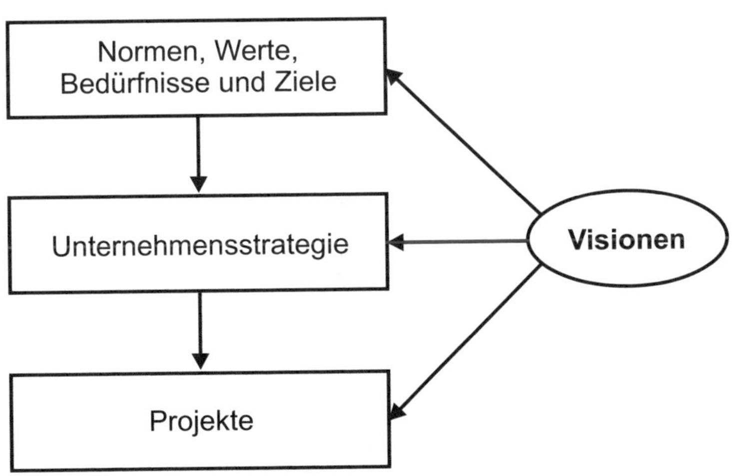

Abb. 6.1.1.1 *Alle unsere Aktivitäten basieren letztlich auf Vorstellungen, Emotionen, Wünschen und Visionen.*

Der Unternehmer selber muss sich zuerst fragen, welche Aufgabe bzw. welches Projekt er mit welcher Dringlichkeit bearbeiten lassen will. Das vorliegende Buch befasst sich nicht mit dem Erarbeiten von Unternehmensstrategien. Zur Auswahl der Projekte sei aber trotzdem auf das Schema in Abb. 6.1.1.2 verwiesen.

Es ist wichtiger, das richtige Problem zu lösen, als ein Problem richtig zu lösen.

Jedes Unternehmen sieht sich von Rahmenbedingungen umgeben: Staat, Gesellschaft, Branche, Marktstrukturen, technische Entwicklung etc. Ausgehend

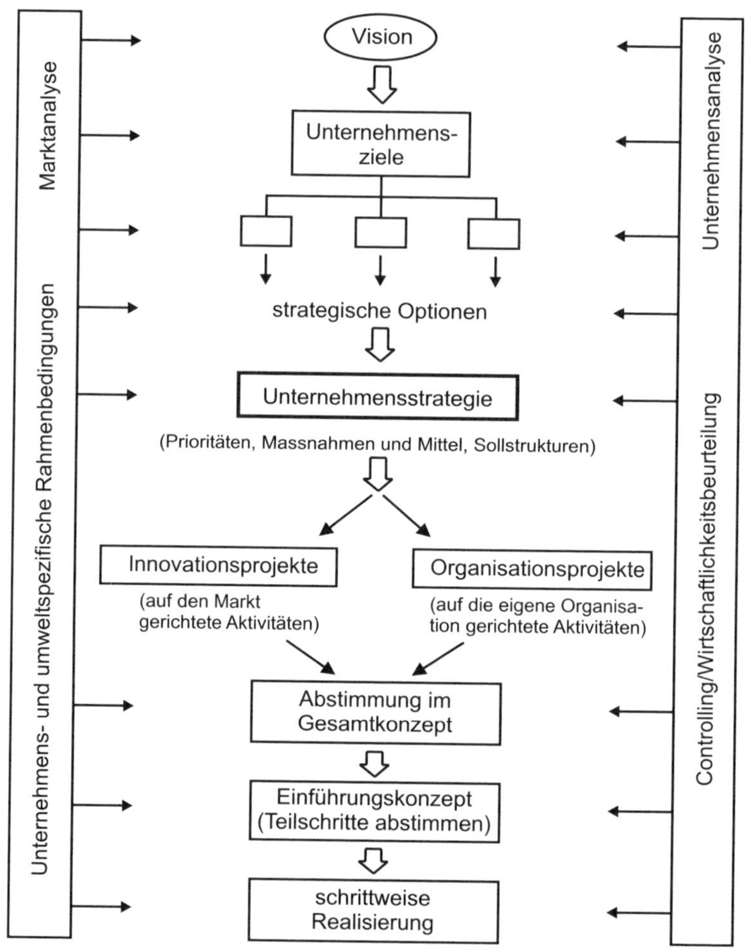

Abb. 6.1.1.2 *Ableitung von Projekten und Problemstellungen aus der unternehmerischen Vision und Zielsetzung.*

von der aktuellen Situation der Firma (Unternehmensanalyse), dem Markt und den Rahmenbedingungen, werden die Unternehmensziele entwickelt und die folgenden Fragen beantwortet: Wie soll sich die Firma weiterentwickeln? Welchen Platz will sie zukünftig in der Wertschöpfungskette einnehmen? Auf welchen Märkten will sie welche Positionen erobern?

Zur Erreichung der Unternehmensziele stehen meist mehrere mögliche strategische Optionen zur Auswahl. Im Rahmen der Strategientwicklung legt man nun den Weg zum Ziel fest. Man setzt Prioritäten, teilt die Mittel zu und definiert die Sollstrukturen, z.B. Sortiments- und Organisationsstrukturen. Daraus abgeleitet ergeben sich Innovationsprojekte, z.B. die Entwicklung neuer Produkte, oder Organisationsprojekte wie z.B. die Realisierung einer neuen Auftragsbearbeitungsorganisation, die eine raschere Reaktion ermöglicht. In einem nächsten Schritt werden die verschiedenen Projekte zu einem Gesamtkonzept kombiniert. Erst jetzt wissen wir, mit welchen Prioritäten wir welche Projekte und Problemstellungen behandeln sollten. Projekte, die nichts oder zuwenig zur unternehmerischen Zielsetzung beitragen, sind nicht zu realisieren.

Beispiel

Eine Firma will in Nordeuropa innerhalb von drei Jahren die Nummer eins am Markt werden. Das kann sie erreichen, indem sie Konkurrenten aufkauft oder die eigenen Niederlassungen ausbaut, einen Verdrängungskampf aufnimmt und versucht, mit neuen, besseren Produkten Marktanteile dazuzugewinnen. Je nachdem, für welchen Weg (Strategie) sich die Firma entscheidet, wird sie andere Projekte starten und ihre Mittel anders einsetzen.

6.1.2 Prozess- oder Systemgestaltung?

Nach einer ersten, groben Analyse der Situation wird sich meist abzeichnen, ob der Schwerpunkt der Aufgabenstellung darin besteht, Prozesse (z.B. Geschäftsprozesse) neu zu gestalten, oder ob ein neues technisches System zu entwickeln ist (z.B. eine neue Maschine oder ein neues Computerprogramm). Meist beeinflusst das eine das andere. Der neue Prozess stellt Anforderungen an die technischen Systeme, und die technischen Systeme üben Zwänge auf die Prozesse aus, bieten aber auch Neugestaltungsmöglichkeiten. Der EDV-Einsatz in Wirtschaft und Verwaltung zeigt das deutlich. Computer- und Kommunikationssysteme ermöglichen es, Geschäftsprozesse grundlegend neu zu gestalten (z.B. elektronischer Börsenhandel). Die neu gestalteten Prozesse ihrerseits bestimmen die Anforderungen, an die technischen Systeme, aber auch die Mitarbeiter. Wer nur die existierenden Prozesse optimiert, läuft Gefahr, von der technischen Entwicklung überholt zu werden. Wer sich nur auf die technischen Systeme konzentriert, läuft Gefahr, an den Kundenbedürfnissen vorbei zu entwickeln.

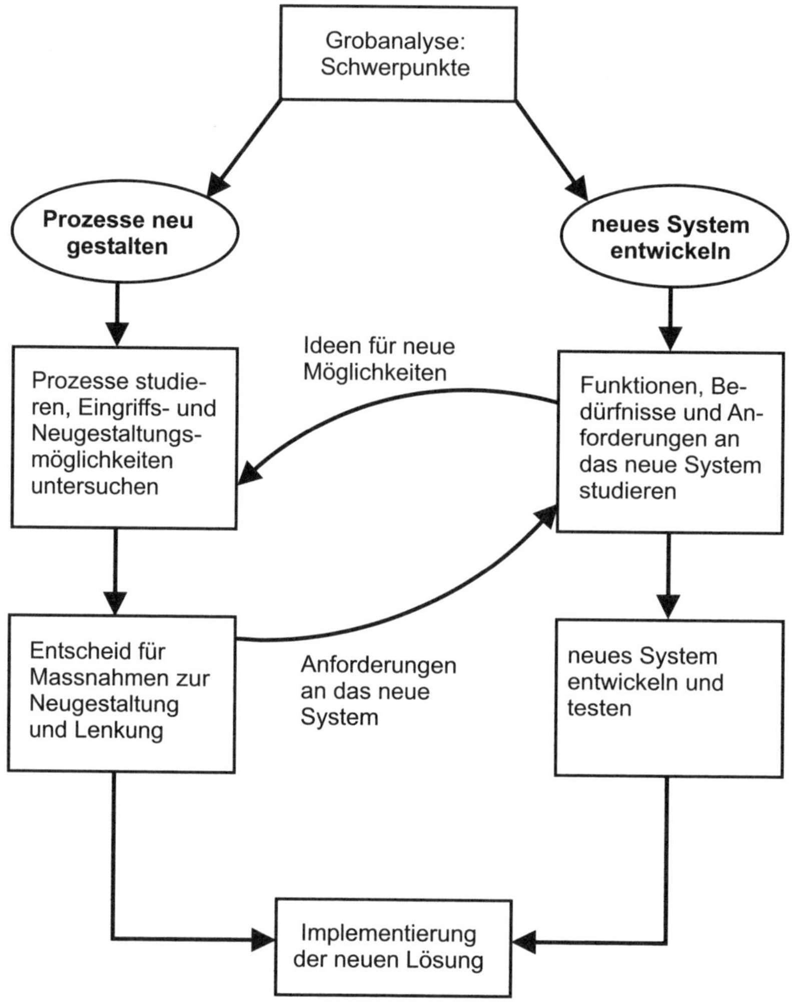

Abb. 6.1.2.1 *Trotz verschiedener Schwerpunkte darf weder eine Prozess noch eine Systementwicklung isoliert betrachtet werden.*

6.1.3 Methodenwahl

Der Aufwand zur Lösung eines Problems soll in einem vertretbaren Verhältnis zum Umfang und zur Bedeutung des Problems stehen. **Routineaufgaben,** die normalerweise im Tagesgeschäft anfallen, erfordern keinen detaillierten Durchlauf des Problemlösungsschemas. Die effizienten Lösungswege und Algorithmen dafür sind bekannt. Wir lösen sie nach den aktuellen Möglichkeiten der Technik. Evtl. können wir bereits fertige Lösungen kaufen. Wir stützen uns auf Erfahrungen und Intuition.

Unter Zeitdruck und bei weniger wichtigen Aufgaben werden wir **improvisieren.** Siehe dazu die Kapitel 6.6. „Improvisierte Lösungssuche“ und 6.7 „Entscheiden im turbulenten Umfeld“. Je mehr Erfahrung wir besitzen, desto eher sind wir geneigt zu improvisieren und intuitiv vorzugehen. Dabei riskieren wir, Pioniersituationen zu unterschätzen.
Pionieraufgaben und Unternehmensentwicklungsprozesse erfordern einen detaillierten Durchlauf des Problemlösungsschemas. Nur so lässt sich einerseits das Risiko in Grenzen halten und andererseits die Wahrscheinlichkeit steigern, dass wir gute, zukunftssichere Lösungen finden, dass die neuen Produkte den Kundenbedürfnissen entsprechen.

6.1.3.1 Lösungssuche in deterministischen Systemen

Bei einigermassen stabilen Problemsituationen können wir die Lösung in einem Schritt anstreben. Beispiele: für ein klar definiertes Kundenproblem ist eine technische Lösung gesucht; auf einem reifen Markt ist eine Produkteverbesserung einzuführen; in einem bekannten Produktionsprozess ist eine leistungsfähigere Maschine einzusetzen.

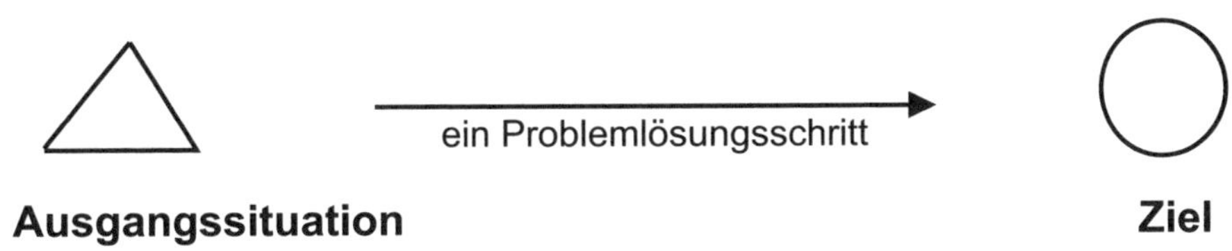

Abb. 6.1.3.1 Handelt es sich um einigermassen deterministische Systeme in einer deterministischen Umwelt, können wir die Lösung in einem Schritt anstreben.

6.1.3.2 Lenkung chaotischer Systeme

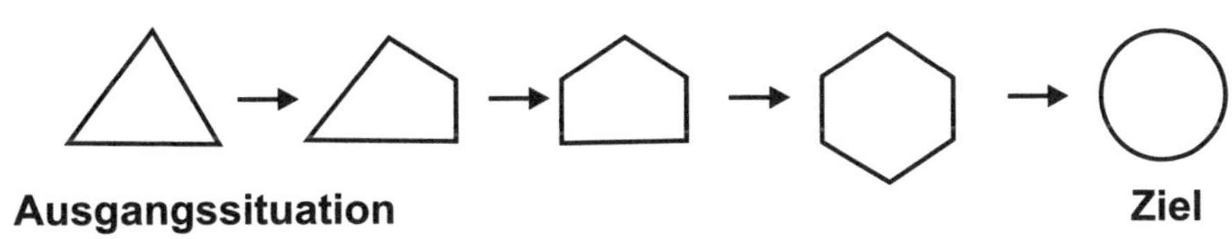

Abb. 6.1.3.2 Schrittweise Annäherung an die Zielvorstellung in einer chaotischen Problemsituation.

In chaotischen Systemen oder bei deterministischen Systemen in chaotischer Umgebung kann die Zielvorstellung kaum direkt erreicht, sondern nur schrittweise angenähert werden. Das trifft bei der Kulturänderung in einem Unternehmen, beim Turnaround einer Firma auf neue Marktgegebenheiten oder bei der Führung eines Unternehmens in turbulenten Zeiten zu. Gerade in solchen Situationen ist es wichtig, dass wir Ziele und Wertvorstellungen haben. Wir können uns diesen aber nur schrittweise annähern.

Das schrittweise Vorgehen folgt einem Loop-Prozess. Dieser Loop entspricht im Wesentlichen einem Regelkreis, der den Systemzustand in Richtung Zielvorstellung lenkt.

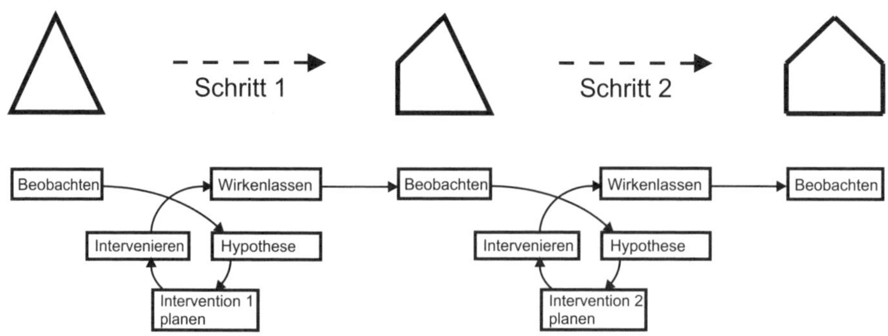

Abb. 6.1.3.3 *Mit einem wiederholt durchlaufenen Loop-Prozess lenken wir das System in Richtung unserer Zielvorstellungen.*

In den einzelnen Loops durchlaufen wir das Problemlösungsschema der Situation angepasst mehr oder weniger detailliert. Sehr komplexe oder chaotisch reagierende Systeme zeichnen sich dadurch aus, dass die Reaktionen auf unsere Interventionen nur schlecht voraussehbar sind und zudem erst verzögert eintreffen. Eine Führungsmassnahme in einer Organisation kann keine Reaktion auslösen, unerwünschte Nebenwirkungen provozieren oder genau das bewirken, was wir wollten. Die Wirkungen gilt es zu beobachten und im richtigen Moment mit der nächsten Intervention wieder einzugreifen, um zu korrigieren bzw. weitere Schritte auszulösen.

6.1.3.3 Projektmanagement

Wenn wir die Lösung für ein zu entwickelndes System gefunden haben, gilt es diese noch zu realisieren. Dazu helfen uns die Methoden des Projektmanagements. Diese berücksichtigen, dass wir es auch bei der Realisierung technischer, deterministischer Systeme meist mit nichtdeterministischen, bisweilen sogar chaotischen Umgebungen zu tun haben. Deshalb kommt beim Projektmanagement unter anderem auch der Loop-Ansatz zur Anwendung. Siehe dazu auch das Kapitel 6.7 („Entscheiden im turbulenten Umfeld"). Mit den Methoden des Projektmanagements befasst sich der Band 2, „Systematisch Lösungen realisieren".

6.2 Die Situationsanalyse

6.2.1 Begriff und Zweck

Unter Situationsanalyse verstehen wir das systematische Untersuchen eines Problems oder Sachverhaltes. Im medizinischen Bereich verwendet man den Begriff „Diagnose“ und im militärischen Bereich „Lagebeurteilung“. Die Situationsanalyse soll die Problemsituation derart strukturieren, dass sie erkennbar wird und eine exaktere Problemdefinition ermöglicht. Zudem schafft sie die Voraussetzungen, dass wir unsere Ziele exakt formulieren können. Wie bereits früher erwähnt, haben wir in der Primarschule gelernt, **Routineprobleme** zu lösen. In der industriellen Praxis erhält man aber oft unklar formulierte Aufträge. Sie sind meist auf Symptome abgestützt, und der Lösungsweg ist noch zu suchen. Dabei handelt es sich um **Pionierprobleme,** bei denen wir in Neuland vorstossen müssen. Im Gegensatz zum Musterschüler löst der Mustermitarbeiter dann nicht das Problem, das man ihm aufgetragen hat, sondern dasjenige, das man ihm hätte auftragen sollen. Dazu muss er vorerst die Problemsituation analysieren.

Diagnose an einem technischen System ...

Die Situationsanalyse stellt den ersten Vorgehensschritt im Problemlösungsschema dar. Situationskenntnis ist die erste Säule, auf der jeder Lösungsansatz aufbaut (Siehe Abb. 2.3). In der Situationsanalyse werden alle Voraussetzungen für die weiteren Vorgehensschritte aufgebaut. Insbesondere stützen sich die Zielformulierung und der Konzeptentwurf auf die Erkenntnisse, der Situationsanalyse. Wenn immer wir in den weiteren Vorgehensschritten auf Erkenntnislücken stossen, müssen wir wieder zur Situationsanalyse zurückspringen.

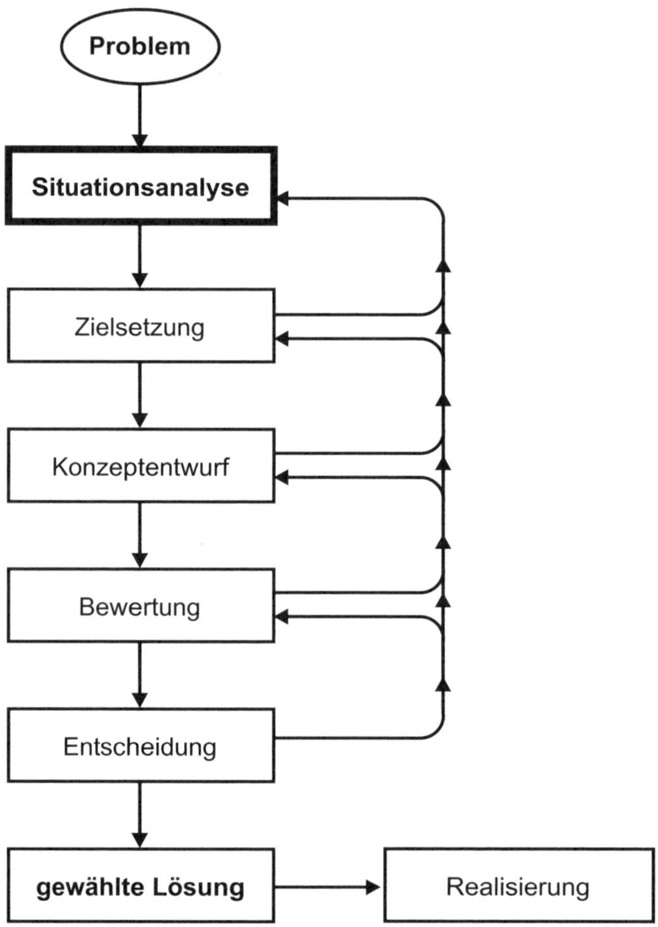

Klarheit schaffen, was ist!

Abb. 6.2.1 *Die Situationsanalyse im Problemlösungsschema.*

6.2.2 Arten von Situationsanalysen

Jede Situationsanalyse lässt sich grob in zwei Teile gliedern: In die Analyse des Ist-Zustandes von System und Umwelt und in die Prognose über das Umweltverhalten.

Beispiel

Was bieten unser Produkt und dasjenige der Konkurrenz zu welchen Preisen (Ist-Zustand)? Wie reagieren Käufer und Konkurrenz, wenn wir mit einem neuen, billigeren Produkt auf den Markt kommen (Prognose)?

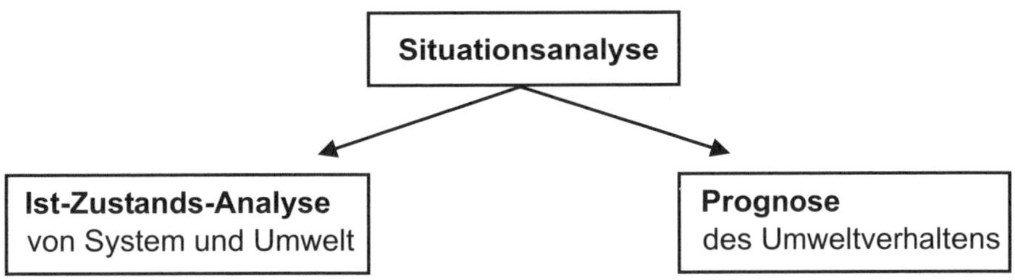

Abb. 6.2.2 *Die grobe Unterteilung der Situationsanalyse in Ist-Zustands-Analyse und Prognose. Wir unterscheiden dabei weiter zwischen der technisch-physikalischen Situation und dem sozialen Umfeld.*

6.2.3 Effizientes Vorgehen

Fixe Regeln, für eine Situationsanalyse gibt es nicht. Ein Ziel besteht aber immer darin, mit möglichst wenig Aufwand alle notwendigen Informationen für das weitere Vorgehen zu erfassen. Eine Situationsanalyse soll zielgerichtet und systematisch durchgeführt werden. Andernfalls führt sie nur zur Arbeitsbeschaffung in Phasen der Unsicherheit. Besonders bei umfangreichen Vorhaben, wenn viele Beteiligte zusammenarbeiten, muss das Vorgehen geplant und koordiniert werden. Dann empfiehlt sich das in Abb. 6.2.3 dargestellte schrittweise Vorgehen, bei dem wir vom Groben zum Detail vorstossen. Nach einer ersten, groben Analyse lässt sich das Problem meist besser formulieren. Dann zeigt sich auch, ob der Schwerpunkt der Aufgabenstellung in der Neugestaltung eines Systems liegt, oder ob politische, wirtschaftliche, organisatorische oder soziale Prozesse neu zu gestalten sind. Zugleich treten neue Fragen auf. Nun folgt ein iterativer Prozess, in dem neue Fragen formuliert und abgeklärt werden, bis wir genügend Kenntnisse besitzen, um uns dem nächsten Vorgehensschritt zuzuwenden.

Ausrichtung

Wir müssen uns auch über die primäre Ausrichtung unserer Aufgabe Klarheit verschaffen: Geht es nur darum, Ursachen zu beheben, um das existierende System zu verbessern, oder geht es um eine strategische Neuausrichtung und das Erreichen neuer Ziele?

Beim schrittweisen Vorgehen empfiehlt es sich, verschiedene Aspekte in der folgenden Reihenfolge zu bearbeiten:

1. Aufgabe klären und Dringlichkeit feststellen
2. Systemaspekte (System/Umwelt/Beziehungen): Organisation, Technik, Personen und Interessen
3. Prozesse, Zusammenhänge, Ursachen
4. Aspekte der weiteren Entwicklung (Prognosen)
5. Lösungsaspekte (Eingriffsmöglichkeiten etc.)

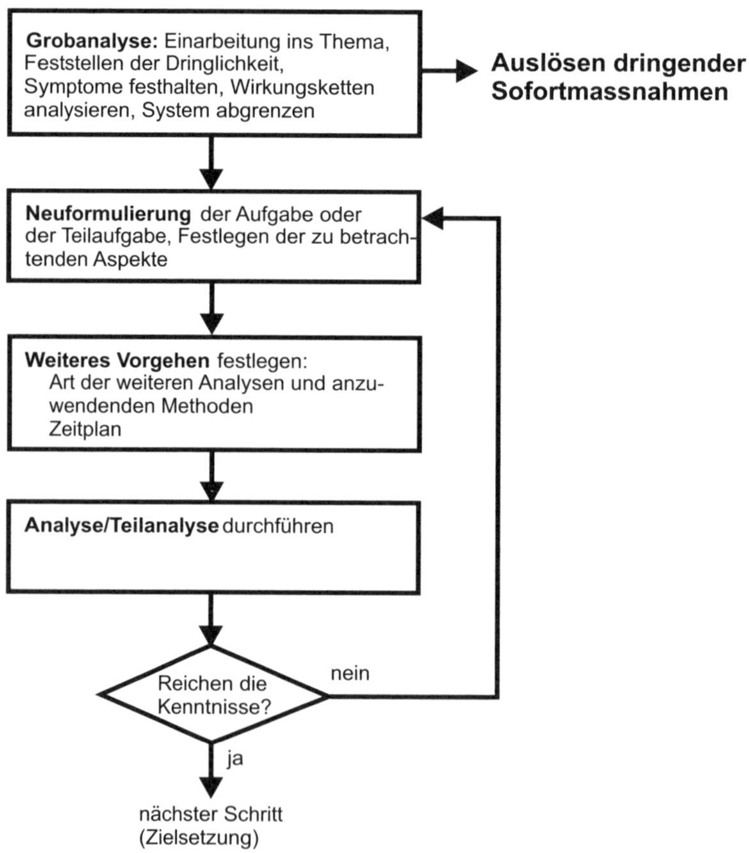

Abb. 6.2.3 *Vorgehensschema für die Situationsanalyse*

Dringlichkeit und Sofortmassnahmen

Wieviel Zeit steht für die Lösung des Problems zur Verfügung? Haben wir genügend Zeit, um ein sauberes Konzept zu entwickeln, oder müssen wir erst mit Sofortmassnahmen die Brandausbreitung bekämpfen, um uns die Zeit zum Entwicklen einer grundlegend neue Lösung zu verschaffen? Als Sofortmassnahmen müssen wir z.B. alarmieren, Hilfe anfordern, Maschinen stoppen, die Ausschuss produzieren etc. Idealerweise schränken meine Sofortmassnahmen die späteren Lösungsmöglichkeiten nicht ein, sondern halten mir im Gegenteil möglichst viele Optionen offen. Meist beschränken sich Sofortmassnahmen auf die Symptombekämpfung.

System und Umwelt

Wir wollen unser System und seine Umwelt durch Faktoren beschreiben, die für uns relevant sind. Dazu müssen wir uns vorerst überlegen, unter welchen Aspekten wir das Problem betrachten wollen. Je nach Betrachtungsweise werden wir andere Modelle anwenden und unser System anders von seiner Umwelt abgrenzen.

den Blick aufs Ganze richten

Die Systemgrenzen sind nicht immer offensichtlich, sondern müssen sorgfältig festgelegt werden. Es empfiehlt sich, zu Beginn der Untersuchungen die Systemgrenzen eher zu weit zu ziehen und z.B. sogar den Benutzer darin einzuschliessen. Sie lassen sich nach einer näheren Untersuchung der Umweltbeziehungen leicht wieder enger fassen. Im Verlaufe der Detailentwicklung, wenn wir uns, dem Top-Down-Vorgehen folgend, mit den Teilsystemen befassen, werden die Grenzen meist sowieso klarer und lassen sich z.B. den physikalischen Grenzen eines Hardware-Subsystems anpassen. Von der Wahl der Grenzen sind natürlich auch die relevanten Beziehungen zwischen System und Umwelt abhängig.

soziale Auswirkungen beachten

Es gibt keine personenunabhängige Probleme! Letztlich werden Systeme für Menschen geschaffen. Deren Gefühle und Interessen sind daher bei der Lösungsgestaltung zu berücksichtigen. Damit wir uns nicht bald im politischen Wirrwarr verstricken, müssen wir schon früh die folgenden Fragen beantworten:

- Wer ist der Auftraggeber?
- Wer sind die Träger der Projektidee?
- Wer ist betroffen?
- Wer will sich beteiligen?
- Wer vertritt welche Interessen?

6.2.4 Prozessanalyse

6.2.4.1 Vorgehen

Wenn das Schwergewicht der Aufgabenstellung auf der Neugestaltung von Prozessen liegt, empfiehlt sich das Vorgehen auf der nächsten Seite, das sich an den Ausführungen von Gomez und Probst (Vernetztes Denken im Management, Volksbank, Die Orientierung, Nr. 89) orientiert. Siehe auch Kapitel 7.5 dieses Buches.

1. Schritt: **Abgrenzung des Problems**
Das Problem wird umschrieben und das „System“ gegenüber der Umwelt abgegrenzt. Was gehört dazu? Welches sind die relevanten Umsysteme? Welches ist das Übersystem? Welches sind die relevanten Beziehungen? Aus welcher Sichtweise betrachten wir das Problem?

2. Schritt: **Ermittlung der Vernetzung**
Jetzt untersuchen wir die Beziehungen zwischen den Teilsystemen. Wie wirken die Beziehungen? Wir betrachten Kreisläufe und Vernetzungen. Eventuell müssen wir auf Grund der neuen Erkenntnisse das System neu abgrenzen.

3. Schritt: **Analyse der Dynamik**
Wie wirken die Beziehungen zwischen den Elementen? Schnell, verzögert, stark, schwach? Will man das System später simulieren, muss man jetzt die Übertragungsfunktionen ermitteln.
In einem Folgeschritt wird das Verhalten des Systems als Ganzes untersucht. Worin liegen die Ursachen für die beobachteten Symptome? Für eine rasche Analyse liefert Vesters Papiercomputer brauchbare Resultate. Siehe dazu Kapitel 4.11. Computersimulationen liefern mit mehr Aufwand exaktere Aussagen.

4. Schritt: **Analyse der Lenkungsmöglichkeiten**
Erste Anhaltspunkte liefert die Analyse der Dynamik, zum Beispiel mit Vesters Papiercomputer. Wir erkennen, mit welchen Grössen man das System am einfachsten beeinflussen kann. Die einzelnen Möglichkeiten der Einflussnahme sind genauer zu analysieren: auf ihre Wirksamkeit, Nebenwirkungen, Reaktionsgeschwindigkeit etc. Nicht vergessen: Wir können das existierende System oft nicht nur beeinflussen, sondern es auch verändern!

6.2.4.2 Simulation von Systemen

Wer auf exaktere Resultate angewiesen ist, als sie der Papiercomputer liefert, kann heute Computersimulationen einsetzen. Dabei geht man ähnlich vor wie beim Einsatz des Papiercomputers. Im Rahmen der Modellbildung beschreibt man jetzt aber die Übertragungsfunktionen der einzelnen Prozesse mathematisch so exakt, dass sie sich programmieren lassen.
Die Resultate einer Simulation sind so gut wie das zugrunde liegende Modell. Verifikationsläufe schliessen die Modellierungsphase ab. Man simuliert Fälle, mit bekannten Resultaten. Damit lässt sich die Brauchbarkeit und Güte des Modells nachweisen.
In der Experimentier- oder Optimierungsphase spielt man jetzt in kürzester Zeit Situationen durch, die sich in der Realität nicht oder nur sehr aufwändig testen lassen. Optimierungsläufe liefern die geeignetsten Parameter für den Prozess.
Die heutige Simulationstechnik eignet sich nicht nur für die Situationsanalyse, sondern auch für die Lösungsvariantensuche. Mit der verfügbaren Soft-

ware lassen sich sehr komplexe Systeme modellieren, die keiner analytischen Beschreibung mehr zugänglich sind. Es genügt, wenn sich wenigstens das Verhalten der einzelnen Prozesse noch analytisch oder stochastisch beschreiben lässt.
Mit Simulations-Software lassen sich nicht nur technische Systeme berechnen (Strömungen, Festigkeiten, elektronische Schaltungen, Temperaturfelder etc.), sondern auch betriebliche Abläufe untersuchen: die Auswirkungen von Betriebsstörungen, der Einsatz neuer oder zusätzlicher Maschinen, die Veränderung von Losgrössen etc. Ganze Betriebe kann man heute simulieren, bevor sie gebaut werden. Im Voraus lassen sich Engpässe und Überkapazitäten erkennen, bevor Investitionen in falsche Richtungen gelenkt werden.
Der Aufwand für Simulationsprojekte ist traditionell gross. Neu entwickelte Software unterstützt aber deren Anwender immer besser. Das am CIM-Zentrum der Fachhochschule in Muttenz entwickelte System MASTER unterstützt die Anwender in allen Projektphasen und liefert innerhalb weniger Tage Resultate, für die früher mehrere Arbeitswochen notwendig waren.

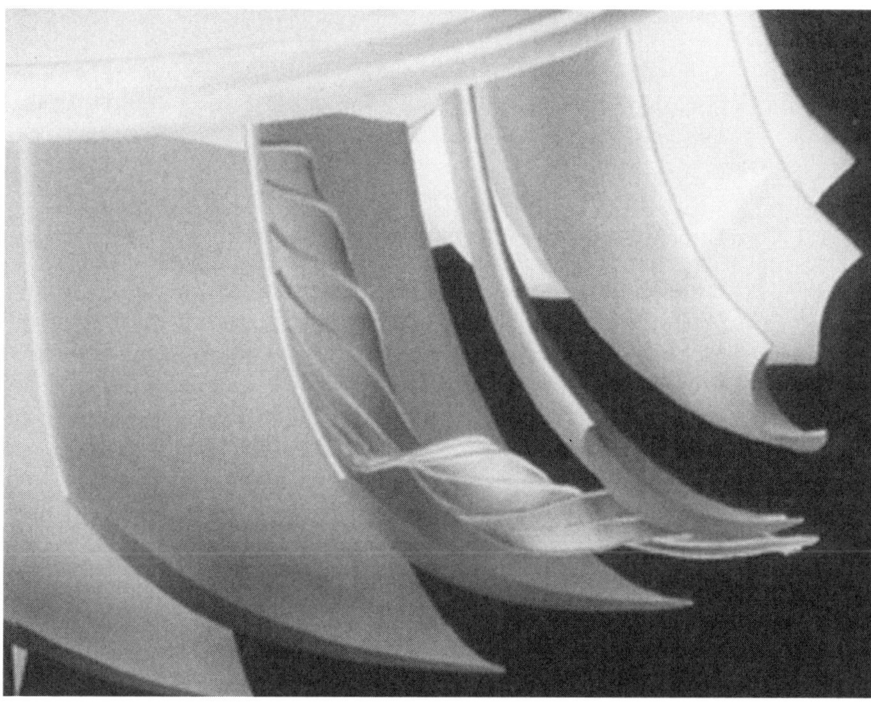

Abb. 6.2.4.2 *Druckseitiger Off-Design-Wirbel im Schaufelkanal einer Francis-Turbine mittels Strömungssimulation berechnet (Bild: Sulzer Hydro).*

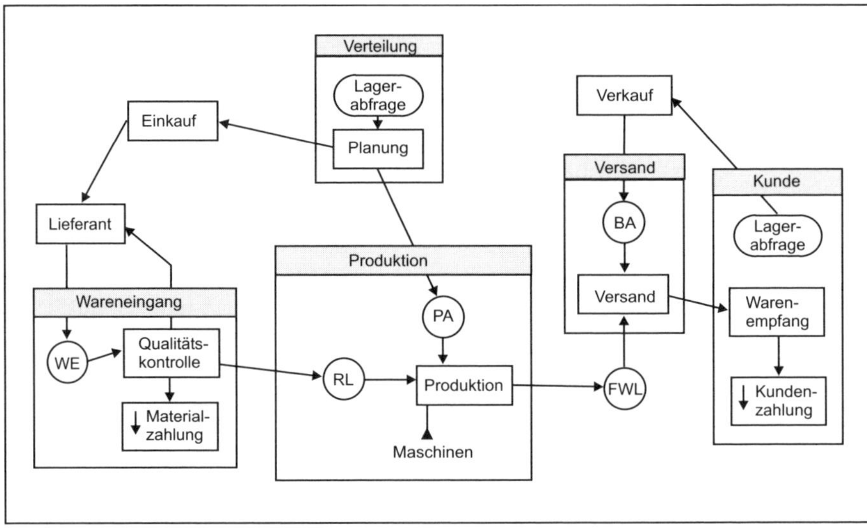

BA	Bestell-Auftrags-Buffer	RL	Rohmateriallager
FWL	Fertigwarenlager	WE	Wareneingangslager
PA	Produktions-Auftrags-Buffer		

Abb. 6.2.4.3 Simulationsmodell eines Produktionsbetriebes mittels MASTER modelliert (mit der freundlicher Genehmigung von Herrn M. Bettoni, CIM-Zentrum Muttenz).

6.2.4.3 Durchführung von Experimenten

Simulationen basieren auf Modellen und können daher nur im Gültigkeitsbereich des Modells brauchbare Resultate liefern. Experimente geben uns mehr Sicherheit. Bei Experimenten stellt sich immer die Frage von Aufwand und Ertrag. Oft reichen weder die Zeit noch das Geld, um alle möglichen Fälle auszutesten. So begnügt man sich oft mit einigen wenigen Experimenten, mit denen man die vorher entwickelten Modelle überprüft.

6.2.5 Weitere bewährte Analysemethoden und -techniken

Die folgenden Methoden eignen sich gut für die Phase der Situationsanalyse, aber nicht ausschliesslich. Es ist möglich, dass sie sich auch in anderen Phasen zweckmässig einsetzen lassen.
Zu Beginn einer Situationsanalyse wird man solche Methoden einsetzen, die möglichst rasch viele Informationen zusammenbringen, ohne sie vorerst zu ordnen. Dazu eignen sich oft auch Kreativitätsmethoden wie Brainstorming, Metaplantechnik, Mindmapping, Interviews, etc. Dann will man aber das Gesammelte in einen Zusammenhang bringen und zweckmässige Modelle entwickeln.

6.2.5.1 Metaplantechnik

Metaplantechnik wird auch „Kärtchentechnik" genannt. Die Teilnehmer eines Meetings erhalten eine Aufgabe. Ihre Ideen notieren sie in Stichworten auf Kärtchen. Die Kärtchen werden eingesammelt und auf einer Pinwand gegliedert. Diese Methode ist als Kreativitätsförderungsmethode verwendbar. Sie eignet sich, um rasch Ideen, Wünsche oder den Wissensstand einer Gruppe zu ermitteln.

6.2.5.2 Mindmap

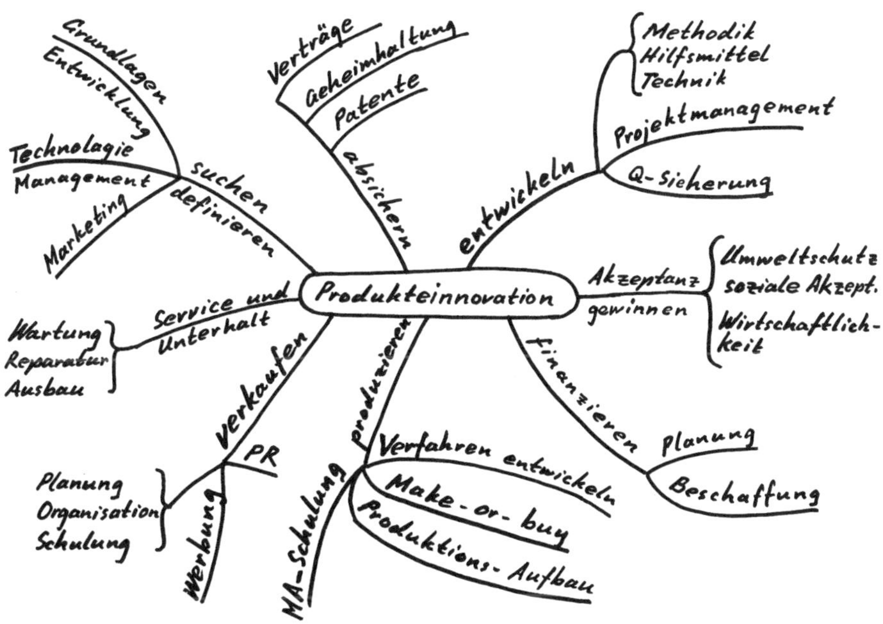

Abb. 6.2.5.2 Beispiel für eine Mindmap: Relevante Fachgebiete zum Thema „Produkteinnovation".

Mindmaps eignen sich besonders gut zum strukturierten Sammeln von Ideen, also als Hilfsmittel für die Situationsanalyse. Ihr Einsatzgebiet reicht aber viel weiter. Man kann sie auch für die persönliche Arbeitstechnik verwenden. Mindmaps sind für diejenigen wertvoll, die sie erarbeitet haben. Für Aussenstehende sind sie nur bedingt verständlich. Zum Weitergeben von Ideen sollte man Mindmaps überarbeiten oder, noch besser, ihre Inhalte als hierarchische Strukturen darstellen.

6.2.5.3 ABC-Analysen

ABC-Analysen zeigen die Häufigkeiten oder die Wichtigkeit von Einflussgrössen auf. Sie sind auch unter der Bezeichnung „Pareto-Analysen" bekannt. Wenn wir beispielsweise die Materialkosten für ein Gerät reduzieren wollen, werden wir primär versuchen, bei den kostspieligen Teilen zu sparen. Dazu ordnen wir die Stückliste nach fallenden Kosten und zeichnen, wie in Abb. 6.2.5.2 dargestellt, die Summenkurve der Kosten auf. Die kostspieligsten Teile, die zusammen zwei Drittel der Gesamtkosten ausmachen, nennen wir die A-Teile. Die Teile, die die nächsten 24 Prozent der Kosten ausmachen, nennen wir die B-Teile. Die restlichen Teile heissen C-Teile.
Bei unseren Verbilligungsbestrebungen konzentrieren wir uns zuerst auf die A-Teile, evtl. noch auf die B-Teile. Für die C-Teile Aufwand zu treiben lohnt sich nicht.

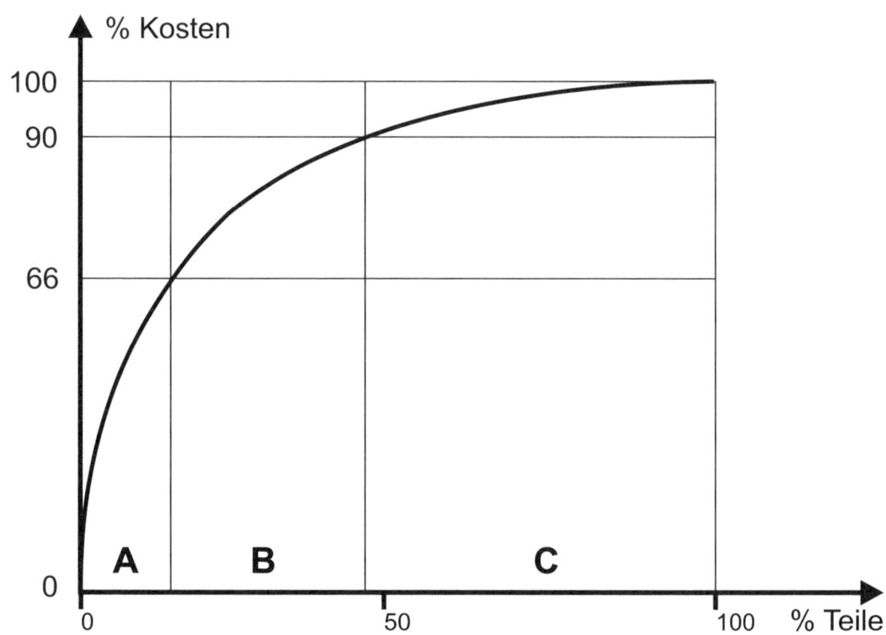

Abb. 6.2.5.3 ABC-Analyse: Die A-Teile verursachen beispielsweise zwei Drittel der Kosten, die B-Teile ein Viertel. Der Rest wird durch die C-Teile verursacht.

ABC-Analysen eignen sich für die verschiedensten Untersuchungen. Zum Beispiel für:

- Fehlerhäufigkeitsanalysen
- Laufzeitverteilungsanalysen von Programmteilen
- Leistungsverbrauchsanalysen eines Gerätesortimentes

6.2.5.4 Die Ursachenanalyse

Eine Ursachenanalyse nehmen wir vor, um die Ursachen der aufgetretenen Symptome zu ergründen, die sich oft auf einer ganz anderen Ebene zeigen. **Vorsicht vor monokausalem Denken!** Ein Symptom ist nicht immer das Resultat einer einzigen Ursache und tritt zudem oft erst verzögert ein. Eine Wirkungskettenanalyse bewahrt uns vor Fehlschlüssen.

Beispiel

Was ist die Ursache für den Ausfall eines Bauelementes in einer Schaltung?

- War es unterdimensioniert ?
- Wurde es durch eine Störung oder den Ausfall eines andern Elementes überlastet?
- War es falsch montiert, sodass es ungenügend gekühlt wurde?
- Qualitätsproblem oder Alterungseffekt?
- Wurde es mechanisch überlastet?
- Weitere Gründe?
- Fiel es erst aus, als mehrere der obigen Gründe gleichzeitig auftraten?

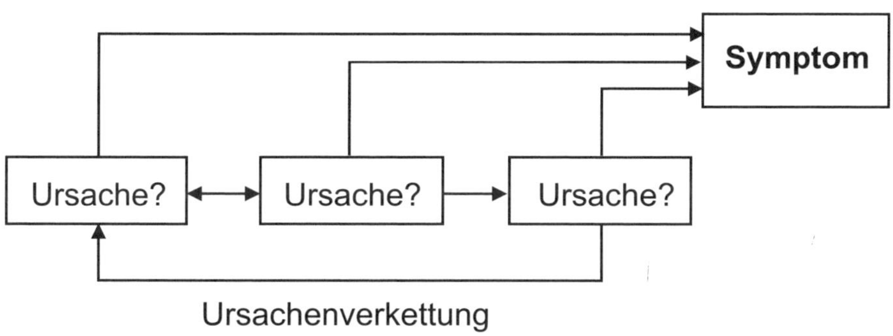

Abb. 6.2.5.4 *Symptome können mehrere Ursachen haben. Wir dürfen uns nicht bereits mit der ersten zufrieden geben. Oft liegen die Gründe auch in der Verkettung verschiedener Umstände.*

6.2.5.5 FMEA

(Failure mode and effekt analysis = Fehlermöglichkeiten, und -auswirkungs-Analyse)
Diese Methode stammt aus dem Qualitätswesen und wird heute bei der Konstruktion, Produktion und Prozessbeherrschung eingesetzt. Eine detaillierte Beschreibung findet sich im Band 2, „Systematisch Lösungen realisieren“.

Kurz zusammengefasst der Ablauf des Verfahrens:

1. Alle möglichen Fehler werden aufgelistet.
2. Ihre Folgen für den Kunden werden beurteilt.
3. Die möglichen Fehlerursachen werden bestimmt.
4. Die vorgesehene Konstruktion/Spezifikation wird im Hinblick auf die Vermeidung dieses Fehlers bewertet.
5. Die Wahrscheinlichkeit des Auftretens und die Auswirkungen auf den Kunden werden beurteilt, und daraus wird eine Priorität abgeleitet.
6. Massnahmen werden festgelegt.
7. Verantwortliche für die Durchführung dieser Massnahmen werden bestimmt.
8. Die Möglichkeiten der Fehlererkennung und -vermeidung nach den festgelegten Massnahmen werden erneut bewertet.

6.2.5.6 Ishikawa-Diagramme

Auch als „Fischgrät-Diagramm", „Ursache-Wirkung-Diagramm" oder „6-M-Methode" bezeichnet, wird diese Darstellungsmethode bei Ursache-Wirkung-Untersuchungen eingesetzt. Sie stammt aus dem Qualitätswesen.
Die 6-M-Darstellung (**M**anagement, **M**ensch, **M**aterial, **M**aschine, **M**ethode, **M**ilieu) bietet Gedankenstützen, diese in der Darstellung von Abb. 6.2.5.6 aufgeführten Einflussmöglichkeiten zu untersuchen. Grundsätzlich ist diese Darstellungsmethode aber für die Untersuchung beliebiger Ursachen einsetzbar. Man kann die einzelnen Äste auch beliebig weiter aufsplitten und damit indirekte Einflussgrössen bzw. Wirkungsketten aufzeigen. Ishikawa-Diagramme können sehr gut in Gruppen erarbeitet werden. Die einzelnen Faktoren werden dabei auf Kärtchen notiert und an einer Pinwand fischgrätförmig aufgeheftet.

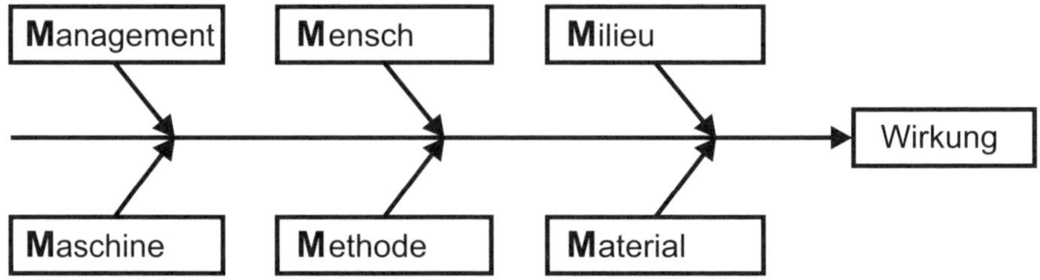

Abb. 6.2.5.6 Das Ishikawa-Diagramm in der 6-M-Darstellung berücksichtigt die häufigsten Ursachen, die einen Prozess beeinflussen können.

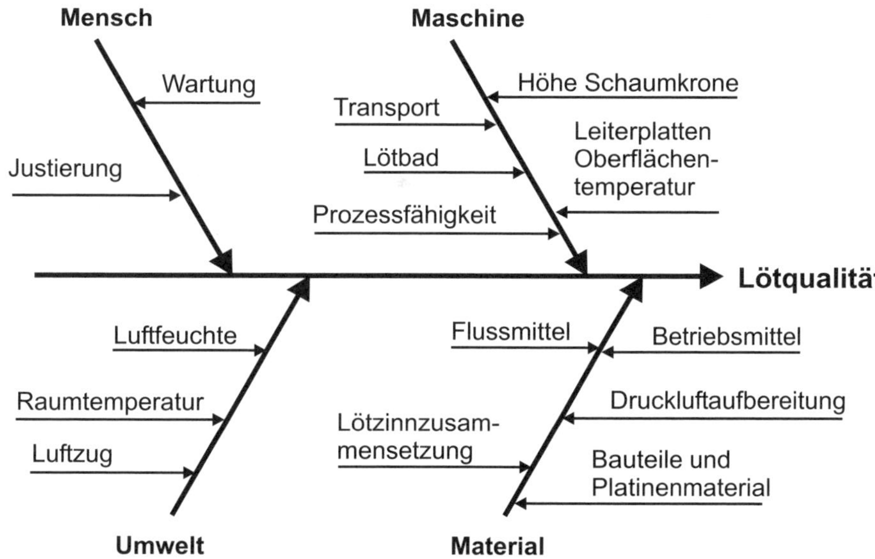

Abb. 6.2.5.7 *Das Ishikawa-Diagramm für eine Lötanlage zum Thema „Lötqualität" (Dieses Beispiel erhielt ich in verdankenswerter Weise von Herrn H. Pauli, Schindler Aufzüge AG).*

6.2.5.7 Kostenanalysen

Kostenanalysen werden oft bei Ursachenanalysen eingesetzt, um die Ursachen von hohen Kosten zu ergründen. Sie werden aber auch angewandt, um die Wirtschaftlichkeit von verschiedenen Lösungsmöglichkeiten zu vergleichen. Bei Kostenanalysen kommen die einschlägigen Methoden des Kosten- und Investitionsrechnungswesens zur Anwendung. Doch Vorsicht! Viele gebräuchliche Kostenrechnungssysteme geben die wirklich geleisteten Aufwendungen nur verzerrt wieder. Abhilfe schafft die neu aufkommende Prozesskostenrechnung.
Eine spezielle Art der Kostenanalyse ist die **Wertanalyse.** Dieses Verfahren wird bei der Entwicklung und Verbesserung von Produkten angewandt. Dabei untersucht man die für den Kunden wichtigen Funktionen und vergleicht sie mit den durch die konstruktive Realisierung dieser Funktionen verursachten Kosten. Dann stellt man sich die Frage, ob diese Funktionen dem Kunden wirklich ihren Preis wert sind. Diese Betrachtungsweise führt dann zu Entscheidungen bezüglich der Sortimentsgestaltung und natürlich zu günstigeren, konstruktiven Lösungen. Die Details entnehme man der Literatur.

6.2.5.8 Die Mittelanalyse

Mittelanalysen haben den Zweck, Mittel und Massnahmen zu suchen, die zur Lösung eines Problems in Frage kommen. Mittelanalysen werden meist im Verlaufe der Konzepterarbeitung vorgenommen.

6.2.5.9 Die Stark- und Schwachstellenanalyse

Immer, wenn wir uns mit der Verbesserung eines existierenden Systems befassen, empfiehlt es sich, von diesem die Stärken und Schwächen zu analysieren. Schwachstellen sind Indizien für mangelhaft durchdachte Punkte und Ansätze für kreative Lösungen. Sie bilden auch gute Ansatzpunkte für die nachfolgenden Schritte: Zielsetzung und Konzeptsuche. Strategien sollten wir immer auf unseren Stärken aufbauen. Die Konzentration auf die Bekämpfung unserer Schwächen ist keine gute Strategie.

6.2.5.10 **Risikoanalysen** (Katastrophenanalysen)

Hier handelt es sich um Untersuchungen über die möglichen Folgen eines Spannungsausfalles, eines Bauteileausfalles, eines Bedienungsfehlers, eines Blitzschlages, eines Brandes etc. Solche Analysen bilden normalerweise die Grundlagen für Entscheide zur Verbesserung der Betriebssicherheit von Anlagen durch Konzeptänderungen, redundante (lat. = überreichliche) Auslegung etc.
Einen wichtigen Aspekt bilden heute die Versicherungsmöglichkeiten für Risiken. Risiken mit lokalen Auswirkungen sind im Allgemeinen versicherbar, globale Risiken nicht. Die Anzahl der globalen Risiken hat in der letzten Zeit zugenommen: Strahlungsrisiken bei Atomunfällen, Treibhauseffekt, genetische Risiken durch Umweltverschmutzung, Gefahren aus Krieg und Terror etc.

6.2.5.11 Weitere Ist-Zustands-Analysen

Je nach Situation wird man andere problemangepasste Analysen durchführen, auf die wir nicht weiter eingehen. Einige seien aber doch erwähnt:

- Zeitanalysen
- Konkurrenzanalysen
- Psychoanalysen
- Bedarfsanalysen
- Portfolio-Techniken
- Tätigkeitsanalysen
- Betriebsanalysen
- Materialflussanalysen
- Organisationsanalysen, z.B.: Aufbauorganisation: Zuständigkeit und Kompetenzen Ablauforganisation: Abläufe, Durchlaufzeiten, etc.
- soziotechnische Analysen über Arbeitszufriedenheit und Belastungen
- Handschriftenanalysen
- und viele weitere mehr

6.2.5.12 Die Situation richtig interpretieren

Ein Journalist, ein Physiker und ein Mathematiker reisen zusammen zu einem Kongress nach Frankreich. Nachdem sie im Zug die Grenze passiert haben, erblicken sie auf einer Weide zwei schwarze Schafe. „Interessant," sagt da der Journalist, „in Frankreich sind die Schafe schwarz." „Da bin ich nicht einverstanden!" entgegnet der Physiker, „wir können eigentlich nur sagen: In Frankreich gibt es mindestens zwei schwarze Schafe." – „Da muss ich auch widersprechen!" reklamiert der Mathematiker, „unsere Beobachtung lässt lediglich den Schluss zu, dass es in Frankreich mindestens zwei Schafe gibt, die auf wenigstens einer Seite schwarz sind."

> **„Genauigkeit ist nicht Wahrheit."**
> *H. Matisse*

6.2.6 Analyse des sozialen Umfeldes

Selten kann ich Probleme für mich allein lösen. Ich habe mit Auftraggebern zu tun, mit Betroffenen und Beteiligten. Der theoretisch schönste Vorschlag löst das Problem nicht, wenn er nicht akzeptiert wird. Und wenn er sich nicht realisieren lässt, ist er in unserem Sinne keine Lösung mehr. Beim Projektmanagement haben diese Überlegungen „die zentrale Bedeutung". Auch bei der Lösung eines einzelnen Problems müssen sie beachtet werden. Deshalb ist der persönliche Kontakt zu den Betroffenen, Beteiligten und Auftraggebern wichtig. Nur im persönlichen Kontakt kann ich mir ein Bild davon machen, was die Menschen fühlen und denken. Der „richtige Ton" und die „richtige Politik" ist für den Erfolg oft viel wichtiger als die „richtige Lösung".

> **„Man sieht nur mit dem Herzen gut.**
> **Das Wesentliche ist für die Augen unsichtbar."**
> *Antoine de Saint-Exupéry*
> *(aus „Der kleine Prinz")*

6.2.6.1 Analyse der Wertvorstellungen

Eine Kultur (z.B. Firmenkultur oder, Gruppenkultur) ist stark durch ihre Werte geprägt. Es ist nützlich zu wissen, welche Werte die Gruppe zusammenhält, was angestrebt und was bekämpft wird, aber auch, wo unterschiedliche Werte vertreten werden. Gute Anhaltspunkte dazu liefern jeweils die Antworten auf folgende Fragen: 1. Wer wurde kürzlich befördert und warum? 2. Wer wurde letzhin entlassen und warum?

2.2.6.2 Checkliste für die Analyse des sozialen Umfeldes:

1. Wer ist der offizielle Auftraggeber?
Wer unterschreibt und stellt das Budget zur Verfügung? Welche Stellung hat der Auftraggeber in der formellen Hierarchie? Ist der Auftraggeber ausreichend über das Projekt informiert?

2. Wer sind die Träger der Projektidee?
Wer unterstützt das Projekt und ist von dessen Ideen überzeugt? Welche formelle und informelle Macht besitzen diese Personen?

3. Wer sind die Gegner des Projektes?
Wer verliert etwas bei diesem Projekt; Macht, Prestige, etc.? Wer sind die persönlichen Gegner der Träger der Projektidee? Was sind deren sachliche Argumente? Sind sie aus persönlichen Gründen dagegen oder zweifeln sie an der Sache?
Gibt es „Vetospieler“ unter den Gegnern? Das sind einflussreiche Personen, die das Projekt blockieren können.
Wer sind die Skeptiker und was sind deren Gründe?

4. Gibt es Hintermänner?
Hintermänner haben das Projekt initiiert, treten aber selber nicht auf, weil sie das Projekt durch ihre persönlichen Gegner nicht gefährden wollen. Möglicherweise sollen auch die wahren Ziele und Absichten verschleiert werden. Werden sie später doch erkannt, kann das für den Projektleiter zu Komplikationen führen.

5. Wie steht es um die Unternehmenskultur?
Wie wurden bisher Probleme gelöst und Projekte geleitet? Wie steht es um das Betriebsklima? Gibt es unbewältigte Konflikte, die sich negativ auswirken? Wie gelangt man zu Entscheidungen, und werden Abmachungen auch eingehalten? Welche Informationspolitik wird betrieben? Existieren Erinnerungen an frühere, unglücklich verlaufene Projekte?

6. Wer wird durch das Projekt betroffen?
Wer wird direkt betroffen und wer fühlt sich betroffen? Wird die neue Lösung als Chance oder Gefahr wahrgenommen?

7. Wer möchte sich wie beteiligen?
Betroffene möchten normalerweise mindestens informiert werden. Wer will mitarbeiten? Wer will wenigstens konsultiert werden? Wer will mitentscheiden? Gibt es „graue Eminenzen“, die ich aus Prestigegründen formell ins Projekt integrieren muss und deren Namen auf dem Verteiler zu stehen haben? Verschmähtes Engagement kann sich wie verschmähte Liebe leicht in Feindschaft wandeln!

8. Kann ich das Projekt leiten?
Stehen mir die notwendige Zeit und die notwendigen Mittel zur Verfügung? Habe ich als Projektleiter genügend Akzeptanz (Sympathie, Antipathie)? Steht das Management hinter mir? Kann und will ich mich persönlich für die Sache engagieren? Was bringt es mir persönlich?

6.2.7 Prognosen

Denn erstens kommt es anders, und zweitens als man denkt.

Da wir unsere Lösungen für die Zukunft entwickeln, dürfen wir nicht nur den Ist-Zustand berücksichtigen, sondern müssen auch die zukünftige Entwicklung im Auge behalten. Wir sind dazu auf Prognosen angewiesen.

Von alters her versucht die Menschheit die Ungewissheit, die in der Zukunft liegt, abzubauen: durch das Anlegen von Vorräten, den Bau von Verteidigungsanlagen und durch Prognosen. In vielen Fällen haben Prophezeiungen die Geschichte nachhaltig beeinflusst. Leute sind immer bereit, viel Geld für Voraussagen auszugeben. Die Prognosetechniken selbst haben sich über die Jahrtausende hinweg weiter entwickelt. Vom Orakel zu Delphi, Wahrsagerei, Astrologie und religiösen Prophezeiungen hin zu mathematischen Verfahren, Meinungsumfragen, Hochrechnungen und Wahlprognosen wurden immer wissenschaftlichere Verfahren entwickelt. Trotzdem hat das Interesse an den mystischen Methoden nicht nachgelassen (siehe Anzahl und Umfang von Horoskopen in Zeitschriften). In der Industrie interessieren wir uns nicht für mystische Methoden, aber Prognosen sind für uns in einem schnelllebigen Markt und bei langer Projektdauer wichtig.

Es nützt einer Firma wenig, ein ideal auf die heutigen Marktbedürfnisse abgestimmtes Produkt zu entwickeln, wenn sich diese Bedürfnisse bis zur Markteinführung stark verändern.

Militärs sprechen vom **„Schiessen auf bewegte Ziele“** Das Ziel einer Situationsanalyse ist es auch, die dynamische Entwicklung der relevanten Umgebung in die Betrachtungen einzubeziehen. Dabei müssen wir beachten, dass die heute als relevant erkannte Umgebung in Zukunft nicht mehr relevant sein muss.

Beispiel

Als in den 60er Jahren mit der Planung von Kernkraftwerken begonnen wurde, rechnete niemand mit dem späteren Widerstand breiter Bevölkerungskreise gegen die Kernenergie.

Man stösst immer wieder auf die Ausrede, dass sich künftige Entwicklungen nicht vorhersagen lassen. Es macht aber wenig Sinn, über die Möglichkeit oder Unmöglichkeit von brauchbaren Prognosen zu philosophieren. Jedes Hilfsmittel, das unsere Vorstellungen über die Zukunft verbessert, ist besser als die totale Ungewissheit. Zudem gilt die Regel: Eine Prognose, an die alle glauben, trifft in der Regel auch ein, weil sich jeder so verhält, wie wenn sie eintreffen würde. Dabei spielen die Prognosetechniken eine wichtige Rolle. Natürlich muss aber der Aufwand zum Erlangen der Prognosedaten in einem vertretbaren Verhältnis zu deren Aussagewert stehen.

Wir unterscheiden zwischen den intuitiven und den analytischen Prognoseverfahren:

Intuition

Intuitive Prognoseverfahren beruhen auf dem „gesunden Menschenverstand" und dem „Gefühl". Ihre Treffergenauigkeit hängt stark von den beteiligten Personen ab. Sie sind vor allem dort wichtig, wo keine einfachen Modelle vorhanden sind oder die Parameter sich nicht mathematisch beschreiben lassen. Eine grosse Bedeutung haben sie im politischen und sozialen Bereich. Für uns sind sie im Marketing, in der Werbung und beim Abschätzen von technischen Trends wichtig. Die intuitiven Prognoseverfahren sind zum Teil identisch mit den Kreativitätsförderungsmethoden, die wir später im Kapitel 6.4.11 „Methoden zur Unterstützung der Kreativität" behandeln werden: Szenariotechnik und Delphiverfahren.

Analytik

Analytische Prognoseverfahren sind mathematische und graphische Verfahren. Trotz der strengen Logik, auf denen diese Verfahren beruhen, kommt man auch bei ihrer Anwendung nicht ohne Intuition aus. Es braucht „gesunden Menschenverstand", um die wesentlichen Einflussgrössen zu bestimmen und das Modell zu bilden, das die Anwendung eines solchen Verfahrens erlaubt. Es gibt abschreckende Beispiele von Fehlprognosen, die nur auf Grund von mathematischen Modellen unter Ausschaltung des „gesunden Menschenverstandes" zustande kamen: Auf Grund der starken Fahrzeugzunahme in den 50er und 60er Jahren wurden damals Trendextrapolationen errechnet, nach denen wir heute alle (Babys eingeschlossen) „glückliche" Besitzer von mindestens zwei Autos wären. Dass mit der Zeit ein Sättigungseffekt eintreten könnte, wurde in den damaligen mathematischen Modellen nicht eingebaut. Bekannte analytische Verfahren sind:

- Extrapolation von Zeitreihen,
- lineare Programmierung,
- Warteschlangentheorie,
- Wahrscheinlichkeitsrechnung,
- Simulation,
- Netzplantechnik,
- und weitere.

6.2.8 Die Grenzen unserer Erkenntnis

Manch einer, wenn er feststellen muss, dass die Dinge viel komplizierter sind, als er sich dies früher vorgestellt hat, greift resigniert zum Sokrates-Zitat: „Ich weiss, dass ich nichts weiss!" Aber die Situation ist noch viel schlimmer: Erinnern wir uns an den Aufbau unseres Gehirns (siehe Kapitel 5) und werden wir uns bewusst, wie wir die einströmenden Informationen filtern. Wir kommen zum Schluss: Wir machen uns immer nur ein Bild der Realität. Die Dinge und die Menschen sind aber so, wie sie sind, und nicht so, wie wir sie haben möchten.

> **„Es gibt keine Fakten. Es gibt nur Meinungen über Fakten."**
> *P. Drucker*

Trotzdem! Lassen wir uns nicht in der „analytischen Lähmung" erstarren, sondern versuchen wir, unsere Umgebung trotz unserer begrenzten Möglichkeiten zu beeinflussen.

6.2.9 Weitere Tipps zur Situationsanalyse

Zeitdruck

Zeitdruck ist eines der Hauptprobleme, unter denen wir leiden. Selten finden wir die Zeit, um ein Problem in Ruhe sauber zu lösen. Persönliche Arbeitstechnik kann hier weiterhelfen. Wichtig ist dabei eine gute Zeiteinteilung. Einstein wurde einmal gefragt, wie er seine Zeit einteilen würde, wenn er innerhalb einer Stunde ein kompliziertes Problem lösen müsste, von dem die Zukunft der ganzen Menschheit abhinge. Seine Antwort: Ich nähme mir 40 Minuten Zeit, um die Situation zu analysieren, 5 Minuten, um eine Lösung zu finden, und 15 Minuten, um die Lösung auf ihre Tauglichkeit hin zu kontrollieren. Siehe dazu auch Kapitel 6.7.

Darstellung

Die Resultate einer Situationsanalyse müssen für alle Interessierten in einer leicht verständlichen Form nachvollziehbar dargestellt werden. Das viele gesammelte Wissen muss dazu gut überblickbar zusammengefasst werden. Dazu eignen sich in erster Linie visuelle Darstellungen: Diagramme, Zeichnungen, Schemas und Fotos mit aussagekräftigen Bildlegenden. Wenn man auf umfangreiche Tabellen nicht verzichten kann, sind diese aussagekräftig zu ordnen und mit erklärenden Texten zu versehen. In den Erklärungen, die sich nur in Textform abgeben lassen, verwende man knappe, prägnante Formulierungen. In den Hauptteil des Berichtes gehören die wichtigen Erkenntnisse, Aussagen und Zusammenhänge mit knappen Begründungen. Umfangreiche Berechnungen und Herleitungen, soweit man sie überhaupt in den Bericht aufnehmen will, gehören in den Anhang. Sie stören sonst den klaren

Gedankenfluss im Bericht zu stark. In den Anhang gehören auch Quellenangaben und das logische Herleiten der wichtigsten Aussagen.

Geisteshaltung

Um nicht beliebig viel Zeit für die Situationsanalyse zu verschwenden, sollte sie nur so umfassend und detailliert wie nötig durchgeführt werden. Wenn wir ein System grundsätzlich neu gestalten wollen, macht es keinen Sinn, das alte System noch ausführlich zu dokumentieren. Wir müssen uns auch einen Endtermin setzen. Andernfalls erstarren wir in einer „analytischen Lähmung“. Wir wissen immer zuwenig. Trotzdem sollte aber auch unter dem üblicherweise herrschenden Zeitdruck nichts Wesentliches verloren gehen. Eine Situationsanalyse muss daher problembezogen und zielgerichtet durchgeführt werden. Normalerweise gehen wir auch unbewusst so vor. Solange wir mit dem Leistungsteil eines Gerätes thermische Probleme haben, kümmern wir uns nicht um die galvanische Trennung der Steuereingänge. Auch wenn wir eine Situationsanalyse problembezogen durchführen, müssen wir versuchen, die Resultate zieloffen und lösungsneutral darzustellen. Wir müssen uns um eine offene, neutrale Geisteshaltung bemühen. Vorgefasste Meinungen und Prestigedenken stehen dem oft entgegen. Wenn diese überwiegen, wird eine Situationsanalyse keine neuen Erkenntnisse bringen. Sie wird zu einem Gesellschaftsspiel abgewertet, das immer bestätigt, „was man ja schon immer gewusst hat“.

> **„Eine der verbreitetsten Krankheiten ist die Diagnose.“**
> *Karl Kraus*

Eine Situationsanalyse ist daher folgendermassen durchzuführen:

- problembezogen mit aspektweisen Betrachtungen
- termingerecht
- zukunftsbezogen
- zieloffen und lösungsneutral
- in einer offenen Geisteshaltung

> **„Man soll die Dinge so einfach wie möglich halten – aber nicht einfacher!“**
> *Albert Einstein*

6.3 Zielsetzung

6.3.1 Die Rolle der Zielsetzung bei der Lösungssuche

> **„Wer den Hafen nicht kennt, in den er segeln will, für den ist kein Wind ein guter."**
> *Seneca (4 v.Chr.–65 n.Chr.)*

Wichtiger als die Suche und Auswahl der richtigen Lösung ist zunächst die Bestimmung der richtigen Ziele. Nach Lösungen zu suchen ist erst dann sinnvoll, wenn wir wissen, was wir wollen (siehe Abb. 6.3.1). Ziele sollen nach der Situationsanalyse auf Grund von Kundenbedürfnissen, Visionen und Wertvorstellungen formuliert werden. Es sollte nicht nötig sein, sie nachträglich zu erfinden, um früher getroffene Entscheide zu rechtfertigen. Insbesondere, wenn

Abb. 6.3.1 *Die Zielsetzung im Problemlösungsschema.*

viele Personen an einem Projekt beteiligt sind, ist die Formulierung von klaren Zielen ein unbedingtes Muss. In dieser Phase sind Ziel- und Interessenkonflikte zu lösen und alle Beteiligten auf eine Linie zu bringen. Der Zielsetzungsprozess kann zum dornenvollsten Kapitel bei der Lösungsfindung werden. Klar formulierte Ziele verhindern unnötige Planungs-, Konzept- und Entwicklungsarbeiten.

Die Zielformulierungsphase ist eine Gelegenheit, wieder Abstand zum Problem zu gewinnen, sich zurückzulehnen und zu fragen: „Was will ich?" Auch wenn man in kleinen Gruppen oder allein arbeitet, lohnt es sich, seine Ziele klar zu formulieren. Klare Formulierungen ordnen die Gedanken und öffnen neue Horizonte zur Lösungssuche. Leider lässt sich immer wieder beobachten, dass viele Fachleute mit dem Lösen beginnen, bevor sie genau wissen, was sie eigentlich erreichen wollen. Ein Beispiel zeigt, was passiert, wenn eine klare Zielsetzung fehlt, bzw. der Zieldiskussion ausgewichen wird:
In einer Firma erhält eine ad hoc zusammengestellte Gruppe den Auftrag, ein bestimmtes Produkt zu verbilligen und zu verbessern. Nachdem die Situation und die Gründe für den heutigen Zustand besprochen wurden und bereits Lösungsvorschläge aufgetischt werden, fordert ein Mitglied die Gruppe auf, im Detail zu formulieren, was man überhaupt erreichen will. Die Gruppe steigt nur widerwillig darauf ein. Es zeigt sich aber bald, dass die Zielvorstellungen gründlich auseinandergehen. Welche Kosten sind zu reduzieren? Welche Funktionen sind dringend zu verbessern? Was muss unbedingt beibehalten werden? Nach einer halben Stunde ist die Gruppe über die Ziele gründlich zerstritten und der Leiter bricht die Sitzung ab. Bei der nächsten Sitzung lässt der Leiter wieder über Lösungsvorschläge diskutieren, da er einem Konflikt über die Ziele aus dem Weg gehen will. Im Schlussbericht liefert die Gruppe ein Sammelsurium von möglichen Massnahmen zur Erreichung unbekannter Ziele und zur Behebung ungenannter Schwachstellen ab.
Wir wollen es in Zukunft besser machen. Dazu müssen wir lernen, klare Ziele zu formulieren.

6.3.2 Ziele formulieren

Ziele haben für die Beteiligten im Allgemeinen die Funktion einer Identifikations- und Motivationsquelle. Vage und allgemeine Beschreibungen von Zielen erfüllen diese Funktion dabei sogar besonders gut. Diese Erkenntnis wird in der Politik täglich angewandt. Der Zweck einer Zielsetzung kann aber auch darin bestehen, zurückliegende Entscheidungen nachträglich zu rechtfertigen. Im Zusammenhang mit konkreten Projekten und speziellen technischen Aufgaben sollten wir Ziele exakt formulieren. Ziele können positiv oder negativ formuliert werden im Sinne von: Erreicht werden soll ...; Vermieden werden soll ...

6.3.2.1 Vision, Wunsch, Ziel, Zweck, Massnahmen, Sinn und Motiv

Visionen und Träume kümmern sich nicht um deren Realisierbarkeit. Wünsche sind schon etwas konkreter, Ziele aber sollten realisierbar sein.

Mit der Erfüllung jedes Zieles verfolgen wir einen bestimmten Zweck. Mit der Erfüllung des Systemzieles verfolgen wir den Systemzweck. Beispiel: Mit der Entwicklung eines betriebssicheren Elektronik-Speisegerätes verfolgen wir den Zweck einer sicheren Stromversorgung für ein elektrisches Gerät und leisten damit einen Beitrag zum Ziel der hohen Betriebssicherheit dieses Gerätes. Das Vorgehensziel hingegen findet seinen Zweck allein in der Erreichung des Systemzieles. Beispiel: Durch ein bestimmtes Vorgehen wollen wir die Entwicklungsdauer möglichst kurz halten.
Mittels Massnahmen bezwecken wir die Erreichung unserer Ziele. Wenn wir die Zielerreichung über die ethischen Grundsätze stellen, „heiligt der Zweck die Mittel". Wo die Zielerreichung im Vordergrund steht, die Frage nach dem Sinn des Ganzen aber unbeantwortet bleibt, muss sich der Auftraggeber kritische Fragen gefallen lassen. Denkende Mitarbeiter verlieren dann jeweils ihre Motivation.

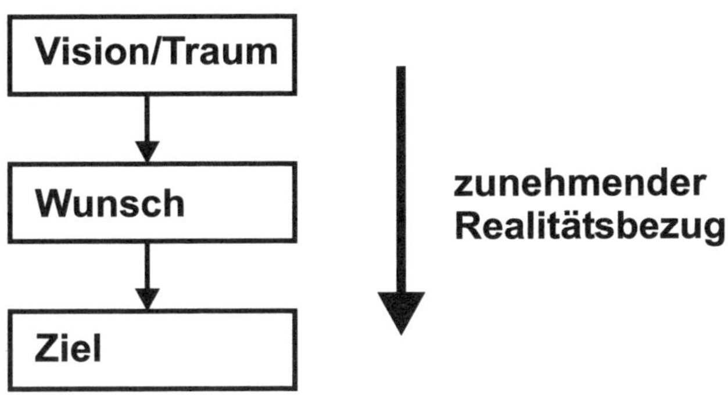

Abb. 6.3.2.1 Zunehmender Realitätsbezug von der Vision zum Ziel.

Motive sind individuelle, persönliche Ziele, die stark durch persönliche Interessen und evtl. auch Anreizsysteme geprägt sind (Sozialprestige, Entlohnungssysteme, Macht etc.).
Ziele basieren letztlich auf **Wertvorstellungen,** die sich nicht weiter hinterfragen lassen. Auf solchen Wertvorstellungen basieren unsere Kultur, unser Staatswesen und jedes Unternehmen. Wo keine gemeinsamen Wertvorstellungen vorhanden sind, lassen sich auch kaum mehr gemeinsame Ziele formulieren.

> **„Fehlen die Ziele, zerfallen die Ordnungen."**
> *Konfuzius*

Das Fehlen gemeinsamer Ziele und eine daher zerstrittene Mannschaft sind die grösste Gefahr für die Zukunft jeder Organisation; sei das ein Staat, eine Firma, ein Verein oder eine Ehe.

6.3.2.2 System- und Vorgehensziele

Systemziele sind Aussagen über künftige Zustände, Merkmale und Verhaltensweisen eines Systems. Sie orientieren sich an den Wirkungen, die das zu entwickelnde System in seiner Nutzungsphase hervorbringen soll. Systemziele sind Antworten auf die Fragen: Was soll erreicht oder vermieden werden?

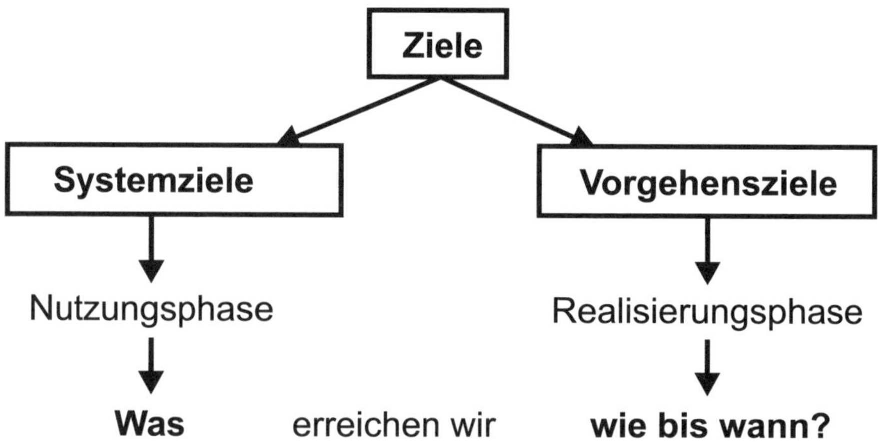

Abb. 6.3.2.2 Systemziele beziehen sich auf die Nutzungsphase des zu entwickelnden Systems, Vorgehens- oder Projektziele auf die Realisierungsphase.

Vorgehensziele beschreiben wesentliche Merkmale, die zur Erreichung der Systemziele einzuhalten sind. Vorgehensziele können die Form von Etappenzielen oder von einzuhaltenden Randbedingungen haben, z.B.: zur Verfügung stehende finanzielle, sachliche oder personelle Mittel. Vorgehensziele müssen mit den Systemzielen verträglich sein, sie dürfen einander nicht widersprechen. Sie sind die Grundlage für die Festlegung eines Handlungsprogrammes und für das Projektmanagement.

6.3.2.3 Zieldimensionen

Präzis formulierte Ziele sind „drei-dimensional". Die drei Dimensionen sind:

- **Zielinhalt**
- **Zielausmass**
- **zeitlicher Bezug**

Der Zielinhalt bestimmt, was erreicht werden soll. Das Zielausmass sagt aus, wieviel oder wieweit der Zielinhalt zu erreichen ist. Der zeitliche Bezug sagt aus, wann oder bis wann die Wirkung zu erreichen ist. Dreidimensional formulierte Ziele sind messbar.

Beispiele für dreidimensional formulierte Ziele:

- Bis zum Ende des laufenden Jahres sind die Herstellungskosten für Fernwirkterminals des Typs TXF64 um mindestens 50 % gesenkt.

- Ende Juli des laufenden Jahres ist das Konzept für ein neues Elektronik-Speisegerät erarbeitet, das gegenüber der bisherigen Ausführung mindestens 50 % günstiger ist.

- Das neue EDV-System ist im September des nächsten Jahres voll eingeführt und löst alle Funktionen des alten ab.

6.3.2.4 Strategische Ausrichtung der Ziele

Abb. 6.3.2.4 *Orientieren wir uns an existierenden Zuständen, die wir verbessern wollen, oder geht es um eine neue Ausrichtung für die Zukunft?*

6.3.3 Wichtige Punkte beim Setzen von Zielen

Schriftlich!

Beim schriftlichen Formulieren sind wir gezwungen, uns viel exakter auszudrücken, und beginnen die Ziele zu hinterfragen. Zudem können wir später die Ziel-erreichung anhand der früheren Aufzeichnungen kontrollieren. Mögen Sie sich in einigen Monaten noch erinnern, was Sie heute besprochen haben?

Gegenwartsform

Stellen Sie sich vor, wir haben das Ziel erreicht, und niemand erinnert sich mehr an das Problem! In der Gegenwartsform formulierte Ziele helfen uns, uns die Situation besser vorzustellen, die wir erreichen wollen, und uns so zu fühlen, wie es ist, wenn wir das Ziel erreicht haben.

visualisieren Je bildhafter wir uns die gewünschte Situation vorstellen können, umso wahrscheinlicher werden wir sie erreichen. Was wir uns selber nicht vorstellen können, bleibt unklar und wir können es auch anderen nicht kommunizieren.

radikale Ziele Ziele, die lediglich kleine Verbesserungen anstreben, stellen keine Herausforderung dar. Nur radikale Forderungen zwingen uns, das Bisherige grundsätzlich in Frage zu stellen.

lösungsneutral Die Zielformulierung darf die Lösung noch nicht vorschreiben. Ziele und mögliche Massnahmen zu deren Erreichung sind klar zu trennen. Dazu soll man die gesetzten Ziele hinterfragen. Warum will ich dieses und jenes? Ist das der wirkliche Grund? Wer Lösungen und Massnahmen vorgibt, der verzichtet auf die Kreativität und Problemlösungskompetenz der Ausführenden.

Emotionen Gefühle und Interessen beherrschen die Zielsetzung. Um diese in Grenzen zu halten, ist es wichtig, auch die eigenen Interessen und Gefühle klar zu formulieren und ihnen in der gesamten Zielsetzung ihren Platz zuzuweisen. Dies gilt speziell beim Auftreten von Ziel- und Interessenkonflikten. Einerseits blockieren starke Emotionen das logische Denken und filtern die Wahrnehmung. Andererseits können sie enorme Energien zur Zielerreichung freisetzen.

Umwelt Wir sollen nicht nur Ziele bezüglich des Verhaltens unseres zu entwickelnden Systems formulieren, sondern auch bezüglich der Einwirkungen auf seine Umwelt. Es sollen Ziele bezüglich gewollter und nichtgewollter Nebenwirkungen formuliert werden. Zum Beispiel dürfen die Störungen eines Elektronik-Speisegeräts die daneben installierte Analogschaltung nicht beeinträchtigen. Eine neue Produktionsanlage darf die Umwelt nicht überlasten (Lärm und chemische Belastung). Neue Produkte müssen später wiederverwertbar oder rezyklierbar sein.

operationell Ziele gelten dann als operationell formuliert, wenn sie für alle beteiligten Personen eindeutig verständlich sind und die Zielerreichung feststellbar ist. Das heisst, die Zielerreichung ist anhand eines Kriteriums messbar. Vermeide daher unpräzise Formulierungen! „Wir wollen einen besseren Sender entwickeln." sagt nichts aus, solange wir nicht präzisieren, was wir unter „besser" verstehen. Die Operationalität ist ein formaler Begriff. Sie garantiert nicht, dass das Ziel vernünftig oder erreichbar ist. Operationell formulierte Ziele spielen bei der Bewertung von Lösungen und bei der Entscheidungsfindung eine wichtige Rolle. Sie liefern die Kriterien zur Lösungsbeurteilung. Für die weitere Arbeit ist es von Vorteil, wenn man diese Kriterien möglichst früh kennt. Es gibt auch Ziele, die sich nicht operationalisieren lassen. Sie dürfen deswegen nicht unterdrückt werden, führen aber gezwungenermassen zu unpräzisen Formulierungen.

Beispiele für operationell formulierte Ziele:

- Es wird ein Wirkungsgrad von > 90 % erreicht.
- Die Durchlaufzeit ist mindestens halbiert.
- Der Materialverbrauch gegenüber dem bisherigen Produkt ist um mindestens 60 % geringer.
- Das Abfallvolumen ist halbiert.

Beispiele für nicht operationell formulierte Ziele:
- Die neue Maschine hat ein ansprechendes Design.
- Die neue Organisation verbessert das Betriebsklima.
- Das neue Produkt reduziert die Umweltbelastung.

Muss- und Wunschziele

Die minimalen Anforderungen an ein System führen zu Musszielen. Eine Lösung, die diese Ziele nicht erfüllt, ist keine Lösung. Wunschziele sollen erreicht werden, sind aber nicht Voraussetzung für die Akzeptanz einer Lösung. Wunschziele spielen für den Entwickler bei der Optimierung der Lösung und bei der Beurteilung von Lösungsvarianten eine wichtige Rolle.

Dynamik der Emotionen

Die Dynamik der Emotionen unter den Beteiligten beachten heisst auch Ziel- und Interessenkonflikte möglichst frühzeitig aufdecken! Unterdrückte Ziel- und Interessenkonflikte kommen früher oder später doch zum Vorschein. Sie wirken sich, wenn sie sich nicht beilegen lassen, auf das ganze Projekt verheerend aus. Es ist daher nützlich, die Interessen und Einstellungen der Betroffenen und Beteiligten zu analysieren.

Vereinbarkeit mit übergeordneten Zielen

Alle Ziele müssen auf Widerspruchsfreiheit mit den übergeodneten Zielen überprüft werden, die von der strategischen Unternehmensplanung, dem Marketing und der Produkteplanung gesetzt wurden. Treten Widersprüche auf, so sind diese mit den zuständigen Stellen zu besprechen. Vielleicht müssen wir unsere Zielsetzung neu überdenken. Der Zweck, den wir mit der Erfüllung unserer Ziele verfolgen, ist letztlich immer die Erfüllung übergeordneter Ziele oder Wertvorstellungen. Zielformulierung ist eine unternehmerische Aufgabe.

unrealistische Ziele

Unrealistische Ziele wirken demotivierend. Das Management, das sie setzt, wird unglaubwürdig.

positiv formulieren

Man kann sich gesundbeten, man kann sich krankärgern, aber noch niemand konnte sich gesundjammern! Positive Formulierungen fördern in unserem Gehirn positive Assoziationen. Negative Formulierungen fördern negative Assoziationen, eine schlechte Stimmung und Niedergeschlagenheit. Positive Zielformulierungen helfen uns daher, die Probleme, und seien sie noch so gross, mit mehr Energie anzupacken. Versuchen Sie negativ formulierte Ziele in positiv formulierte umzuwandeln. Es geht fast immer: Wir wollen nicht den Misserfolg vermeiden, sondern den Erfolg sichern. Wir wollen nicht bekämpfen, sondern etwas erreichen. Positives Denken heisst nicht Probleme verdrängen und den Kopf in den Sand stecken, sondern die Zustände so akzeptieren, wie sie sind. Auch wenn sich der Idealzustand nicht erreichen lässt, versuchen wir trotz der schlechten Umstände dennoch das Bestmögliche zu erreichen.

6.3.4 Die Zielhierarchie – ein nützliches Hilfsmittel

Normalerweise entsteht auf Grund von Situationsanalyse, Umfragen und eigenen Vorstellungen bald ein umfangreicher Katalog von Zielen, Teilzielen und Massnahmen. Eine Zielhierarchie schafft Übersicht, zeigt gegenseitige Abhängigkeiten von Zielen und Zielkonflikte auf gestattet überdies, die Zielsetzung auf Vollständigkeit hin zu prüfen.
Sehr nützlich erweist sich eine Zielhierarchie zur Diskussion mit Beteiligten, die das Problem bisher nur aus ihrem eigenen Sichtwinkel betrachtet haben und einige wenige Teilziele priorisieren. Die übersichtliche Darstellung unterstützt sie dabei, das Problem ganzheitlich zu betrachten, ihre geforderten Teilziele im Ganzen zu erkennen und deren Prioritäten im Gesamtzusammenhang einzuordnen.

6.3.4.1 Vorgehen beim Erstellen der Zielhierarchie

1. Sammle Ziele!
2. Formuliere das Oberziel!
3. Teile das Ziel in Klassen und Unterklassen ein!
4. Ordne die Ziele hierarchisch an![1]
5. Kontrolliere, ob nicht Massnahmen als Ziele aufgeführt sind!
6. Ergänze die Zielhierarchie und überprüfe sie auf Vollständigkeit!
   Nochmaliges Durchdenken von „oben nach unten".

Auf der untersten Stufe sollten möglichst nur noch operationelle Ziele stehen. Es erweist sich als vorteilhaft, unterhalb der Zielhierarchie auch die bereits bekannten möglichen Massnahmen zur Erreichung der darüber aufgeführten Ziele aufzuführen. Es ist auch möglich, von einem Oberziel auszugehen und nach Unterzielen zu suchen, ohne vorher einen Zielkatalog zusammenzustellen. In der Entwicklung wird dieses Vorgehen selten sein. Meist steht schon zu Beginn eines neuen Projektes ein umfangreicher Forderungskatalog. In Abb. 6.3.4.1 ist als Beispiel die Zielhierarchie für ein Entwicklungsprojekt dargestellt, in Abb. 6.3.4.2 diejenige für die Unternehmensziele einer Galvanikfirma.

[1] Jedes Ziel findet seinen Zweck in der Erfüllung des nächstübergeordneten Zieles.

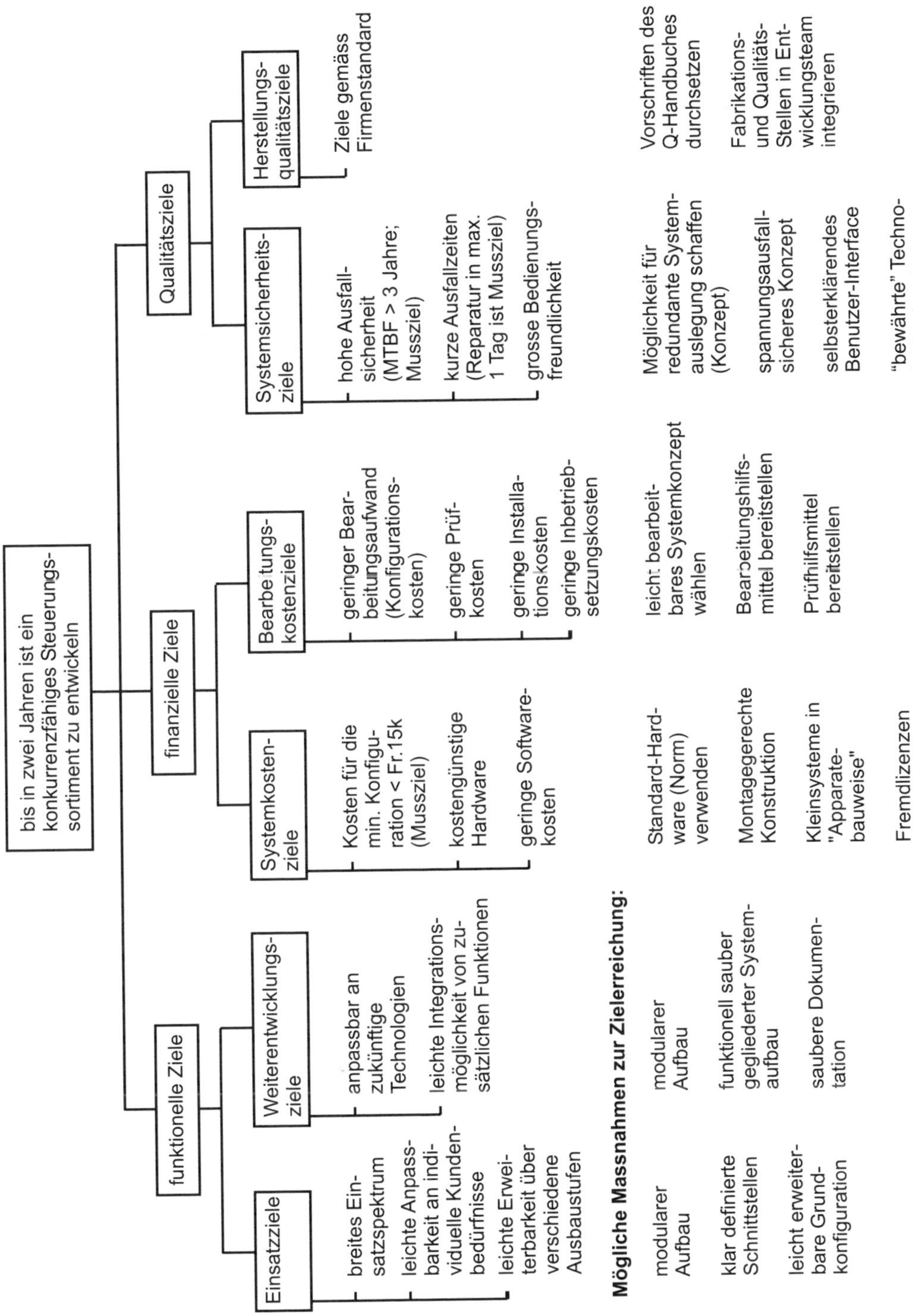

Abb. 6.3.4.1 *Beispiel einer Zielhierarchie für ein Entwicklungsprojekt.*

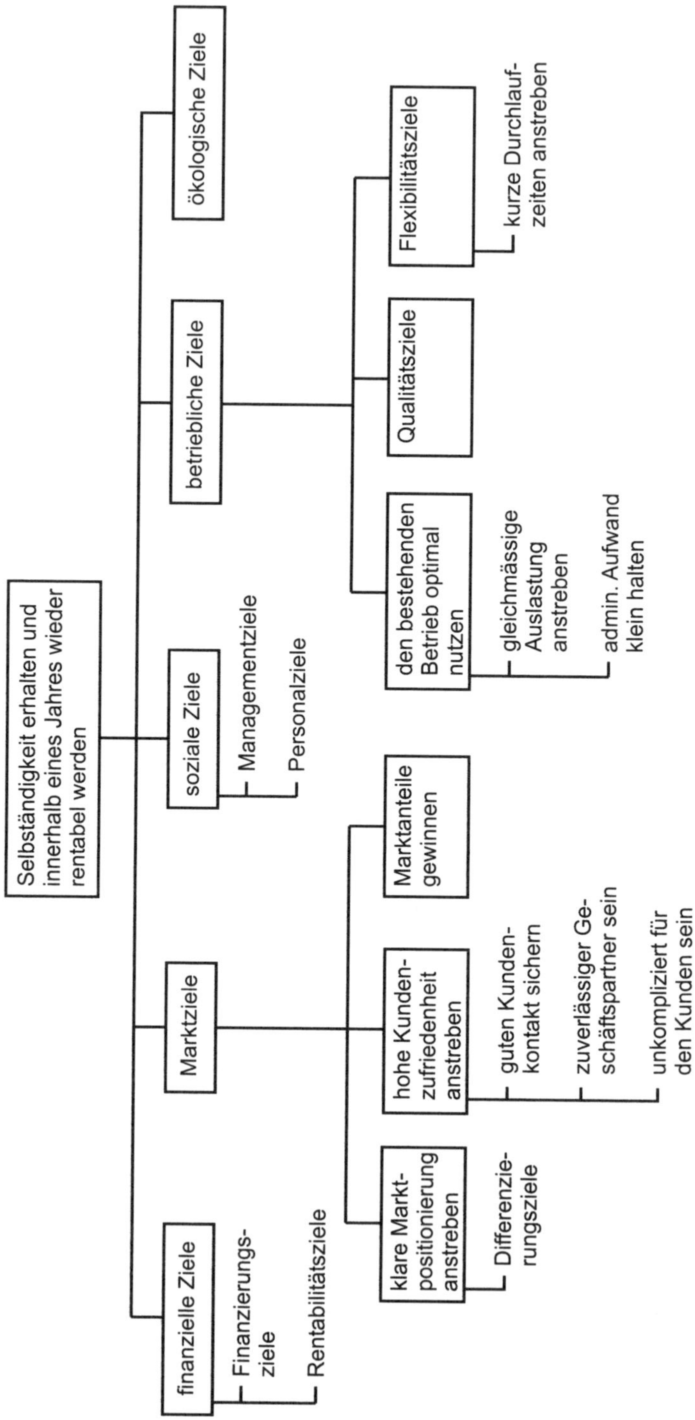

Abb. 6.3.4.2 *Die Unternehmensziele einer Galvanikfirma, die sich aus einer schwierigen Ertragslage heraus neu orientieren musste.*

6.3.5 Wenn wir nicht wissen, was wir wollen

Spätestens wenn wir für unsere Zielhierarchie das Oberziel formulieren, werden wir auf unternehmerische Fragen stossen, die das Marketing, die Produkteplanung, Organisationsfragen oder Produktionskonzepte betreffen. Die sind aber bis heute in vielen Betrieben Stiefkinder geblieben. In all jenen Produkteentwicklungsprojekten, in denen weder über das Produktesortiment noch über die Anforderungen an das Produkt Klarheit besteht, befinden wir uns noch nicht im Entwicklungsprozess sondern im Produkteplanungsprozess, oder wir haben noch Marketingfragen zu bearbeiten. In schlimmeren Fällen fehlen auch klar formulierte Unternehmensziele, auf die wir uns abstützen können. Als Problemlöser oder Projektleiter befinden wir uns dann in einer sehr unangenehmen Lage. Wichtig ist es dann, die Unternehmensleitung ins Spiel zu bringen, um die unbeantworteten Fragen zu klären. Besser nimmt man dann Verzögerungen in Kauf, statt am Markt vorbei zu entwickeln. Es gibt Situationen, in denen man nicht weiss, wie sich die Märkte entwickeln werden. Man startet deshalb einen Versuchsballon, um den Markt zu erkunden. Aber auch in solchen Fällen sollte der Entwickler klare Vorgaben haben, wie der Versuchsballon aussehen soll. In kleineren Firmen wird sich der Entwickler selbst mit Produkteplanung und Verkaufsfragen befassen. Dasselbe gilt auch für Organisations- und EDV-Projekte.

Chefsache

Die Vorstellung über die weitere Entwicklung der Organisation liefern Planungsunterlagen für die Projekte. Diese Vorstellungen unter Miteinbezug der Mitarbeiter zu entwickeln, zu kommunizieren und vorzuleben, ist die vornehmste Führungsaufgabe für eine Geschäftsleitung.

Jede Tätigkeit und jedes Projekt einer Firma bezweckt letztlich die Erreichung der Unternehmensziele.

Die Behandlung dieser Gebiete sprengt aber den Rahmen dieses Buches. Es sei daher nur auf Kapitel 6.1 und die entsprechende Literatur verwiesen.

6.3.6 Widersprüche in der Zielsetzung

Gegenläufige Zielsetzungen und Interessen treten immer wieder auf. Sie sollten nicht unterdrückt, sondern möglichst früh aufgedeckt werden. Nur so lassen sich in der weiteren Entwicklung Umwege und Fehlschläge vermeiden. Wir unterscheiden zwischen Zielkonflikten, bei denen es sich um sachliche Widersprüche handelt, und Interessenkonflikten oder persönlichen Konflikten, bei denen es oft sehr menschlich zu- und hergeht. Zielkonflikte müssen wir daher logisch, Interessenkonflikte psychologisch anpacken.

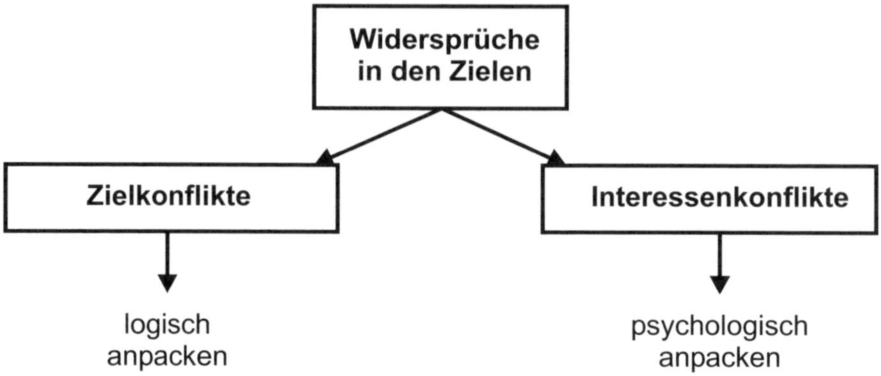

Abb. 6.3.6 *Widersprüche in der Zielsetzung können verschiedene Ursachen haben und sollen frühzeitig aufgedeckt werden.*

6.3.6.1 Ziel- und Funktionskonflikte

Ziele können einander unterstützen, widersprechen oder voneinander unabhängig sein. Es ist von Vorteil, diese Abhängigkeiten früh aufzudecken. Dies bedingt einerseits Kenntnisse über die inneren Zusammenhänge des Systems, die im Zeitpunkt der Zielsetzung nur unvollständig vorhanden sind, andererseits den Überblick über alle möglichen Abhängigkeiten. Bei überblickbaren Zielsystemen entstehen normalerweise keine Schwierigkeiten. Bei umfangreichen Zielsystemen empfiehlt es sich, Abhängigkeiten von Teilzielen systematisch mit einer Zielabhängigkeitsmatrix zu analysieren (siehe Abb. 6.3.6.1). Genau genommen können Abhängigkeiten beidseitig, aber auch nur einseitig sein.

	Z1	Z2	Z3	Z4	Z5
Z1		s	u	k	s
Z2			s	s	s
Z3				k	u
Z4					s
Z5					

u = unabhängige Ziele
s = sich unterstützende Ziele
k = konkurierende Ziele

Abb. 6.3.6.1 *Zielabhängigkeitsmatrix.*

Typische Zielkonflikte bei der Entwicklung neuer Produkte

Unabhängige Ziele oder solche, die einander gegenseitig unterstützen, bereiten dem Entwickler im Allgemeinen keine Kopfschmerzen, wohl aber Ziele, die einander widersprechen, wie:

- Preis/Leistung: Das Gerät muss alles können, darf aber nichts kosten.
- Funktionssicherheit/Kosten.
- Standardgerät, das sich aber allen Kundenwünschen ohne Aufwand anpassen lässt.
- Termin (Entwicklungsdauer) und Qualität (Fehlerfreiheit).

Typische Zielkonflikte bei Organisationsprojekten

Organisationsprojekte verändern die Machtstrukturen in einem Unternehmen und sind daher meist von Machtkämpfen begleitet. Sollen bestehende Ansprüche berücksichtigt werden, oder will man sich in Zukunft nur an den Prozessen orientieren und damit riskieren, dass Schlüsselpersonen die neuen Strukturen boykottieren?

Wieweit soll ich zentralisieren, wieweit dezentralisieren? Zentralisation in eine Richtung bedeutet Dezentralisation in alle anderen Richtungen. Dadurch entstehen möglicherweise unterkritische Massen.

Beispiel

Eine reine Profitcenter-Organisation bedeutet, dass jedes Profitcenter auch seine eigene EDV- oder Speditionsabteilung betreibt. Diese Abteilungen sind aber möglicherweise zu klein, um noch effizient zu arbeiten. Eine Zentralisation schränkt aber die Macht der Profitcenter-Leiter ein und fördert bürokratische Strukturen.

Wie bewältigen?

Zielkonflikte lösen heisst optimieren! Vorerst ist aber abzuklären: Ist ein Zielkompromiss möglich? Wenn ja, handelt es sich um einen schwachen Zielkonflikt. Beide Zielkomponenten können beibehalten werden. Wenn nein, handelt es sich um einen starken Zielkonflikt. Eine Zielkomponente muss dann verändert werden oder verschwinden. Bei der Suche nach einem Kompromiss müssen wir Prioritäten setzen. Wenn wir mathematisch nach dem Optimum suchen, ist vorerst die zu optimierende Zielfunktion zu definieren. Der Kompromiss oder das Optimum soll die übergeordneten Ziele optimal erreichen. Zielkonflikte, deren Lösung auf das zu entwickelnde Produkt starken Einfluss haben, sollten in enger Zusammenarbeit mit dem Marketing behandelt werden. Bei Organisationsprojekten ist die Unternehmensleitung beizuziehen, besonders dann, wenn solche Konflikte erst im Verlauf der Entwicklung auftauchen.

Abb. 6.3.6.2 *Das von einer Expertengruppe konzipierte, polyvalente, landwirtschaftliche Nutztier. Diese „goldscheissende" Kreatur würde die gesamte Landwirtschaft unabhängig von Subventionen machen. Es handelt sich hier um eine Mutation der weitherum bekannten „eierlegenden Wollmilchsau".*

6.3.6.2 Interessenkonflikte

Gegenüber den rein sachlichen Zielkonflikten treten Interessenkonflikte normalerweise überall dort auf, wo Menschen zusammenarbeiten. Interessenkonflikte haben ihren Grund in unterschiedlichen persönlichen Interessen von Beteiligten. Interessenkonflikte können sich produktiv auswirken, oft aber auch kontraproduktiv. Untersuchungen besagen, dass Firmen und staatliche Institutionen bis zu 50 % ihrer Energien wegen Interessenkonflikten und daraus entstehender Reibereien verpuffen. Interessenkonflikte können den Erfolg ganzer Projekte ernsthaft gefährden. In schwerwiegenden Fällen blockieren sie sogar die gesamte Innovationstätigkeit einer Firma. Die zeitlichen und vor allem psychischen Belastungen der Mitarbeiter sind dabei nicht zu unterschätzen. Interessenkonflikte zeigen sich meist beim Erarbeiten der Zielsetzung. Es ist wichtig, dass man sie dann nicht unterdrückt, sondern aufdeckt und austrägt. Unterdrückte Interessenkonflikte kommen früher oder später doch zum Vorschein. Die Lösung wird sich dann nicht einfacher gestalten. Wie eine Firma mit Konflikten umgeht, ist Teil der Unternehmenskultur (normative Führung) und stark durch die Persönlichkeiten in der Unternehmensleitung geprägt. Ethik, Moral und Integrität sind gefragt!

Achtung Die meisten Interessenkonflikte werden auf rein sachlicher Ebene ausgetragen und sind daher oft nicht als solche erkennbar. Auf der Sachebene lassen sie sich aber nie lösen.

Zum Umgang mit Konflikten und über Fragen der Führung existiert eine umfangreiche Literatur.

6.3.7 Das „feu sacré“ oder die Sehnsucht nach dem Ziel

Die Vorstellung davon, wie es sein wird, wenn das Ziel erreicht ist, verleiht Flügel und setzt Leidenschaften frei. Deshalb ist es wichtig, in den Beteiligten die Zielvorstellung bildhaft zu wecken und das „Warum“ klarzumachen. Das „Wie“ werden sie allein finden.

> **„Wenn Du ein Schiff bauen möchtest, so trommle nicht Männer zusammen, um Holz zu schlagen oder Aufgaben zu verteilen, sondern lehre sie die Sehnsucht nach dem weiten Meer.“**
>
> *Antoine de Saint-Exupéry*

Vorgegebene, nicht akzeptierte Ziele sind Demotivatoren. Vorgeschobene Ziele, die die wahre Absicht verschleiern, säen Misstrauen. Widerstand gegen Veränderungen reduziert sich, wenn wir die Betroffenen zu Beteiligten machen. Dazu müssen sie bereits beim Zielfindungsprozess beteiligt sein. Wir wollen hier nicht weiter auf die Thematik der Führungsstile eingehen. Es sei aber darauf hingewiesen, dass die Zielsetzung im Rahmen des Führungsprozesses von grosser Bedeutung ist (Management by Objectives).

> **„I believe that this nation should commit itself to achieving the goal, before this decade is out, of landing a man on the moon and returning him safely to earth.“**
>
> *J.F. Kennedy*
> *25. Nov. 1961*

6.3.7.1 Anspruchsvolle Forderungen schaffen Unmögliches

Der Produktionsleiter eines schweizerischen Betriebes im Grossmaschinenbau reduzierte im Verlaufe von drei Jahren durch viele Einzelaktionen technischer und organisatorischer Art die Kosten seiner Produkte um 45 %. Viel wurde verändert, nur die Bearbeitungszeiten (Zerspanungszeiten) in der Produktion waren seit zehn Jahren gleich lang geblieben. Das war für ihn die nächste Herausforderung. Er organisierte ein Meeting seiner Fertigungsspezialisten mit den Vertretern der wichtigsten Werkzeughersteller, schilderte die Situation und forderte: „Reduziert die Zerspanungszeiten um mindestens 50 %! Ich erwarte einen Quantensprung. Wie Sie das erreichen, ist mir egal. Ich will weder von Schnittgeschwindigkeiten hören noch von Schnittwinkeln, sondern nur von Einsparungen über 50 %." Ganz klar, dass er vorerst nur Kopfschütteln erntete.

Zwei Wochen später meldete der erste Werkzeughersteller einen „Durchbruch" von 11 %. Der Produktionsleiter zeigte sich enttäuscht. „Das ist eine Verbesserung, aber kein Quantensprung. Kommen sie wieder, wenn sie 50 % erreicht haben." Weitere vier Wochen später lud ein namhafter Werkzeughersteller die ganze Produktionsleitung zu sich nach Deutschland ein. Sehr geheimnisvoll präsentierte die Geschäftsleitung neue Überlegungen. Nach einer Stunde pochte der Produktionsleiter darauf, endlich Prozentzahlen über die erreichten Verbesserungen zu erfahren. Stolze 22 % wurden präsentiert. „Ihr vergeudet meine Zeit", beschwerte er sich. „Das ist kein Durchbruch. Ihr wisst genau, dass ich mehr als 50 % erwarte!" Der Abschied gestaltete sich anschliessend sehr förmlich. Dann blieb es einige Zeit ruhig. Einige Werkzeughersteller meldeten, dass sich solche Verbesserungen unmöglich erreichen liessen. Nach weiteren zwei Monaten aber fragte der Verkäufer des deutschen Werkzeugherstellers wieder an, ob er bereit sei, ihn nochmals zu empfangen. Sie hätten eine Zeitreduktion von 62 % erreicht. Der Produktionsleiter war sofort bereit, die Kosten für ein solches Werkzeug und für Versuche zu übernehmen. Nach einigen Anfangsschwierigkeiten war es geschafft. Die Zerspanungszeiten für die Werkstücke waren sogar um 67 % reduziert. Auch das Problem, die grosse Menge der anfallenden Späne aus der Maschine zu entfernen, konnte noch gelöst werden. Das neue Werkzeug war zudem in kürzerer Zeit und zu geringeren Kosten lieferbar als die früheren Spezialwerkzeuge. „Ich bin bereit, euch bei der Patentierung eurer Erfindung zu helfen", offerierte der Produktionsleiter. Der Hersteller verzichtete aber darauf: „Es gibt nichts Neues an diesem Werkzeug. Wir haben nur alles bisher Bekannte konsequent angewandt. Wir hatten schon vor zehn Jahren das Wissen, solche Werkzeuge herzustellen. Wir haben es nur nie versucht."

„Ich habe gepokert", kommentiert der Produktionsleiter rückblickend schmunzelnd. „Die 22 % Einsparungen waren ja schon sehr schön. Hätte ich mich aber damals zufrieden gegeben, wäre kein Durchbruch erzielt worden."

6.4 Der Konzeptentwurf

6.4.1 Der Konzeptentwurf im Problemlösungsschema

Erst wenn wir die Situation kennen (Situationsanalyse) und wissen, was wir wollen (Zielsetzung formuliert), macht es Sinn, nach Lösungen zu suchen (siehe Abb. 6.4.1).

Abb. 6.4.1 Der Konzeptentwurf im Problemlösungsschema.

Wer nur eine Lösung kennt, muss sich nicht entscheiden. Er sieht sich einem Sachzwang ausgesetzt. **Bei der Konzeptsuche versuchen wir durch das Finden von mehreren, möglichst unterschiedlichen Lösungsmöglichkeiten unsern Handlungsspielraum zu vergrössern.** In den nachfolgenden Schritten des Problemlösungsschemas werden diese Lösungen bewertet und einer Entscheidung zugeführt. Zu Lösungen und Ideen gelangen wir, indem wir existierende sammeln und neue kreieren.

6.4.2 Fixierungen und Blockierungen vermeiden

der Lorbeer-effekt

Wenn wir für ein aktuelles Problem rasch eine Lösung gefunden haben, setzen wir uns stolz einen Lorbeerkranz auf. Nun besteht aber die Gefahr, dass sich unsere ersten Gedanken so stark verfestigen, dass wir nicht mehr imstande sind weitere, bessere Ideen zu entwickeln. Damit beschränken wir uns auf diese eine Lösung. Unser Zwischenhirn wirkt dabei als Filter. Es lässt keine anderen Informationen mehr durch. Andere Ideen könnten unseren Siegestaumel und unser Überlegenheitsgefühl erschüttern. Um solche Unlustgefühle zu vermeiden, reagieren wir unbewusst mit Abwehrverhalten. Diesen Mechanismen können wir mit systematischem Vorgehen und „Kreativitätsmethoden" begegnen. Meist ist es auch nötig, beim „Konzeptentwurf" weitere lösungsorientierte Informationsrecherchen zu betreiben. Das kann wieder mit den Methoden der Situationsanalyse geschehen.

Vorsicht vor dem erstbesten Gedanken!

Tee trinken

Erst nachdenken, bevor man über Lösungen diskutiert, galt im englischen Generalstab in den dunkelsten Stunden des Zweiten Weltkrieges. Nach der Lageschilderung wurde jeweils Tee ausgeschenkt. Dabei galt Sprechverbot, bis alle Anwesenden bedient waren und das Servierpersonal den Raum wieder verlassen hatte. Die Teezeremonie gab den Teilnehmern Zeit zum kreativen Überlegen. Sie verhinderte, dass ein Teilnehmer sofort unreflektiert seine Ideen äussern konnte und damit die übrigen in deren eigenen Überlegungen behinderte.
Diese Erkenntnis kann auch ein Lehrer oder Sitzungsleiter nutzen. Nachdem er eine Frage oder Aufgabe gestellt hat, bittet er jeweils noch nicht zu antworten, sondern sich nur Notizen zu machen. Nach einiger Zeit fordert er die Teilnehmer auf, ihre Notizen vorzulesen. Erst anschliessend steigt er in die Diskussion ein.

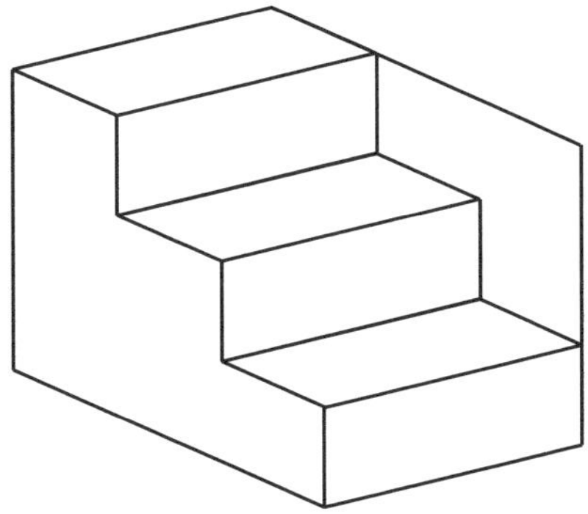

Abb. 6.4.2.1 *Welche Treppe erkennen Sie? Hängt die Treppe an der Decke, oder steht sie auf dem Boden? Gewöhnlich verfällt unser Gehirn spontan auf eine Möglichkeit und bleibt darin fixiert. Wir sind dann nicht mehr in der Lage, die zweite Möglichkeit zu erkennen. Wenn sich das Auge auf die zweite Möglichkeit umgestellt hat, bekunden wir oft Mühe, die erste wiederzuerkennen. (Mit der Abb. 6.4.2.2 auf der nächsten Seite erkennt man die zwei verschiedenen Möglichkeiten leichter.)*

Die spinnen ja!

Befremdlich und widerwärtig sind Ideen, die unserer Intuition zuwiderlaufen. Sie widersprechen unseren Erfahrungen und Gefühlen. Sie wirken in unserem Zwischenhirn als Gefahrensignal und lösen dadurch Stressreaktionen aus. Die besten und revolutionärsten Ideen widersprechen auf den ersten Blick meist unseren Erfahrungen und Vorstellungen. Um sie durch unsere Abwehrreaktionen nicht aus der weiteren Lösungssuche auszuschliessen, empfiehlt der Morphologe Hermann Holliger die kreative „Haltreaktion".

Halt!

Mit der **„kreativen Haltreaktion"** überwinden wir eigene Blockaden. Holliger empfiehlt dazu folgendes Vorgehen:

1. „Halt" aussprechen
2. Den Körper in eine angenehme Ruhestellung bringen (Entspannungsmethoden anwenden, z.B. autogenes Training)
3. Konstruktive Einstellung aufbauen. Erwägen von positiven und negativen Punkten; Konsequenzen zu Ende denken
4. Äussere und innere Sinne voll auf Empfang einstellen, Neugier wecken und die Idee spielerisch erkunden
5. Dem Hirn Zeit lassen, selbstregulierend einen gangbaren Ausweg aus der schwierigen Situation zu finden

Das ist unmöglich! Das müssen wir unbedingt genauer ansehen!

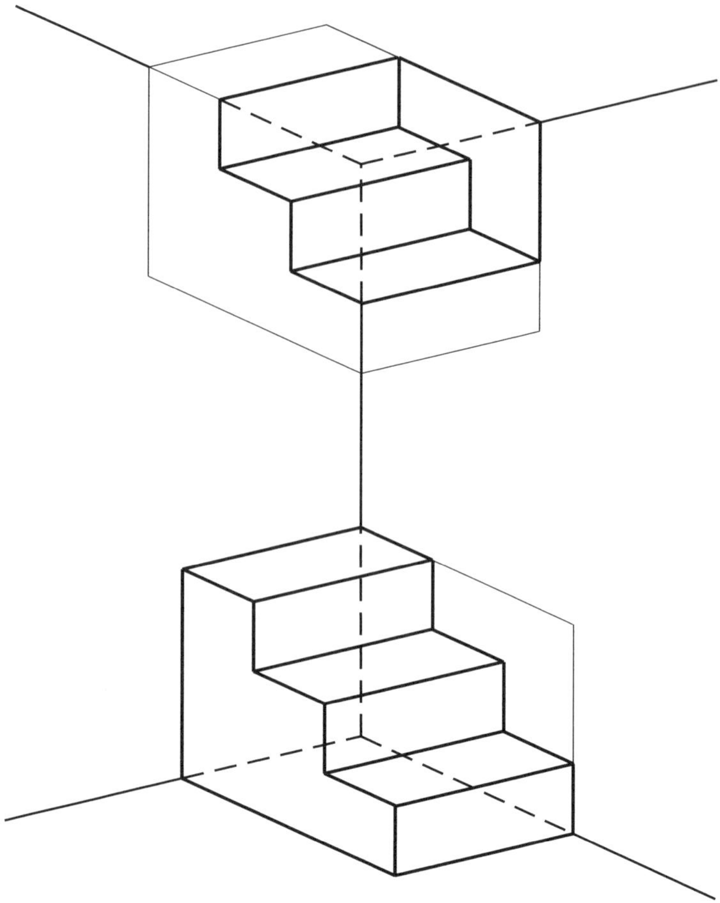

Abb. 6.4.2.2 *Hilfsdarstellung mit einer Raumecke, um die zwei Möglichkeiten aus Abb. 6.4.2.1 leichter zu erkennen. Die untere Treppe befindet sich in unserem Raum. Die obere Treppe reicht vom hinteren Raum rechts mit zwei Stufen in unseren Raum herein. Beide Figuren oben und unten entsprechen der Figur von Abb. 6.4.2.1.*

6.4.3 Der Konzeptentwurf – ein iterativer Prozess

Der Konzeptentwurf lässt sich, wie in Abb. 6.4.3.1 dargestellt, weiter in die Konzeptsynthese und die Konzeptanalyse unterteilen.

Bei der **Konzeptsynthese** generieren wir Ideen und Einfälle. Vieles beruht dabei auf **Intuition.** Wir wenden **qualitatives Denken** an: Funktionsprinzipien, Abläufe, Zusammenhänge.

Bei der **Konzeptanalyse** kontrollieren wir die Ideen auf deren Funktionstüchtigkeit. Hier wenden wir **quantitatives Denken** an. Rationalität und Mathematik kommen zum Zuge. Wir berechnen Mengen und Festigkeiten, Spannungen und Ströme, Kosten, Temperaturen etc. Reichen die Effekte aus, um die gewünschte Wirkung zu erzielen? Lohnt sich die Investition? Beim Kontrollieren stossen wir meist auf neue, verbesserte Ideen, womit wir bereits wieder ins Stadium der Konzeptsynthese gelangen. Wir befinden uns also in einem iterativen Prozess, in dessen Verlauf ein Lerneffekt eintritt und aus dem am Schluss eine funktionsfähige Lösung resultiert.

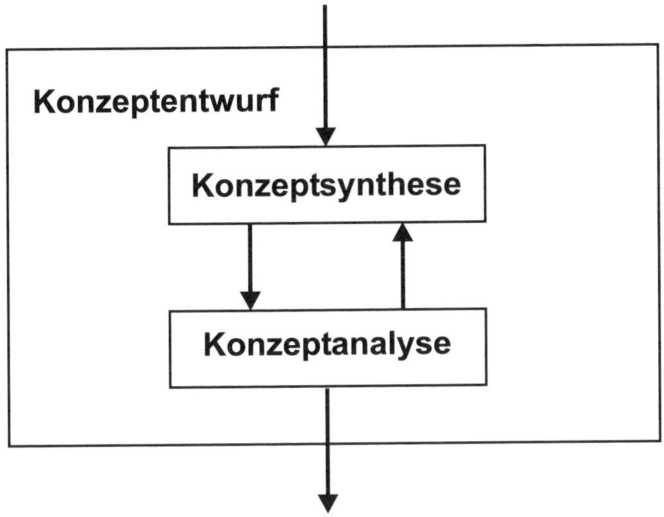

Abb. 6.4.3.1 *Der Konzeptentwurf: Ein iteratives Durchlaufen von Konzeptsynthese und Konzeptanalyse.*

Intuition Wenn wir auf eine Lösung stossen, ohne zu wissen, wie, sprechen wir von Intuition. Manchmal haben wir auch ein „intuitives Gefühl", welche Richtung wir einschlagen oder welche Methode wir anwenden müssen, um zu einer Lösung zu gelangen. In komplexen Situationen mit unvollständiger Information kommt Intuition ganz besonders zum Tragen. Logik benötigt Zeit. Intuition ist rasch. Unser Bewusstsein kann nicht gleichzeitig beliebig viele Fakten in Betracht ziehen. Intuition wurde von der Wissenschaft leider während Jahrhunderten ignoriert, obwohl grosse Entdeckungen nur dank der Intuition einzelner Forscher zustande kamen. Als wissenschaftliche Erkenntnis gilt nur, was sich auf Grund verifizierbarer Forschungsergebnisse logisch nachvollziehbar ableiten lässt. Das ist auch gut so. Gerade aber die grossen wissenschaftlichen Durchbrüche sind Beispiele dafür, wie ihre Entdecker mit viel Intuition Hypothesen formulierten, die sich später rational beweisen liessen.

> **„Was wirklich zählt, ist die Intuition!"**
> *Albert Einstein*

Wenn uns ein Problem stark beschäftigt, arbeitet unser Unbewusstes auch dann an dessen Lösung, während wir (unser bewusstes Denken) uns mit ganz anderen Dingen beschäftigen. Während dieser **Inkubationsphase** filtert das Zwischenhirn unsere Umgebung dauernd auf mögliche Lösungselemente. Wir lesen und kommunizieren oft unbewusst im Hinblick auf eine mögliche Problemlösung. Zwischendurch denken wir wieder an das Problem, wenn das Zwischenhirn meint, uns auf etwas Interessantes aufmerksam machen zu müssen.

Probleme lösen im Schlaf

Im tief entspannten Zustand und im Schlaf kann das Gehirn die gesammelten Gedanken klarer ordnen und zu einem Ganzen kombinieren. Manchmal stösst es dabei auf eine Lösung.

die Erleuchtung

Hat das Unbewusste eine Lösung gefunden, teilt es sie unmittelbar dem Bewusstsein mit. Dieser „zündende Funke" kommt manchmal ganz unverhofft. Unterwegs, während einer anderen Tätigkeit, oder im Traum haben wir plötzlich eine Idee und das sichere Gefühl, die Lösung gefunden zu haben. Wir sagen „Aha!" und sollten uns dann die Zeit nehmen, um die Idee in Ruhe logisch rational nachzuprüfen.
Der französische Mathematiker H. Pioncaré berichtet, dass er einmal während einer Nacht, als er schlecht schlafen konnte, die Existenz einer neuen Funktionenklasse fand. Am nächsten Morgen brauchte er das Gefundene nur noch niederzuschreiben.

Intuition ist Teil des rationalen Denkens

Wir entscheiden gefühlsmässig, in welcher Richtung wir suchen und welche Methoden wir einsetzen. Das bedeutet, dass unsere Intuition selbst unser rationales Denken steuert. Von den grossen Entdeckungen, auf die Wissenschaftler über Umwege und mit Intuition stiessen, präsentieren später die Lehrbücher nur die elegantesten Beweise und Herleitungen. Das mag didaktisch zwar gut sein, den Studierenden wird damit aber eine rein rationale Wissenschaft präsentiert, entfernt von jeder Realität. Intuition und Rationalität ergänzen einander. Auch rationale Methoden können die Intuition unterstützen. Wir können mit Kreativitätsförderungsmethoden das intuitive Denken antreiben, indem wir mit der Methode „Negation und Neukonzeption" (siehe Kapitel 6.4.11.1) ganz mechanisch neue Fragestellungen und Standpunkte generieren. Damit fordern wir das intuitive Denken heraus und richten es auf ein Ziel aus.

Erkenntnis

Erkenntnis ist die Übereinstimmung von Gefühl und Erfahrung oder von Gefühl und verifizierter Theorie. Wenn wir einmal zu einer Erkenntnis gelangt sind, sind wir unserer Sache ganz sicher. Dann besteht bereits wieder die Gefahr, dass wir alles bekämpfen, was dieser Erkenntnis widerspricht. Denn das würde unser Weltbild gefährden. Siehe dazu auch Kapitel 6.4.2. „Fixierungen und Blockierungen vermeiden“.

6.4.4 Search is cheaper than Research!

Die Suche nach bereits existierenden Lösungen führt oft billiger und schneller zum Erfolg als Eigenentwicklungen. Trotzdem leben Entwicklungsabteilungen dem häufig nicht nach. Das NIH-Syndrom (NIH = **N**ot **I**nvented **H**ere) und der Stolz und Spass der Entwickler, etwas Eigenes zu basteln, stehen dem oft entgegen. Wirklich erfolgreiche Problemlöser und Entwickler haben aber keinen Ehrgeiz, das Rad neu zu erfinden oder alte Erkenntnisse, die man den Büchern entnehmen kann, wieder von Grund auf neu zu erarbeiten. Zum Sammeln von Lösungen eignen sich Methoden der Situationsanalyse. Evtl. geht man jetzt sogar nochmals bewusst zurück zur Situationsanalyse und stellt zusätzliche gezielte Untersuchungen an.
Eine wichtige Quelle für Lösungsideen, aber auch um technologische Trends zu erkennen, sind die Patentschriften. Systematische Auswertungen zeigen, auf welchen Gebieten intensiv geforscht und entwickelt wird und in welchen Ländern und Firmen das geschieht. Daneben können Recherchen in technischen Datenbanken zusätzliche, fruchtbare Resultate bringen.

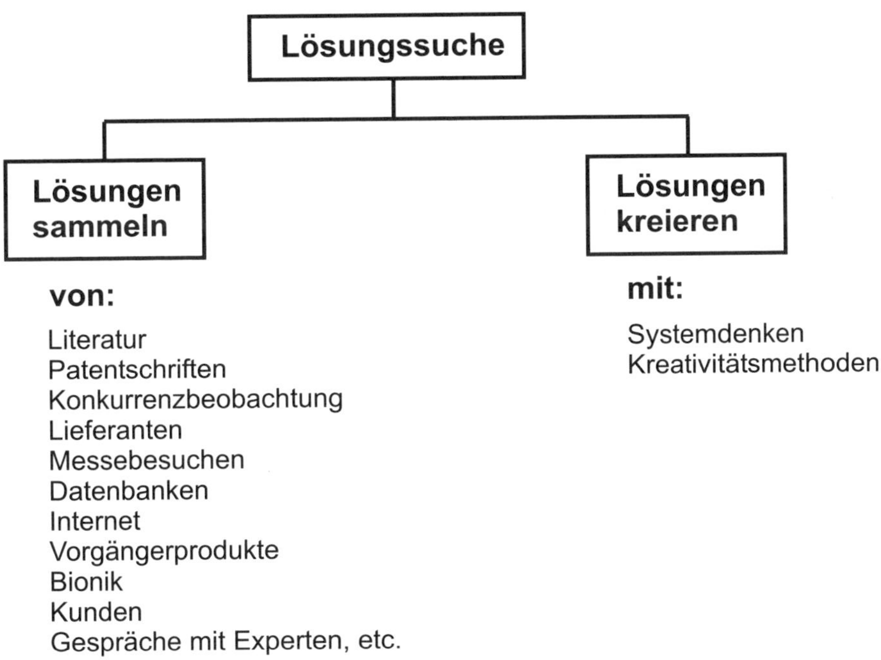

Abb. 6.4.4 Möglichkeiten zur Lösungssuche.

90 % der Anregungen zu neuen Lösungen sind ausserhalb der eigenen Industrie zu finden.

In branchenfremden Bereichen müssen Probleme oft unter ganz anderen Bedingungen gelöst werden als in der eigenen Firma. So entstehen grundsätzlich neue Lösungsansätze, deren Ideen auch andernorts wieder anwendbar sind. Die Aufzugsindustrie lernt von der Autoindustrie, die Autoindustrie von der Chipfabrikation, die Chipfabrikation von usw.

Im Folgenden werden wir uns nur noch mit dem Kreieren von Lösungen befassen. Wie schon unter Kapitel 4.2.3 dargestellt, geschieht der Konzeptentwurf auf der Modellebene. Wir gehen vom abstrakten Situationsmodell aus, das wir während der Situationsanalyse geschaffen haben. Aus dem Grundsatz, dass das Verstehen immer vor dem Kreieren kommt, schliessen wir wieder einmal mehr auf die Wichtigkeit einer vorangegangenen, guten Situationsanalyse, in der wir uns das notwendige Sach- und Situationswissen angeeignet haben.

6.4.5 Die Suche nach Eingriffs- und Neugestaltungsmöglichkeiten

6.4.5.1 Eingriffsmöglichkeiten in existierende Prozesse

Wenn es nur darum geht, existierende Prozesse zu beeinflussen, stellt das in Kapitel 4.11 beschriebene Sensitivitätsmodell (Papiercomputer) ein geeignetes Hilfsmittel dar, um Eingriffsmöglichkeiten zu untersuchen. Über die aktiven Grössen (hohes Q) und mit mehr Vorsicht über die kritischen Grössen (hohes P) ist es möglich, die Prozesse zu beeinflussen. Im Beispiel des Zeitschriftenverlags (Abb. 4.11.1) würde man sich in erster Linie auf Massnahmen konzentrieren, die das redaktionelle Angebot und das Anzeigenaufkommen verbessern. Solche Einflussnahmen verändern das System nicht. Sie eignen sich zum Ausgleich von Schwankungen im Tagesgeschäft und für das kurzfristige „Krisenmanagement".

6.4.5.2 Neugestaltungsmöglichkeiten von Prozessen und Systemen

Wie schon in Kapitel 6.1 beschrieben, sollten strategische Neuausrichtungen von Vorstellungen über die Zukunft ausgehen. Solche Ideen bleiben nicht in den existierenden Systemen und Wirkungsketten gefangen, sondern verändern die Systeme, die Wirkungsketten und die Spielregeln (z.B. Gesetze, Anreizsysteme, Preise, Entscheidungskompetenzen ...).
Die Zukunft gestalten heisst Organisationsstrukturen anpassen, neue Systeme (z.B. Produkte) entwickeln, Mitarbeiter weiterbilden, Produktionsanlagen anpassen etc. Dazu benötigen wir motivierte Führungskräfte und Mitarbeiter.

Erfolgreiche Führer erzeugen nicht einfach Druck, sondern sie gestalten die Prozesse so, dass die Entwicklung wie von selbst in die richtige Richtung läuft und auch nicht von überholten Anreizsystemen blockiert wird. Denn statt in die Antriebskräfte für einen Prozess zu investieren, genügt es oft, nur die vorhandenen Hindernisse wegzuräumen. Das „System" und die motivierten Mitarbeiter werden dann von selbst aktiv.

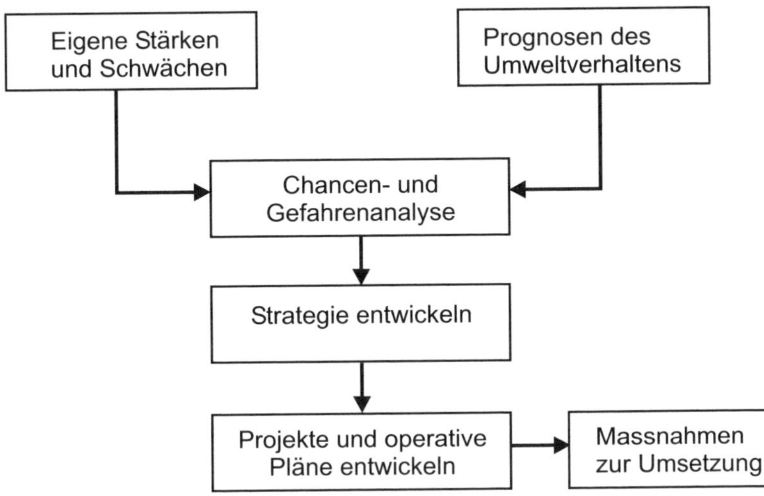

Abb. 6.4.5.2 *Eine Strategie muss auf den eigenen Stärken aufbauen und auf zukünftige Entwicklungen ausgerichtet sein.*

6.4.6 Auf welcher Ebene suche ich die Lösung?

Nach einer detaillierten Situationsanalyse besteht die Gefahr, dass ich in den Grenzen des analysierten Systems weiterdenke, Ursachen allein in diesem System suche und so nur auf Verbesserungsmöglichkeiten im bisherigen System stosse. Möglicherweise kann ich das Problem besser lösen, indem ich das Übersystem verändere und damit das vorhandene Problem grundsätzlich aus der Welt schaffe. Die Ursachen können auch im Übersystem liegen!

Beispiele

Wenn ich in einem Produktionssystem wegen Unzulänglichkeiten einer Oberflächenbeschichtungsanlage Probleme habe, kann ich versuchen, diese Probleme durch irgendwelche Hilfsmittel und Anpassungen zu lösen. Ich kann auch eine andere, verbesserte Anlage einsetzen, die die vorhandenen Probleme löst. Ein weiterer Ansatz besteht darin, dass ich eine Lösung suche, die keine Oberflächenbeschichtung mehr benötigt. Dabei löse ich das Problem nicht mehr in den Grenzen des vorhandenen Produktionssystems, sondern im Über-

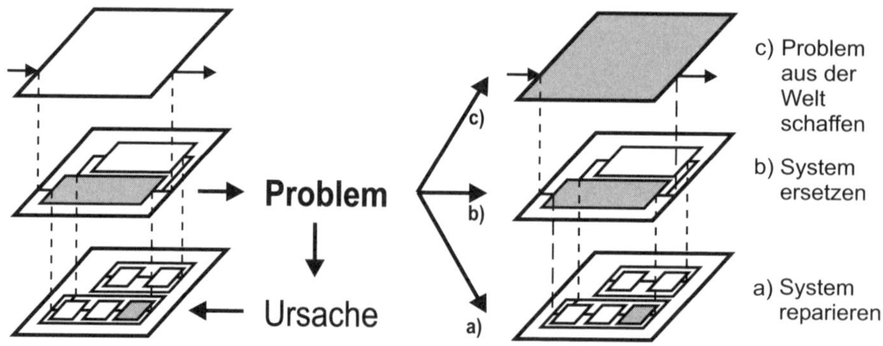

Abb. 6.4.6 *Lösungssuche auf verschiedenen Ebenen.*

system. Ich verändere das Gesamtsystem, möglicherweise das herzustellende Produkt.
Man kann den Hunger aus der Welt schaffen, indem man die Nahrungsmittelproduktion weiter steigert und die vorhandenen Ressourcen noch stärker nutzt. Man kann aber auch über die Geburtenkontrolle ein weiteres Ansteigen der Bevölkerungszahl verhindern und die vorhandenen Mittel besser verteilen. Der eine Ansatz schliesst in diesem Fall den anderen nicht aus.
Alexander der Grosse löste den Gordischen Knoten nicht. Er zerstörte die Problemsituation.

weiteres Beispiel

Das Problem: Ein auf EDV basierendes Produktionsplanungs- und Steuerungssystem (PPS) entspricht nicht mehr den Anforderungen.

Lösungsansätze auf verschiedenen Ebenen:

a) **„System reparieren":** Ich ermittle die Ursachen und komme zum Schluss, dass ich durch einen Ausbau der EDV-Anlage (Hardware) und Programmanpassungen das Problem beheben kann (= Lösung auf tieferer Systemebene).

b) **„System ersetzen":** Ich löse das unbefriedigende System durch ein neues ab, das die Bedürfnisse besser befriedigt (= Lösung auf der gleichen Systemebene).

c) **„Problem aus der Welt schaffen":** Ich führe ein KANBAN-System ein, das keine EDV-Unterstützung benötigt (= Lösung auf der übergeordneten Systemebene).

Aus allen obigen Beispielen ist ersichtlich, dass man das gleiche Problem auf verschiedenen technischen Ebenen anpacken kann. Es ist aber auch möglich, Probleme auf der psychologischen Ebene anzupacken.

Der „Umweg“ über die Bedürfnis- und Werte-Ebene

Wie wir schon früher festgestellt haben, werden Probleme von Menschen gemacht und bzw. wahrgenommen. Es gibt daher keine personenunabhängigen Probleme. Diskrepanzen und Zielvorstellungen beurteilen wir zum Teil unbewusst aufgrund unserer Wertvorstellungen und Emotionen. Das hat zur Folge, dass wir Lösungsvarianten ausschliessen, weil wir unserer Ansicht nach einfach nicht damit leben können. Möglicherweise befürchten wir, Macht oder Sozialprestige zu verlieren, oder wir können uns schlicht nicht vorstellen, dass es anders sein und funktionieren könnte als „es sein muss“. Ein Problem auf der Bedürfnisebene anpacken heisst an den Vorstellungen und Emotionen arbeiten, zugrunde liegende Bedürfnisse bewusst machen und diese akzeptieren. So entstehen neue Sichtweisen, Ziele und Prioritäten. Damit werden auch neue Lösungen möglich – überraschende Lösungen – auf die wir mit unseren gewohnten Denkstrategien nie gekommen wären. Die folgende Geschichte beweist das sehr eindrücklich.

Die zu laut tickenden Uhr:

Als die Swatch fertig entwickelt war, hatte sie einen gravierenden Mangel: Sie tickte viel zu laut. So laut, dass man sie sogar aus einigen Metern Entfernung deutlich hören konnte. Es war so störend, dass sie sicher niemand kaufen würde – dachten die Ingenieure und waren verzweifelt. Denn sie hatten das Uhrwerk extrem kostengünstig und montagefreundlich direkt ins Gehäuse eingebaut. Wenn sie jetzt Schalldämpfungsmassnahmen einbauen mussten, war ihr ganzes Konstruktionskonzept mit all seinen Vorteilen in Frage gestellt. Die Marketingleute fand aber einen Ausweg aus dieser hoffnungslosen Situation. Die Swatch-Träger, fanden sie, wollen auffallen, „trendy“ sein. Also war das laute Ticken dieser Uhr gerade das, was ihnen dabei helfen konnte. Mit dem Werbespruch „Man hört eben, wenn jemand eine Swatch trägt!“ trat die Uhr dann ihren Siegeszug an. Der ursprüngliche Nachteil wurde sogar zum Markenzeichen!

Alles in Betracht ziehen!

Technische Probleme werden wir nur mit Technik und Systematik lösen können. Oft sind aber technische Probleme nur vordergründig technisch und lassen sich mit weniger Aufwand viel eleganter auf einer anderen Ebene lösen.

„Politische Lösungen“

Wie wir bereits in Kapitel 5.4 gesehen haben, können wir Probleme auch lösen, das heisst unsere problembedingten Emotionen abbauen, indem wir unsere Wahrnehmung oder unsere Wertvorstellungen verändern. Diese Aspekte werden im Band 3, „Systematisch Lösung werden“, ausführlich behandelt. Derartige Ansatzpunkte werden vor allem von Verkäufern, Psychologen, Politikern und Ideologen angewandt. Ingenieure, die diese Zusammenhänge nicht kennen, können sich oft trotz ihren technisch überlegenen Lösungen nicht durchsetzen.

6.4.7 Entwurfsmethoden zur Systemgestaltung

Bei der Synthese von Systemkonzepten unterscheidet man zwischen zwei grundsätzlich verschiedenen Vorgehensstrategien, aus denen sich weitere Mischstrategien ableiten lassen. Jede Methode hat ihre Berechtigung, ihre Vor- und Nachteile.
Wenn wir ein System grundlegend neu konzipieren, werden wir vom Grobkonzept zum Detail vorstossen, also den Top-Down-Ansatz wählen. Wenn ein Verkäufer mit den Komponenten seines existierenden Sortimentes ein Kundenproblem lösen will, wird er mit der Methode „vom Detail zum Ganzen" vorgehen. Er wird mit den Standardbausteinen seines Sortimentes eine Lösung zusammenbauen. So kann er vielleicht nicht die aus technischer Sicht ideale, dafür die kostengünstigste Lösung anbieten.

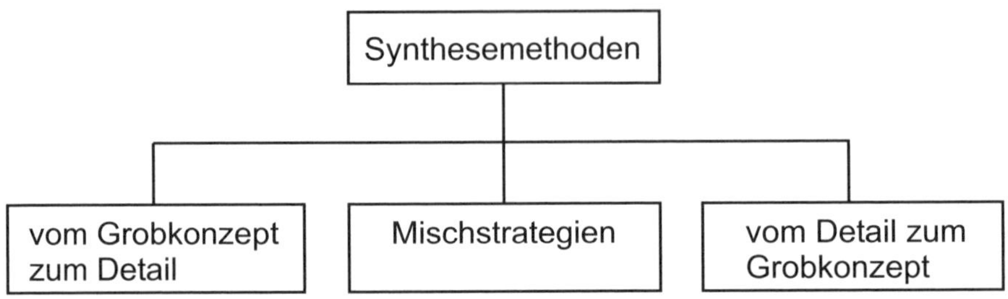

Abb. 6.4.7 Die grobe Unterteilung der Synthesemethoden.

6.4.7.1 Vom Grobkonzept zum Detail

Diese Methode, auch „Methode des konstruktiven Systemdenkens" genannt, basiert auf den folgenden Prinzipien:

- hierarchisierendes Vorgehen (vom Groben zum Detail);
- Lösungsstrukturierung nach funktionellen Gesichtspunkten;
- Lösungsvariantenbildung auf jeder Konzepthierarchiestufe.

Analog der Systemanalyse, bei der wir ein existierendes System mit Blackbox-Betrachtungen in hierarchischen Vorgehensschritten analysieren, konzipieren wir nun ein neu zu schaffendes System in ebensolchen Vorgehensschritten. Dies lässt sich anhand Abb. 6.4.7.1.1 darstellen. Von der Blackbox des zukünftigen Gesamtsystems ausgehend, strukturieren wir dieses auf der nächst tieferen Ebene nach funktionellen Gesichtspunkten. Dabei suchen wir bewusst nach verschiedenen Lösungsvarianten, Verfahrens- und Funktions-, evtl. Konstruktionsprinzipien. Die Erfolg versprechendsten Varianten, die wir weiterverfolgen, stellen unser Grobkonzept dar. Der nächste Schritt spielt sich auf der nächsttieferen Systemebene ab. Von den Black-boxes des Grobkonzeptes ausgehend, strukturieren wir diese Teilsysteme wieder nach funktionellen Gesichtspunkten, wobei wir wiederum verschiedene Lösungen suchen. Die Summe der Erfolg versprechendsten Lösungsvarianten aller Teilsysteme stellt unser Detailkonzept dar. In den weiteren Schritten werden wir dieses Vorgehen auf den jeweils nächsttieferen Systemebenen fortsetzen, bis wir unsere Lösung fertig entwickelt haben. Dieses Vorgehen erlaubt uns auch, komplexeste Systeme in überschaubaren Stufen begrenzter Komplexität schrittweise zu konzipieren.

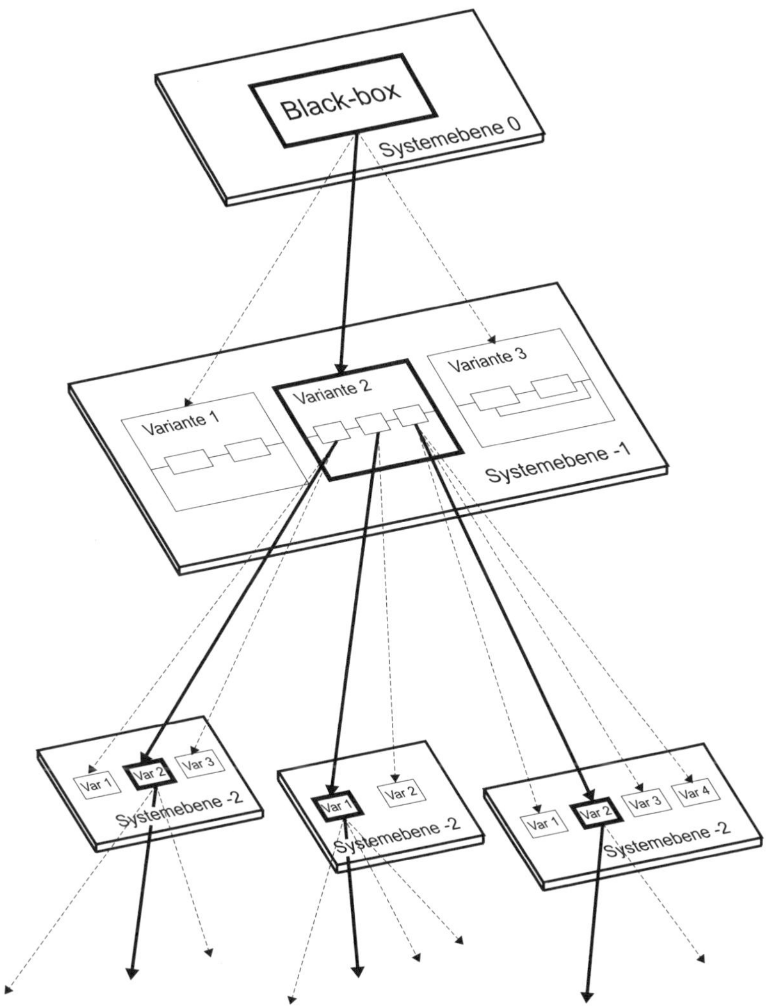

Abb. 6.4.7.1.1 Hierarchisches Vorgehen beim Erarbeiten von Systemkonzepten.

Man kann den grössten Elefanten aufessen, vorausgesetzt, man schneidet ihn vorher in genügend kleine Stücke.

Durch die Variantenbildung auf jeder Hierarchiestufe wächst die theoretische Anzahl der Lösungsmöglichkeiten schnell ins Unermessliche. Dies wird schon aus Abb. 6.4.7.1.1 leicht erkennbar. Die vollständige Ausarbeitung aller Lösungsmöglichkeiten wäre aber weder ökonomisch, noch würde das die Entscheidungsfindung erleichtern. Es ist daher notwendig, dass wir auf jeder Hierarchiestufe bei jedem Teilsystem möglichst nur eine, evtl. zwei Varianten weiterverfolgen. Es ist klar, dass jedem solchen Entscheid nur eine vorläufige Bedeutung zukommt. Der Entscheid geht davon aus, dass sich die daraus resultierenden Teilsysteme auf den tieferen Systemebenen vernünftig realisieren lassen. Falls sich das als falsch erweist, müssen evtl. sogar Entscheide auf noch höherer Ebene revidiert werden. Das geschilderte Vorgehen erweist sich auch für das Projektmanagement umfangreicher Entwicklungsvorhaben als sehr geeignet. Auf Grund des Grobkonzeptes können verschiedene Beteiligte parallel an den Detailkonzepten arbeiten.

Von der Funktionshierarchie zur Systemhierarchie

Das idealisierte Vorgehen von Analyse und Synthese beim Top-Down-Verfahren ist in Abb. 6.4.7.1.2 dargestellt. Dabei gehen wir von der Gesamtfunktion aus, die unser gesuchtes System erfüllen soll. Wir zerlegen diese Gesamtfunktion sukzessive in Teilfunktionen und erhalten so eine Funktionshierarchie. Auf der tiefsten Ebene der Funktionshierarchie angelangt, folgt die Umsetzung der Detailfunktionen in Detailsysteme. Die Detailsysteme lassen sich dann zu Teilsystemen und diese wiederum zum Gesamtsystem zusammenfügen. Wir gelangen zu einer Systemhierarchie.

zweistufige Variantenbildung

Konzeptvarianten bilden wir beim Erarbeiten der Funktionshierarchie. Wir finden verschiedene Verfahren und Funktionsprinzipien: Wollen wir z.B. regeln oder genügt eine einfache Steuerung? Wählen wir einen elektrischen oder hydraulischen Antrieb? Je nach Wahl des Verfahrens werden wir bei der weiteren Aufteilung auf verschiedene Detailfunktionen stossen.

Konstruktionsvarianten ergaben sich bei der Umsetzung der Detailfunktionen in Detailsysteme. Wollen wir eine Funktion mit diskreten Bausteinen realisieren, mit Gatearrays, mit Standardzellen oder mit einer Vollkundenschaltung? Verwenden wir ein Metall- oder ein Kunststoffgehäuse? Die ganze Vielfalt der möglichen Lösungen für das Gesamtsystem lässt sich z.B. in einer morphologischen Matrix darstellen. Auf diese Darstellungsart werden wir noch separat eingehen.

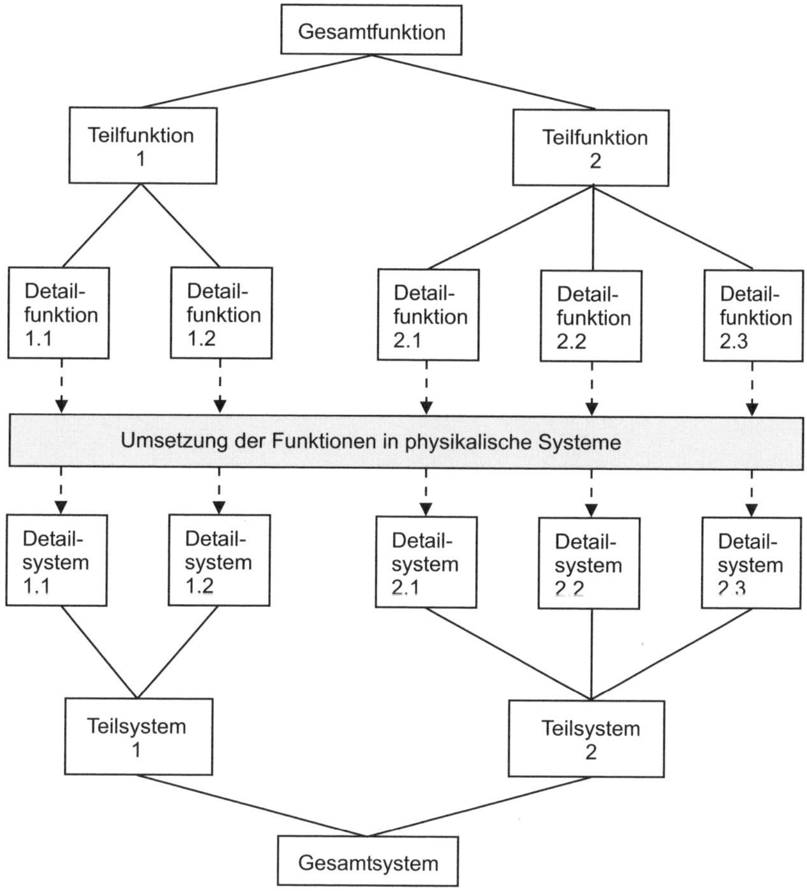

Abb. 6.4.7.1.2 *Der funktionelle Ansatz zur Systemrealisierung: Im Entwicklungsprozess entsteht aus einer Funktionshierarchie eine Systemhierarchie.*

Diese noch formellere Vorgehensweise, die klar zwischen Funktionen und Systemen unterscheidet, eignet sich für komplexeste Entwicklungsprojekte und führt zu Lösungen, die sich durch Modularität und saubere Schnittstellen auszeichnen. Diese Methode entspricht auch mehr dem Denken im Marketing, das dem Kunden nicht Produkte verkauft, sondern Problemlösungen: Funktionen, die dem Kunden ein Problem lösen.

Lösungs-optimierung

Nach Abb. 6.4.7.1.2 entsteht aus der Funktionshierarchie durch eine 1:1-Abbildung eine Systemhierarchie. Ein möglicher Ansatz zum Kostensparen besteht nun im Versuch, komplexe Teilsysteme zu entwickeln, die mehrere Detailfunktionen realisieren und gleichzeitig billiger sind als die Summe der dadurch ersetzten Detailsysteme, siehe dazu Abb. 6.4.7.1.3. Als Nachteil handelt man sich dabei weniger modular aufgebaute Lösungen ein. Daher Vorsicht! Optimieren Sie Ihre Lösung nicht zu früh, womöglich verbauen Sie sich bessere Lösungswege. Von grosser Wichtigkeit ist die Lösungsoptimierung im Apparatebau bei grossen Stückzahlen.

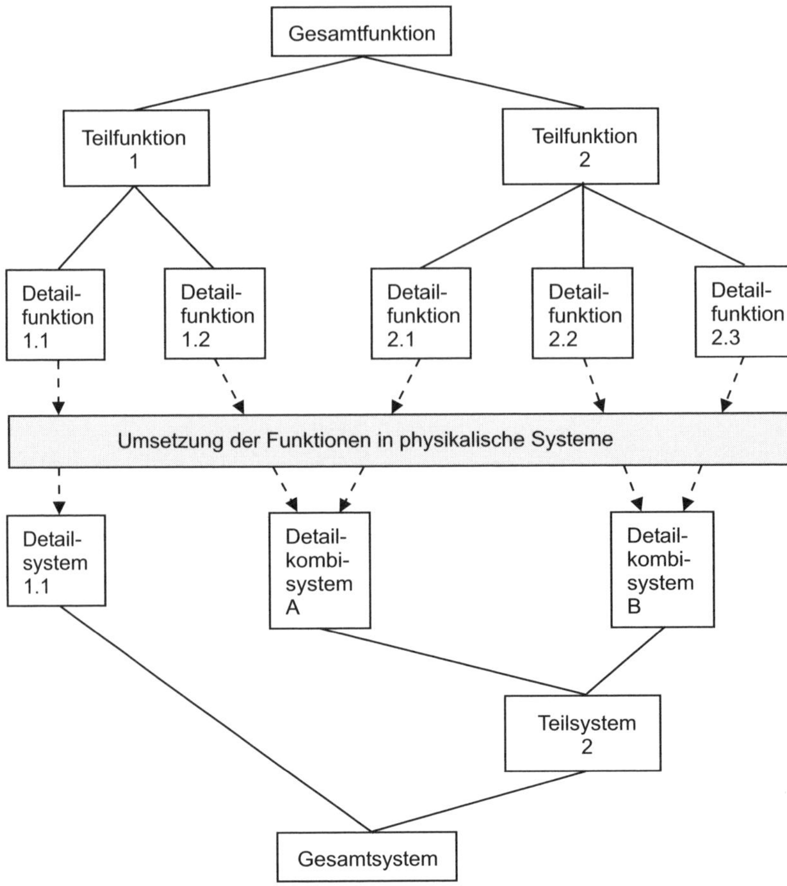

Abb. 6.4.7.1.3 *„Optimierung" bei der Umsetzung der Funktionen in physikalische Systeme: Man entwickelt Kombinationssysteme, die mehrere Detailfunktionen realisieren und gleichzeitig billiger sind als die Summe der dadurch ersetzten Detailsysteme. Die Modularität der Lösung leidet aber dabei.*

Beispiel 1 Indem man die Funktionen „Radiosendungen empfangen", „Kassetten aufnehmen und abspielen" und „Umsetzen der elektrischen in akustische Signale" in einem System kombiniert, braucht man für das so entstehende Gerät nur eine Speisung und ein Gehäuse statt je drei beim modularen Aufbau.

Beispiel 2 Scanner, Laserdrucker, Modem, Telefon und Computer lassen sich zu einem einzigen Gerät vereinigen, das die folgenden Einzelgeräte ersetzt: Kopierautomat, Faxgerät, Drucker, Telefonanrufbeantworter, Komforttelefon, Scanner und PC-Modem.

Nicht optimieren sollte man beim Entwickeln von komplexen Systemen und bei Software! Die entstehenden Nachteile der schlechteren Modularität, der grösseren Komplexität und Unübersichtlichkeit überwiegen die gewonnenen Vorteile meist bald. Zum Optimieren von Software schreibt denn auch M. A. Jackson:

> *„Erste Regel: Tu's nicht!*
> *Zweite Regel (nur für Experten): Tu's noch nicht – das heisst, nicht, solange noch eine vollkommen klare und nichtoptimierte Lösung noch nicht erreicht ist."*

Das Top-Down-Verfahren am Beispiel einer Verkehrsregelungsanlage

Die Funktionen, die eine Verkehrsregelungsanlage[2] ausübt, sind allgemein bekannt. Als erstes zerlegen wir die Gesamtfunktion der Anlage in ihre wichtigsten Teilfunktionen und stellen sie hierarchisch dar. Das Resultat ist im oberen Teil von Abb. 6.4.7.1.4 dargestellt. Im zweiten Schritt realisieren wir die Teilfunktionen durch Teilsysteme und setzen diese anschliessend zu einem Gesamtsystem zusammen (Abb. 6.4.7.1.4 unten). Im nächsten Schritt betrachten wir die Anlagensteuerung noch etwas detaillierter. Im oberen Teil von Abb. 6.4.7.1.5 ist die Funktion „Anlage steuern" in eine noch feinere Funktionshierarchie aufgelöst. Bei der Umsetzung in Teilsysteme bemerken wir, welche „optimierende Wirkung" der Mikroprozessor hat. Selbst die übrigen Teilsysteme, die sich noch als solche unterscheiden lassen, sind ohne Software- und Mikroprozessorfunktionen nicht mehr als eigenständige Teilsysteme realisierbar.

Das hier geschilderte Vorgehen und die angewandte Systematik ergeben folgende Vorteile:

1. Es entsteht ein funktionell klar gegliedertes Baugruppensystem, bei dem sich je nach Kundenbedarf die geeigneten Baugruppen kombinieren lassen.
2. Dank der funktionell sauber konzipierten Schnittstellen lassen sich die einzelnen Geräte unabhängig voneinander weiter entwickeln. Neue Technologien können so längere Zeit ohne Konzeptänderung am Gesamtsystem ins Sortiment einfliessen.
3. Dank der sauberen Struktur und der klar definierten Schnittstellen lassen sich die meisten Geräte parallel entwickeln (kurze Gesamtentwicklungsdauer).

[2] Dieses Beispiel entstand in Zusammenarbeit mit Herrn P. Hunkeler von der Firma Sauber & Gisin AG.

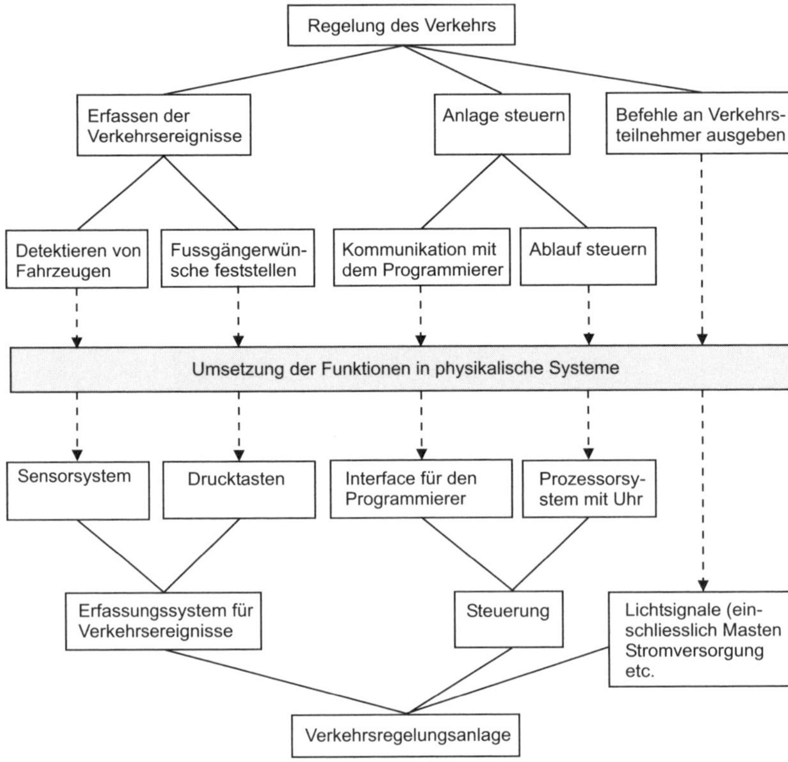

Abb. 6.4.7.1.4 *Beispiel für das Konzipieren einer Verkehrsregelungsanlage. Die Gesamtfunktion wird hierarchisch zerlegt und in eine Systemhierarchie übergeführt.*

Erkenntnisse und Bemerkungen zu diesem Beispiel:

1. Eine zweckmässige Gliederung der Funktionshierarchie muss die möglichen Systemstrukturen und Wirkungsketten berücksichtigen. Eine Funktionshierarchie darf nicht im luftleeren Raum entstehen. Kenntnisse über Wirkungsketten und Eigenschaften möglicher Systeme sind nötig.

2. Die Methode eignet sich für das Erarbeiten von Grob- und Detailkonzepten. Die Anzahl der berücksichtigten Hierarchiestufen wähle man dem Problem angepasst.

3. Mikroprozessoren haben nach Abb. 6.4.7.1.5 hardwaremässig eine stark „optimierende“ Wirkung. Das heisst, viele verschiedene Funktionen lassen sich mit dem gleichen Teilsystem realisieren. Man versuche auch in der Software, die gefundenen Funktionsstrukturen aufrechtzuerhalten (siehe Jackson). Nur so erhält man übersichtliche, gut wartbare Software.

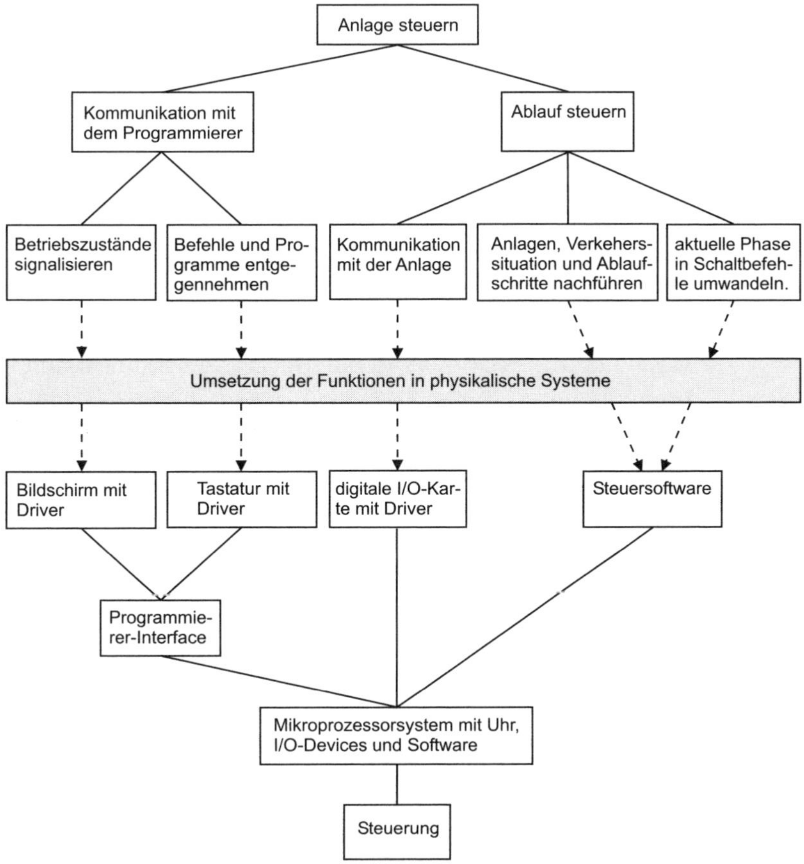

Abb. 6.4.7.1.5 *Detaillierte Konzepterarbeitung für den Steuerungsteil der Verkehrsregelungsanlage.*

die Vorteile modularer Systeme:

Neben den bereits erwähnten Vorteilen (einfache Kombinierbarkeit der Module für verschiedene Kundenbedürfnisse, unabhängige Weiterentwickelbarkeit der einzelnen Module und die Möglichkeiten des parallelen Entwickelns) sind vor allem die folgenden Vorteile besonders herauszustreichen:

Logistische Vorteile: Ein „Baukasten" mit endlich vielen Modulen reduziert die Variantenvielfalt. Wenn weiter entwickelte Module „aufwärtskompatibel" sind, brauche ich die alten Module für das Ersatzteilgeschäft weder weiter zu produzieren noch an Lager zu halten. Das hält die Lagerbestände und damit die Kapitalbindung gering.

Umweltschutzvorteile: Modulare Systeme sind einfach zu warten und zu reparieren. Sie leben daher länger. Defekte Teile sind einfach austauschbar. Noch intakte Teile sind nach dem Abbruch in anderen Systemen weiterverwendbar (Occasionsteilehandel). Über alles gesehen entsteht somit weniger Abfall und Umweltbelastung.

6.4.7.2 Vom Detail zum Ganzen

„Methode der Verkäufer"

Diese Strategie eignet sich nicht zum Gestalten grundsätzlich neuer Konzepte, führt aber oft mit geringem Aufwand zu brauchbaren Lösungen. Bei dieser Methode verzichtet man im Voraus auf ein technisch optimales Lösungskonzept. Man baut existierende Lösungen (Teilsysteme) durch Anpassungen an ihren Schnittstellen zu einer brauchbaren Lösung zusammen. Man geht also von Details (existierenden Teillösungen) aus und gelangt zum Ganzen (Grobkonzept für brauchbare Lösungen). Ein geeignetes, modulares Sortiment erlaubt es den Verkäufern, die meisten Kundenbedürfnisse ohne Zusätze abzudecken. Spezialitäten werden nur gegen Aufpreis angeboten. In Abb. 6.4.7.2 fehlt im Sortiment ein vertikaler Kamin.
Diese Art von Lösungssuche basiert stark auf Situationskenntnis und Intuition. Sie eignet sich vor allem für folgende Fälle:

- Mit geringem Entwicklungsaufwand soll möglichst rasch ein System realisiert werden, das nicht technisch optimal sein muss.

- Einzelanfertigungen, speziell im Anlagenbau.

- Lösungssuche auf unterster Hierarchiestufe bei technischen Systemen. Normalerweise handelt es sich dabei um Routineprobleme. Ich muss am Ende meine Teilsysteme aus existierenden Bauelementen realisieren und möchte z.B. bei einer elektronischen Schaltung nicht jedesmal wieder alle Widerstände, Kondensatoren und Halbleiter neu entwickeln.

- Bei Routineproblemen.

- Im Anlagenbau, weniger aber bei Grossserien im Apparatebau.

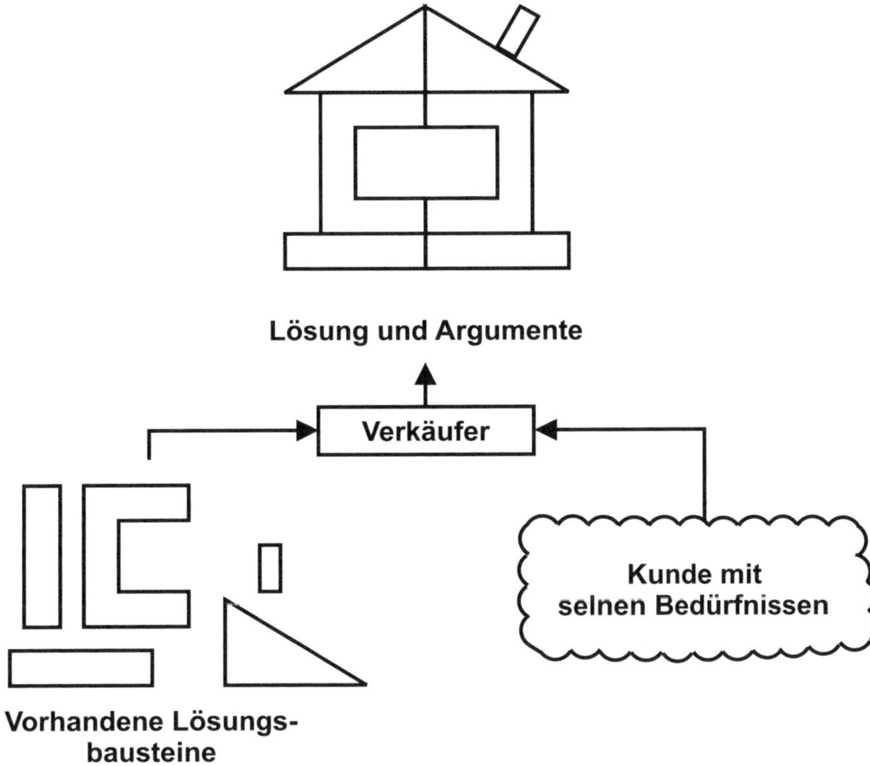

Abb. 6.4.7.2 *Der Verkäufer setzt aus den Bauelementen seines Sortimentes eine Lösung zusammen, die den Kundenbedürfnissen möglichst nahe kommt. Dabei vermeidet er Sonderanfertigungen – es sei denn gegen Aufpreis.*

6.4.7.3 Mischstrategien

Solche Strategien stellen eine Mischung zwischen den beiden zuvor beschriebenen dar. Dabei sind alle Schattierungen denkbar. In der Praxis wenden wir aus Effizienzgründen meist Mischstrategien an. Dabei empfiehlt es sich aber, immer zuerst mit der Strategie „vom Groben zum Detail" zu beginnen. Erst wenn wir wenigstens ein Grobkonzept erarbeitet haben, sollten wir mit dem „Abkürzen" beginnen und uns auf unsere Intuition verlassen. In späteren Entwicklungsphasen ist es nämlich immer leichter, nur Teilsysteme anstatt das zugrunde liegende Konzept zu ändern. Auf hierarchisch tieferen Systemebenen stossen wir zudem meist auf Routineprobleme, die wir mit bekannten, problemspezifischen Methoden lösen.

6.4.7.4 Korrektur von Störungen

Hier handelt es sich eigentlich nicht um eine Konzipierungsmethode, aber man kann damit Probleme lösen. Statt das System zu verändern, greift man nur korrigierend ein und repariert den Defekt. Die Analyse der Eingriffsmöglichkeiten gibt dazu Anhaltspunkte. Dieser Ansatz führt natürlich zu nichts grundsätzlich Neuem. Er wirkt systemerhaltend, bekämpft oft nur Symptome statt Ursachen und unterstützt das Denken in den bisherigen Bahnen. Oft ist das aber das einzig mögliche Vorgehen, um ein existierendes System am Leben zu erhalten. Systeme, die nach dieser Methode dauernd weiter wachsen, wuchern mit der Zeit zu grossen „Krebsgeschwüren", die kaum mehr zu warten sind. Aus diesem Teufelskreis kann man nur noch mit grosser Kraftanstrengung und grundsätzlich neuen Ansätzen ausbrechen. Bei dieser Art des Vorgehens besteht die Gefahr, dass obsolete Produkte immer wieder ein bisschen überarbeitet und verbessert werden, sodass sie am Markt gerade noch überleben. Das überholte Konzept, an dem sie leiden bleibt. Eine dringend notwendige konzeptionelle Überarbeitung wird so verhindert.

Beispiele

Eine Firma mit unklaren Organisationsstrukturen erklärt den EDV-Chef für unfähig und entlässt ihn. Der mit vielen Vorschusslorbeeren bedachte neue Mann kündigt bereits nach einem halben Jahr. Der dritte kann sich mit viel Diplomatie und Taktieren länger halten.
Hier wurde versucht das Problem „völlig ungenügende Organisations- und Führungsstruktur" mit einem „Diplomaten" zu flicken, anstatt das wirkliche Problem in der Organisationsstruktur zu lösen.

Zu einem Prozesssteuerungssystem werden jeweils nach aktuellem Kundenbedarf Zusätze entwickelt. Dem nächsten Kunden werden diese dann bereits als neuer Standard angeboten. Das System wächst immer weiter, obwohl die Datenbank, auf der es basiert, den aktuellen Anforderungen längst nicht mehr gewachsen ist. Eine an der Basis gestartete Neuentwicklung kommt aber immer teurer zu stehen als die nächste kundenspezifische Anpassung.

6.4.8 Detailkonstruktionsmethoden

Nun geht es darum, die einzelnen Detailsysteme zu konstruieren, zu dimensionieren und der aktuellen Anwendung anzupassen. Bei Software-Projekten sind Daten- und Programmstrukturen im Detail festzulegen. Dazu sei auf die breite Fachliteratur verwiesen, in der für jedes Spezialgebiet Konstruktions- und Berechnungsmethoden dokumentiert sind. Gerade auf diesen Gebieten bringen die Absolventen unserer Ausbildungsgänge im Allgemeinen sehr gute Grundlagen mit und sind auch fähig, sich rasch in neue Gebiete einzuarbeiten.

6.4.9 Analysemethoden

Wir unterscheiden zwischen intuitiven und formellen Analysen.

intuitive Analysen

Intuitive Analysen finden bei der Entwicklung von Ideen laufend in unserem Gehirn statt. Sie gehören zu unserem normalen Denkvorgang, dem wir meist unbewusst folgen. Wenn wir eine Idee haben, überprüfen wir sie sofort auf ihre Richtigkeit und Realisierbarkeit hin. Dabei besteht die Gefahr, dass wir kontra-intuitive Ideen ablehnen und sie aus der weiteren Lösungssuche ausschliessen. Eine „kreative Haltreaktion" kann uns davor bewahren. Siehe dazu Kapitel 6.4.2. Auf die intuitiven Analysen wollen wir hier nicht weiter eingehen.

formelle Analysen

Formelle Analysen führen wir dann durch, wenn mehrere Lösungsvarianten vorliegen und ein gewichtiger Entscheid über das weitere Vorgehen zu fällen ist. Das Projektmanagement sieht dazu formelle Freigabe- oder Design-Reviews vor. Auf den formellen Analysen bauen auch die nachfolgenden Schritte im Problemlösungsschema auf (Bewertung und Entscheid).

6.4.9.1 Formelle Analysen

Mit formellen Analysen wollen wir sicherstellen, dass eine gefundene Lösung keine groben Fehler enthält und die Ziele erfüllt. Fritz Zwicky, der Begründer der morphologischen Methodik, nennt ein System ohne grobe Fehler ein **integrales System.** Für jeden Lösungsvorschlag fordert er daher einen Integralitätsnachweis, dass das System keine groben Fehler enthält.

Formelle Analysen sollten wenigstens die folgenden Aspekte behandeln:

- Formelle Zielerfüllung: Der Vergleich mit der früher erstellten Zielsetzung zeigt, ob die Variante die Muss-Ziele und wieweit die Wunschziele erfüllt. Varianten, die die Muss-Ziele nicht erfüllen, scheiden aus.

- Vollständigkeit der Lösung: Ist das Konzept einer Lösung soweit ausgearbeitet, dass es als realisierbare Variante mit anderen Lösungen vergleichbar ist? Liegt vielleicht statt einer Lösung erst eine Hypothese vor?

- Vergleichbarkeit: Sind die Lösungen überhaupt vergleichbar, oder lösen sie verschiedene Probleme?

Beispiel

Eine Lösung, die eine Schwachstelle an einem existierenden Gerät behebt, ist nicht auf der gleichen Ebene vergleichbar mit dem Vorschlag, das ganze Gerät von Grund auf neu zu entwickeln. Vergleiche dazu Kapitel 6.4.6.

Mögliche Aspekte, unter denen die neuen Lösungsansätze zu prüfen sind:

- Funktionsweise und die Vor- und Nachteile einer Lösung?
- Grenzen, Voraussetzungen und Bedingungen, unter denen das System funktionsfähig ist?
- Integration ins Obersystem und in die Umwelt. Wie steht es um die Bedienbarkeit und Handhabbarkeit?
- Risikoanalyse: Sicherheit und Zuverlässigkeit. Wie verhält sich das System in Störfällen?

Wichtig: Die Analyse soll sich immer an der früher formulierten Zielsetzung orientieren.

6.4.10 Was ist Kreativität?

Kreativität bezeichnet die Fähigkeit, vorhandenes Wissen auf neuartige, bisher unbekannte Weise zu kombinieren und zu ordnen.

Auch im Bereich der Kreativität gilt die lapidare Wahrheit, dass es aus nichts nichts gibt. Kreativität basiert auf vorhandenem Wissen und führt „lediglich" zu neuen Wissenskombinationen. Man kann daher nicht auf einem Gebiet schöpferisch tätig sein, auf dem man über kein Wissen verfügt. Daraus schliessen wir abermals auf die grosse Bedeutung der Situationsanalyse zu Beginn des Problemlösungsschemas.

die Gruppe weiss mehr

Unser individuelles Wissen stellt für uns eine persönliche Kreativitätsschranke dar. Diese Schranken können wir aber mit einer Gruppe überwinden. *Gruppen mit Vertretern aus verschiedenen Fachrichtungen bilden dabei besonders gute Voraussetzungen.* Solche Gruppen verfügen über ein enorm breites Wissensspektrum, und die unterschiedliche Denkart von Vertretern verschiedener Ausbildungsrichtungen wirkt ebenfalls befruchtend.

Kernstück der Kreativität bildet aber nicht das breite Wissen, sondern die Fähigkeit, dieses auf neuartige Weise zu verknüpfen. Das erfordert ein phantasievolles, spielerisches, originelles Denken und Intuition. Wir nennen es kreatives Denken. Schon in der Antike besassen die Griechen das notwendige Wissen, um eine Dampfmaschine zu bauen. Es bedurfte aber eines James Watt, dieses Wissen richtig zu kombinieren, ein marktfähiges Produkt daraus zu entwickeln und es zu verkaufen.

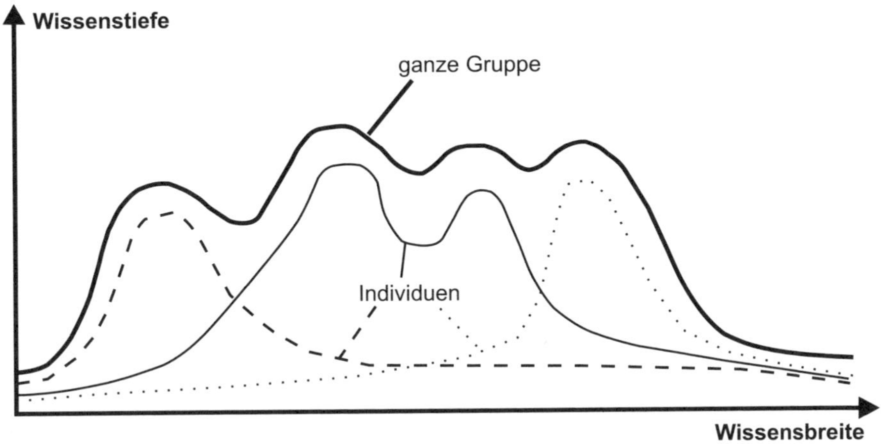

Abb. 6.4.10.1 *Die Gruppe weiss mehr: Eine Gruppe aus Spezialisten mit teilweise überlappenden Wissensgebieten und einer breiten Basisausbildung verfügt über ein viel grösseres Wissenspotential als jedes einzelne Mitglied allein.*

Kreativität benötigt innere Ruhe

Hitzige Diskussionen blockieren eine Gruppe, besonders dann, wenn einzelne Mitglieder aus Prestigegründen der Gruppe ihre Lösung aufzwingen wollen. Pausen in der Gruppenarbeit, die individuelle Überlegungen zulassen, sind umso wichtiger, je komplexer das zu bearbeitende Problem ist. Vergleiche dazu auch in Kapitel 6.4.2 den Absatz „Tee trinken".

Kreatives Denken kann gefördert werden. In Kapitel 6.4.11 betrachten wir geeignete Methoden.

Knowledge Mining Tools

Heutige Knowledge Mining Tools sind in der Lage, aus grossen Dokumentmengen gezielt nicht nur nach Stichworten, sondern nach Problemen und Lösungen zu suchen. Sie stellen so eine weitere Möglichkeit dar, grosse Mengen von verfügbarem Wissen auch zugreifbar zu machen. Die Fähigkeit der Experten, die es interpretieren, beurteilen und zu neuen Lösungen vernetzen, ist damit aber nicht ersetzbar, sondern noch wichtiger geworden.

> **„Der gesunde Menschenverstand ist die am besten verteilte Sache auf dieser Welt; denn jedermann glaubt so wohl damit versehen zu sein, dass selbst einer, der in allen anderen Dingen nur sehr schwer zu befriedigen ist, für gewöhnlich nicht mehr davon wünscht, als er besitzt."**
>
> *Descartes*

Eine Denkaufgabe:

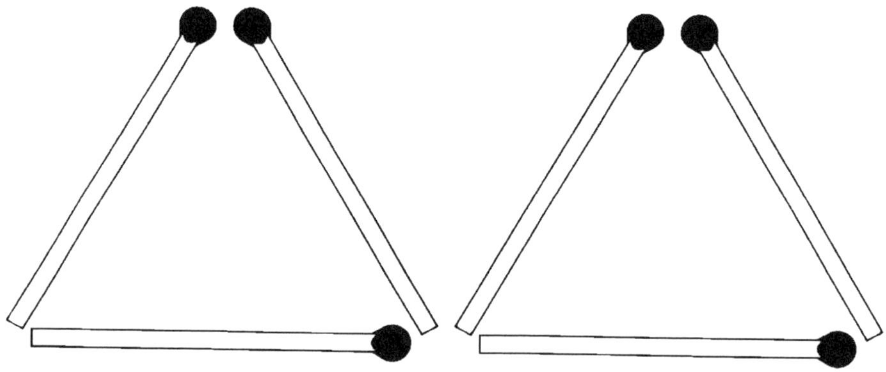

Abb. 6.4.10.2 *Ordnen Sie sechs Streichhölzer so an, dass daraus vier gleichseitige Dreiecke mit der Seitenlänge eines Streichholzes entstehen. Die Lösung finden Sie in Abb. 6.4.12. auf Seite 155.*

Phantasie

Phantasie ist die Fähigkeit, ohne Bezug zur Realität sich Dinge vorzustellen, die es noch nicht gibt, oder auch nie geben wird, weil sie den physikalischen Gesetzen widersprechen. Der Phantast orientiert sich mehr an seinen Bedürfnissen und Wünschen als an der Realität. Phantasten können sich problemlos die „ideale Lösung" vorstellen und dadurch eine Zielrichtung vorgeben. Dadurch helfen sie uns, aus den eingefahrenen Denkgeleisen auszubrechen.

„Phantasie ist etwas, das sich viele Leute gar nicht vorstellen können."

Gabriel Laub

6.4.11 Methoden zur Unterstützung der Kreativität

Methoden zur Unterstützung des kreativen Denkens, auch „Kreativitätsmethoden“ genannt, können solches Denken nicht ersetzen, aber unterstützen. Der wichtigste Faktor zur Förderung der Kreativität neben den sog. Kreativitätsmethoden stellt allerdings die Motivation der Beteiligten dar. Am besten gedeiht Kreativität in einem angstfreien, angeregten Betriebsklima.

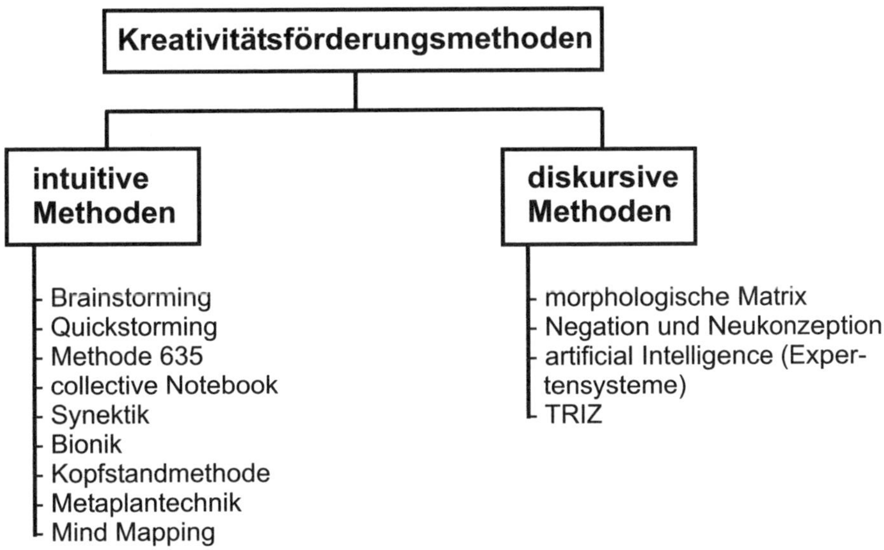

Abb. 6.4.11 Kreativitätsmethoden lassen sich in intuitive und diskursive Methoden unterteilen.

6.4.11.1 Diskursive Methoden

Bei diesen Methoden liegt das Schwergewicht auf der Systematik des Vorgehens (Diskurs = Erläuterung, Verhandlung; diskursiv = von Begriff zu Begriff logisch fortschreitend). Diskursive Methoden führen den Prozess der Lösungssuche bewusst in einzelnen, logisch ablaufenden Schritten durch. Die Folgenden, von Fritz Zwicky empfohlenen, haben sich in der Praxis als sehr wirksam erwiesen. Die von Zwicky begründete und von Hermann Holliger weiter entwickelte morphologische Methodik geht aber weit über die Anwendung der morphologischen Matrix hinaus.

„Das Wesentliche an der morphologischen Methodik liegt in der Entwicklung von analytischen und systematischen Methoden zur Herleitung der Totalität aller möglichen Lösungen von genügend bestimmt vorgegebenen Problemen.“

Prof. Fritz Zwicky

In der Schweiz wird heute die Morphologie von der „Allgemeinen morphologischen Gesellschaft“ unter der Leitung von Peter Bisang gefördert. Siehe dazu auch Kapitel 7.6.

das morphologische Schema

Bei dieser Methode wird das gestellte Problem nach Parametern zerlegt. Die Parameter sind die Bestimmungsgrössen des Problems und sollten gegenseitig unabhängig sein. Andernfalls sind später nicht alle Kombinationen möglich. Die verschiedenen möglichen Ausprägungen oder Erscheinungsformen eines Parameters nennen wir in der Morphologie Komponenten. Die Parameter und ihre Komponenten werden nun tabellenartig zur so genannten morphologischen Matrix zusammengestellt. Dabei ist der Begriff „Matrix“ nicht ganz zutreffend, weil die Anzahl der Komponenten nicht für alle Parameter gleich gross sein muss. Die Kombination je einer Komponente pro Parameter über alle Parameter der Matrix ergibt nun eine mögliche Lösung. Sie kann als Verbindungszug dargestellt werden (siehe Abb. 6.4.11.1).

	Komponenten						
Parameter 1	k11	K12	K13	K14	K15	k16	K17
Parameter 2	K21	K22	K23	K24	K25		
Parameter 3	K31	K32	K33				
Parameter 4	K41	K42	K43	K44	K45	K46	K47
Parameter 5	K51	K52	K53	K54	K55		

Abb. 6.4.11.1 *Morphologische Matrix. Jeder Verbindungszug, der pro Parameter eine Komponente einschliesst, stellt eine mögliche Lösung dar.*

Mit Hilfe der morphologischen Matrix lassen sich so alle möglichen Lösungsvarianten auf kombinatorische Weise herleiten. Die Schwierigkeit bei diesem Verfahren besteht in der Zerlegung des Problems in unabhängige Parameter und der Suche nach ihren möglichen Erscheinungsformen (Komponenten). Die Unabhängigkeit der Parameter kann am besten anhand der Komponenten überprüft werden. Abhängige Parameter haben zur Folge, dass gewisse Komponenten einander gegenseitig ausschliessen.

Parameter	**Komponenten**					
Apéritiv	kein Apéritif	Orangensaft	Tomatensaft	Campari	Cynar	Weisswein
Suppe	keine Suppe	Bouillon	Oxtailsuppe	Hafersuppe	Mehlsuppe	Minestrone
Hauptspeise	Fisch	Schwein	Kalb	Poulet	Lamm	Ente
Beilagen	Reis	Kartoffeln	Bohnen	Erbsen	Karotten	Rösti
Salat	grün	gemischt	Gurkensalat	Tomaten	Randen	Karotten
Getränke	Mineral-W.	Cola	Bier	Rotwein	Weisswein	Orangensaft
Dessert	kein Dessert	Glace	Früchte	Pudding	Kuchen	Fruchtsalat
Kaffee	kein Kaffee	K. crème	K. nature	K. Haag	Cappuccino	Espresso

Abb. 6.4.11.2 Speisekarte als morphologische Matrix dargestellt.

Wie leicht ersichtlich ist, liefert eine morphologische Matrix sehr rasch eine unübersichtliche Variantenvielfalt. Im Falle unserer Speisekarte sind das 6^8 = 1'679'616 Varianten. (Während 80 Jahren täglich 2 Menüs ergibt nur ca. 60'000 Mahlzeiten.) Die morphologische Matrix eignet sich nicht nur zur Variantensuche, sondern auch als Ordnungsmethode. Ein Beispiel dazu bildet das periodische System der chemischen Elemente. Die Systematisierung der chemischen Elemente auf morphologische Art hat übrigens die Voraussage der Existenz neuer Elemente ermöglicht.
Die morphologische Matrix wird man vor allem dann einsetzen, wenn bereits Lösungen bekannt sind, man aber deren Gesamtheit sucht und sie systematisieren will.

Negation und Neukonzeption

Man kann diese Methode auch die „dialektische Methode" nennen. Sie folgt dem Prinzip:
These = Beschreibung der alten Idee
Antithese = Negation der These
Synthese = Neukonzeption

Bei dieser Methode gehen wir immer von einer vorhandenen Lösung aus. In einem ersten Schritt beschreiben wir diese Lösung möglichst genau durch viele Merkmale. In einem zweiten Schritt verneinen wir die beschriebenen Merkmale systematisch eines nach dem andern und suchen dabei Ansatzpunkte

für neue Lösungen, die ohne das jeweils verneinte Merkmal auskommen. Diese Methode eignet sich zum Aufdecken von Schwachstellen bestehender Lösungen und weist den Weg zu Verbesserungen. Sie ist ein erprobtes Hilfsmittel, um uns aus unseren alten Denkgeleisen zu werfen.
Polarisierung ist ein Spezialfall der Methode Negation und Neukonzeption. Wir untersuchen dabei Extremvarianten und Spezialfälle.

Artificial Intelligence

Expertensysteme, die heute in verschiedenen Gebieten zum Einsatz kommen, basieren auf Daten, die mittels Algorithmen zu neuen Aussagen verknüpft werden. Nach unserer Definition der Kreativität können solche Systeme durchaus „kreativ" sein. Erste Versuche, Computerprogramme zur Lösung allgemeiner Probleme zu erstellen, schlugen zwar fehl, aber in engen Fachgebieten lassen sich derartige Systeme durchaus erfolgreich einsetzen. Heutige Einsatzgebiete sind z.B.: Schachprogramme, Programme zum Konfigurieren (Zusammenstellen) von Computersystemen, Programme zum Konstruieren und Dimensionieren von elektrischen Filtern, zum Vereinfachen von logischen Schaltungen etc. Oft werden solche Programme auch unter den Stichworten CAE und CAD angeboten. Vorläufig sind die Expertensysteme in vielen Fällen noch den Spezialisten vorbehalten, aber das dürfte sich mit der Zeit ändern. Der Gedanke, dass uns der Kollege Computer allgemeine Probleme löst, hat etwas Bestechendes an sich.

6.4.11.2 Intuitive bzw. assoziative Methoden

Intuitive Methoden fördern Gedankenassoziationen bei der Suche nach neuen Ideen. Sie sind auf die Aktivierung des Unbewussten ausgelegt; Wissen, an das wir sonst gar nicht denken. Diese Methoden helfen uns, aus unseren eingefahrenen Denkgeleisen auszubrechen. Sie aktivieren das Potential ganzer Gruppen und legen eine breite Basis, bevor mit diskursiven Methoden weitergearbeitet wird.
Allen Methoden ist gemeinsam, dass sie die voreilige Ablehnung kontraintuitiver Ideen verhindern. Kontraintuitive Ideen widersprechen unserem intuitiven Empfinden. Wir reagieren daher mit Abwehrverhalten und verpassen dadurch möglicherweise die interessantesten Lösungen. Die kreative Haltung aber wäre: „Das ist unmöglich! Das müssen wir unbedingt genauer ansehen!" Dann überprüfen wir, was die Idee an Positivem aufweist.

Brainstorming

Brainstorming („Hirnstürmen") ist eine der bekanntesten Formen gemeinsamen Nachdenkens. Sie eignet sich für fest abgegrenzte und eindeutig definierte Themen auf allen Gebieten. Das Vorgehen beim Brainstorming zerfällt in die Phase der Ideenfindung und die Phase der Ideenauswertung.

Vorbereitung:

Problemformulierung:	möglichst präzis und schriftlich einige Tage vor der Sitzung den Teilnehmern bekanntgeben
Teilnehmerzahl:	5–15
Teilnehmerstruktur:	möglichst kleine Hierarchieunterschiede
Sitzungsleiter:	muss eine gelöste, angstfreie Atmosphäre schaffen und die Teilnehmer aktivieren können

Grundregeln für die Durchführung:

a) Ideenfindung:

1. **Freie Einfälle:** Die Teilnehmer sind aufgefordert, sich etwas einfallen zu lassen. „Spinnen" ist erwünscht, aussergewöhnliche Vorschläge werden erwartet, und es darf auch ein bisschen geblödelt werden.

2. **Kritik ist streng verboten:** keine Killerphrasen, keine Wertung von Ideen! Analysierende Vernunft und Logik stehen im Hintergrund. Es soll synthetisiert und nicht analysiert werden.

3. **Kein Urheberrecht:** Es ist erwünscht, dass bereits vorgebrachte Ideen aufgegriffen, kombiniert oder weiter entwickelt werden (geistige Kettenreaktion).

4. **Quantität vor Qualität:** Es kommt auf die Menge der Einfälle an. Mit steigender Zahl erhöht sich die Wahrscheinlichkeit, etwas Gutes zu erhalten.

5. Während der Sitzung, die möglichst nicht länger als 20 Minuten dauern soll, empfiehlt es sich, die geäusserten **Ideen** stichwortartig, für alle **gut sichtbar festzuhalten** (Tafel, Flip-Charts, Projektionsfolien).

b) Ideenauswertung:

Die Auswertung erfolgt erst nach der Sitzung. Zuerst unterteilt man die Ideen in die folgenden drei Klassen:

1. Ideen, die sofort umgesetzt werden können
2. Ideen, die weitere Abklärungen benötigen
3. offensichtlich unbrauchbare Ideen

Mehr als 5 bis 10 % brauchbare neue Ideen bleiben selten zurück. Direkt verwendbar sind noch weniger. Auch längere Sitzungen erhöhen diese Zahlen nicht. Nach 15 Minuten lässt die Ideenvielfalt meist stark nach.

Quick-storming

Hier handelt es sich um eine Abart, bzw. Weiterentwicklung, des Brainstormings. Das Vorgehen entspricht ungefähr demjenigen beim Brainstorming.

1. Phase: Problemanalyse: Das Problem wird definiert, und die Aspekte werden aufgezeigt, unter denen es neu gesehen werden sollte.

2. Phase: Ideenproduktion: Sie dauert 20 Minuten. Die Teilnehmer notieren ihre Einfälle auf Kärtchen. Dabei werden zwölf so genannte Archetypen nacheinander durchgespielt. Archetypen sind grundsätzlich unterschiedliche Denkarten, eine gegebene Aufgabe anzugehen. Hans Morawa, der diese Methode erfolgreich propagiert, verwendet die folgenden Bezeichnungen:
- *Gulliver:* Optik umkehren, Vorhandenes auf den Kopf stellen.
- *Off:* Problem auf eine neue Ebene verlagern.
- *Off-Off:* Raus aus dem System! Warum eigentlich nicht?
- *Domino:* Angefangene Gedanken ein Stück weiterdenken.
- *Step by Step:* Grosse Sprünge vermeiden.
- *Additive:* Einbauen eines Katalysators, der neue Reaktionen auslöst.
- *Bisoziative:* Kombination von zwei Vorschlägen, die auf den ersten Blick nichts miteinander zu tun haben.
- *Polysoziative:* Verschiedene Teile zu einem neuen Ganzen verbinden.
- *Atomistic:* Das Problem zerlegen und die Teile einzeln behandeln.
- *Analogic:* Wie machen es andere?
- *Here & Now:* Gegenwärtige Trends aufspüren und verfolgen.
- *Do Less:* Überflüssiges weglassen.

3. Phase: Präsentation: Die einzelnen Ideen werden dem ganzen Team vorgetragen, wodurch dieses zu weiteren Ideen angeregt wird. Die Runde läuft so lange, bis keine weiteren Ideen mehr kommen.

4. Phase: Optimierung und Selektion der gefundenen Ideen im Team, ähnlich wie beim Brainstorming.

Quickstorming soll produktiver sein als Brainstorming. Die zwölf Archetypen unterstützen natürlich das Querdenken. Software-Unterstützung für Quickstorming sowie Brainstorming ist heute auf dem Markt erhältlich.

Brain-writing oder Methode 635

Brainwriting ist verwandt mit dem Brainstorming. Der Unterschied besteht darin, dass die Teilnehmer die Einfälle nicht mündlich äussern, sondern schriftlich festhalten.

Die Methode 635 funktioniert mit:

– 6 Teilnehmern, die auf einem Formular
– 3 Ideen notieren und dieses Formular
– 5mal dem nächsten Teilnehmer weitergeben.

Die Zeit bis zur Weitergabe der Formulare steigt von 3 Minuten zu Beginn bis auf etwa 9 Minuten, weil jeder Teilnehmer sukzessive mehr Zeit benötigt, um die vorangehenden Vorschläge zu lesen. Im Gegensatz zum Brainstorming geht die Spontaneität etwas verloren.
Es herrscht eine Prüfungsatmosphäre. Bestimmte Vorschläge können einem Urheber zugeordnet werden. Das Leiten einer solchen Übung ist leichter als das Leiten eines Brainstormings. Die Methode 635 bietet Vorteile, wenn persönliche Spannungen eine Brainstorming-Sitzung blockieren könnten.

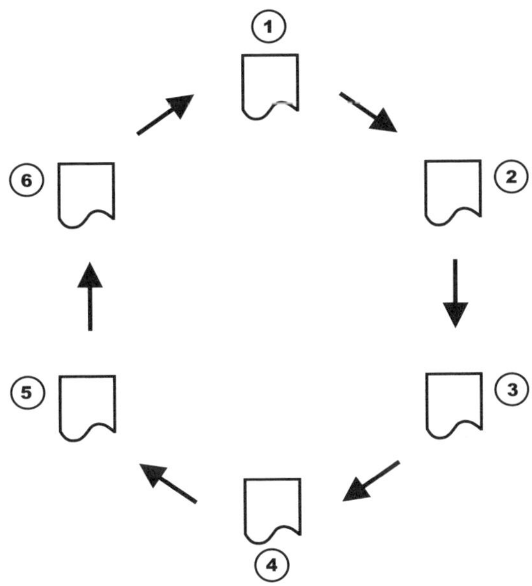

Abb. 6.4.11.3 *Beim Brainwriting, das auch als Methode 635 bekannt ist, werden von 6 Teilnehmern jeweils 3 Ideen 5 mal weitergegeben.*

Collective Notebook Die Methode des kollektiven Notizbuches ist verwandt mit der Methode 635, verzichtet aber auf den Zeitdruck und das Zusammentreffen der Teilnehmer.

Ablauf: Der Projektleiter beschreibt die Problemstellung und sendet diese zusammen mit handlichen Notizbüchern an die Teilnehmer. Diese erhalten die Aufforderung, das Notizbuch Tag und Nacht bei sich zu tragen und auftauchende Gedanken zum Thema sofort zu notieren.

Insbesondere sollen sie:
- alle ihre Ideen auch zu angrenzenden Problemen spontan notieren;
- versuchen, das Problem neu zu formulieren;
- bekannte Lösungsansätze eventuell mit Literaturangaben festhalten;
- das Notizbuch am vereinbarten Termin dem Projektleiter zurücksenden. Wer Zeit hat, strukturiert vor dem Zurücksenden den Inhalt seines Notizbuches.

Nach Ablauf der Sammelfrist (ca. ein Monat) wertet der Projektleiter das eingesandte Material aus und stellt allen Teilnehmern eine schriftliche Zusammenfassung zu. Auf diesen Unterlagen aufbauend werden nun Arbeitssitzungen durchgeführt, an denen zweckmässigerweise auch die Notizbuchverfasser teilnehmen.
Wichtig: Die Notizbücher müssen ein handliches Format aufweisen, damit sie in jede Jackentasche passen und so auch an jede Party und zu jedem Theaterbesuch mitgeführt werden können.

Eignung: Die CNB-Methode eignet sich besonders für sehr komplexe Probleme, bei denen die Teilnehmer sich zuerst noch in die Literatur einarbeiten müssen und ohne tiefschürfendes Nachdenken keine Resultate erzielen. Beim Brainstorming und bei der Methode 635 sind gute Einfälle, welche am „nächsten Tag" spontan erfolgen, oft verloren, weil die Sitzung vorüber ist. Nicht so beim CNB. Hier fehlt der Zeitdruck, und auftauchende Gedanken können in Ruhe weitergesponnen werden. Stressreaktionen, die zu Denkblockaden führen, sind im Gegensatz zum Brainstorming und Brainwriting praktisch ausgeschlossen. Dafür sind ein spontanes Weiterführen und Kombinieren von fremden Gedanken, auf denen die beiden vorgängigen Verfahren aufbauen, weniger ausgeprägt. Die CNB-Methode eignet sich nicht für Probleme, die einer unmittelbaren Lösung bedürfen (Zeitdruck), ist aber bestens geeignet, Ideen von Experten zu sammeln, die sich aus terminlichen oder geographischen Gründen nicht an einer Sitzung vereinen lassen.

Synektik Das Wort „Synektik" stammt aus dem Griechischen und lässt sich etwa mit „gemeinsames Annäherungsverfahren" übersetzen. Das in einer Gruppe durchgeführte Verfahren beruht auf Analogien. Man geht also davon aus, dass ein ähnliches Problem bereits irgendwo in der Natur oder in der Technik gelöst ist, und verwendet den dort gewählten Ansatz für das aktuelle Problem. Daneben kommen kreativitätsfördernde Effekte hinzu, wie wir sie vom Brainstorming her kennen. Im Gegensatz zum Brainstorming setzt aber bei Synektiksitzungen ein geschulter Moderator einen klaren Ablauf der Sitzung durch. Eine Synektikgruppe besteht aus 2–6 Personen.
Der Ablauf ist in die folgenden vier Stufen gegliedert:

1. Beschäftigung mit dem Problem
   - Problemstellung
   - Erläuterungen durch Fachleute
   - Spontane Lösungsvorschläge (Brainstorm)
   - Analyse und Neuformulierung des Problems

2. Verfremdung und Entfernung vom Problem
   - Suche nach direkten Analogien aus der Natur, Kunst, Technik, Politik, Geschichte etc., sodass sich neue, überraschende Gesichtspunkte ergeben
   - Bildung persönlicher Analogien „Wie fühle ich mich als ...?"
   - Bildung symbolischer Analogien in Form eines widersprüchlichen Schlagwortes

3. Verbindungen suchen
   - Bildung von Analogien zum Schlagwort
   - Analyse dieser Analogien
   - Was hat das mit unserem Problem zu tun?

4. Lösungsansätze zum Problem suchen
   - spontane Ideen aus den gefundenen Analogien heraus

Die Synektik geht auf W. Gordon zurück und wurde nach dem Zweiten Weltkrieg entwickelt. Sehr erfolgreich war ihr Einsatz in der US-Raumfahrt. Die meisten Patente, die als „Abfallprodukte" aus der Raumfahrt stammen, entspringen Synektiksitzungen.

Bionik

Dieser Begriff wurde 1965 vom Ingenieur J. E. Steel geprägt. Er verwendete Form-, Funktions- und Organisationsprinzipien aus dem Tier- und Pflanzenreich als Vorbilder für technische Einrichtungen. Die Bionik ist ein heuristisches Vorgehensprinzip. Von einer gewünschten Funktion ausgehend sucht sie entsprechende biologische Funktionen in der Natur. Man untersucht die Randbedingungen und Gütekriterien und gelangt am Ende zu einer technischen Nachahmung des biologischen Prinzips. Mehr darüber findet sich im DABEI-Handbuch.

Kopfstandmethode

Bei der Kopfstandmethode kehren wir das Problem um und versuchen das Gegenteil dessen zu erreichen, was wir wollen. So stossen wir auf Gefahren und Schwachstellen und können Abhilfe schaffen. Statt zum Beispiel nach Massnahmen gegen Datenverlust zu suchen, forschen wir nach Möglichkeiten, Daten zu zerstören. So finden wir über Zerstörungsmöglichkeiten indirekt auch Schutzmöglichkeiten.

Scenario-Writing

Diese Technik geht von einer gegebenen Situation aus und versucht, Schritt für Schritt aufzuzeigen, wie sich die Dinge entwickeln könnten. Ziel ist, kritische Punkte zu finden, an denen unterschiedliche Entwicklungen eintreten könnten und/oder Entscheidungen zu treffen sind. Man erarbeitet einen Katalog der möglichen Entscheidungen und der wahrscheinlichen Folgen. Diese Methode berücksichtigt gleichzeitig verschiedene Aspekte eines Problems. Sie eignet sich besonders gut für politische und soziale Probleme mit vielen nicht quantifizierbaren Faktoren. Bekannt wurde diese Technik nach deren

Anwendung für das Krisenmanagement während der Berlin- und der Kubakrise. Für uns eignet sich diese Methode vor allem für die Behandlung von Entwicklungsstrategien und für das Projektmanagement. In Anlehnung dazu können wir uns auch einen Zustand als Ziel vorstellen und rückwärts überlegen, wie wir es erreichen wollen. Dieses Verfahren ist bekannt unter der Bezeichnung „Methode der Utopiengalerie".

Delphi-Methode

Die Delphi-Methode wird vor allem für die Erarbeitung von Prognosen eingesetzt. Dabei wird wie folgt vorgegangen:

1. Ausgewählte Experten werden anhand eines vorbereiteten Fragebogens individuell befragt.
2. Die Ergebnisse der ersten Runde werden analysiert und statistisch ausgewertet.
3. Die Ergebnisse der ersten Runde werden den Experten mitgeteilt.
4. Eine weitere Befragungsrunde findet statt.

Auf diese Weise gelangt man eventuell nach mehreren Runden zu einer Angleichung der Meinungen und erhält Aussagen, die von extremen Ansichten weitgehend befreit sind. Die Delphi-Methode eignet sich zur Befragung von grossen, weltweit verstreuten Expertengruppen. Der Erfolg hängt stark vom Befrager ab, und die Durchführung benötigt viel Zeit. Die Delphi-Methode wurde zu Beginn der sechziger Jahre entwickelt.

TRIZ

Die TRIZ-Methoden, die Genrich Altschuller in Russland entwickelte, helfen technische Zielkonflikte zu bewältigen. Sie sind speziell für die Produktentwicklung geeignet. Eine detailliertere Beschreibung finden Sie im Band 2, „Systematisch Lösungen realisieren".

Besprechung mit Partnern

Sehr wirksam und auch weit verbreitet ist die Besprechung von Problemen und Ideen mit einem Partner, zu dem man Vertrauen besitzt und der auch zum Zuhören gewillt ist. Wenn man seine Ideen erklärt muss man sie exakt formulieren. Dabei zeigt sich, ob man seiner Sache sicher ist, oder ob es im Gedankengebäude noch schwache Punkte gibt. „Dumme Fragen" des Zuhörers bringen oft Schwachstellen an den Tag, sind aber ebensooft auch Ansatzpunkte für neue, verbesserte Ideen. Der Zuhörer muss nicht unbedingt ein Fachexperte sein. Nichtexperten fordern um so mehr anschauliche Erklärungen.

6.4.12 Wodurch zeichnen sich erfolgreiche Erfinder aus?

1980 publizierten C. S. Harber und La Jolla im ECONOMIST einen Artikel unter dem Titel „How to get a bright idea". Darin charakterisierten sie einige erfolgreiche Leute aus der Biologie und der Elektronik, beschrieben ihre Entdeckungen und interviewten sie über ihre Arbeitsweisen. Bei den Interviewten handelte es sich um J. Watson, F. Crick und P. Lobban (Genetik), W. Shockli (Transistoren), J. Kilby und R. Noyce (integrierte Schaltungen), T. Hoff (Mikroprozessoren). Diese Leute wurden gesamthaft wie folgt charakterisiert:

- Es handelt sich allesamt um praktische, selbstsichere Leute, die mit beiden Beinen im Leben stehen (keine Elfenbeinturmakademiker).
- Sie sind risikofreudige Unternehmertypen.
- Sie konzentrieren sich auf die wichtigen Probleme, denn diese seien nicht notwendigerweise schwieriger zu lösen als die weniger wichtigen.
- Es handelt sich mehr um Generalisten als um Spezialisten.
- Sie verfügen alle über ein sehr breites Wissen.
- Sie haben die Fähigkeit, komplizierte Probleme auf einfache zurückzuführen.
- Sie diskutieren ihre Ideen mit andern Leuten.

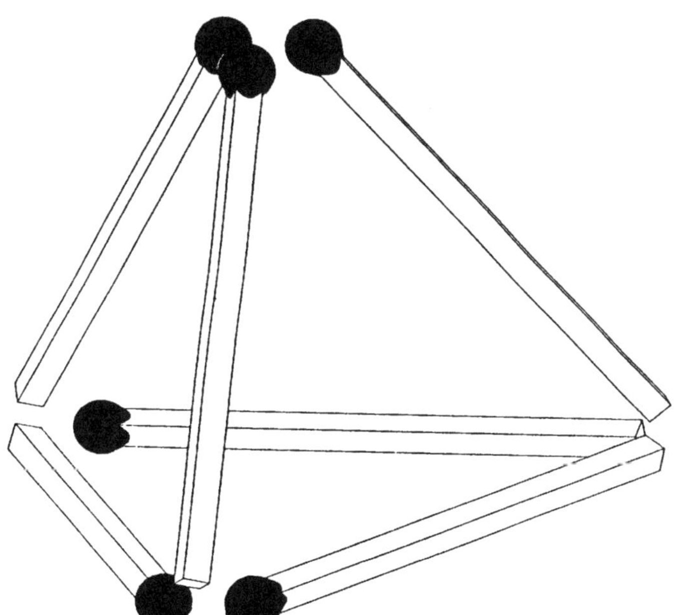

Abb. 6.4.12 Lösung der Denkaufgabe von Abb. 6.4.10.2 (Seite 144): zweidimensional lässt sich die Aufgabe nicht lösen. Wir müssen in die nächste Dimension vorstossen.

Erfinder an der Schwelle zum Cyber-Space-Zeitalter.

6.5 Bewerten und Entscheiden

Entscheidungssituationen sind immer dann gegeben, wenn wir eine von mehreren Möglichkeiten wählen können bzw. müssen. Entscheide erfolgen bewusst oder unbewusst. Oft entscheiden wir uns einfach aus Gewohnheit für eine Variante und sind uns gar nicht gewahr, dass wir einen Entscheid getroffen haben. Das hindert uns daran, neue Wege zu gehen. Wir sind uns dann nicht einmal bewusst, dass es andere Möglichkeiten gibt.

Verzichten!

Entscheiden heisst, einerseits auf das nicht Gewählte zu verzichten und andererseits mit der gewählten Variante Risiken einzugehen. Das macht uns das Entscheiden bisweilen schwer, und wir versuchen, uns davor zu drücken. Aber auch ein Nichtentscheid ist ein Entscheid. Ohne es zu bemerken, haben wir uns entschieden abzuwarten, nichts zu verändern, oder eben beim Alten zu bleiben. Entscheiden fällt uns oft auch schwer, weil wir schlicht nicht wissen, was wir wollen. Dann müssen wir wieder zurück zum Zielfindungsprozess.

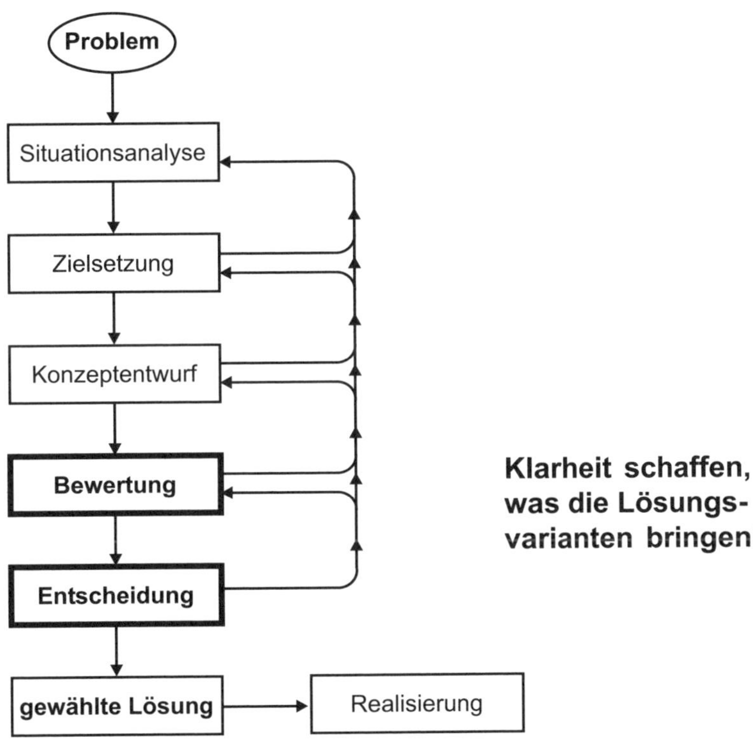

Abb. 6.5 *Bewerten und Entscheiden im Problemlösungsablauf.*

6.5.1 Bewerten und Entscheiden im Problemlösungsschema

Wenn wir nach dem Konzeptentwurf mehrere Lösungsvarianten vor uns haben, stehen wir vor einer Entscheidungssituation. Entscheidungen sind aber nicht nur am Ende des Problemlösungsschemas zu treffen. Schon in den vorangehenden Schritten haben wir immer wieder Entscheide getroffen. Zum Beispiel, welche Ziele wir anstreben. Vor der wichtigsten Entscheidungssituation aber stehen wir dann, wenn wir uns im Anschluss an die Konzepterarbeitungsphase zwischen verschiedenen Lösungsvorschlägen und Investitionsmöglichkeiten entscheiden müssen. Siehe dazu Abb. 6.5.

6.5.2 Die Tragweite von Entscheidungen

Entscheide können wir unter dem Aspekt ihrer Tragweite hierarchisch ordnen. So verwendet Clausewitz (preussischer Generalmajor [1780–1831]) im militärischen Bereich folgende Begriffe:
- politische Entscheide
- strategische Entscheide
- taktische Entscheide

Auf eine Firma übertragen lassen sich die Clausewitzschen Begriffe etwa folgendermassen charakterisieren:
Politische Entscheide betreffen Expansion, Fusion und Finanzierungsarten.
Strategische Entscheide bestimmen, in welchen Märkten man mit welchen Leistungen auftreten will und wo man die Investitionsschwerpunkte setzt.
Taktische Entscheide bestimmen die Art der Produktionsmittel und die anzuwendenden Technologien, aber auch die Reihenfolge, in der man Produkte entwickeln und am Markt einführen will.

Diese Hierarchie können wir nach unten fortsetzen:
Grundsatzentscheide treffen wir beim Erarbeiten von Konzepten im Top-Down-Verfahren auf hoher Systemhierarchiestufe. Damit legen wir unsere Konzepte fest.
Detailentscheide treffen wir auf tiefen Systemhierarchiestufen. Damit wählen wir unsere Teillösungen aus.
Zielentscheidungen nehmen eine besondere Stellung ein. Hier haben wir uns nicht für Lösungsvarianten zu entscheiden, sondern für das, was wir wollen. Eigentliche Variantenentscheide treten speziell bei starken Zielkonflikten auf.

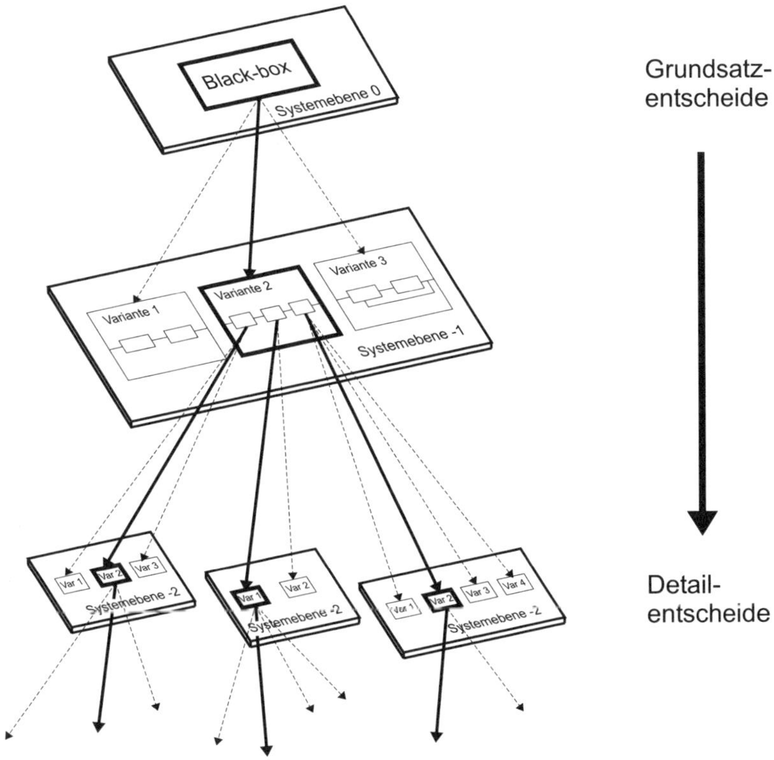

Abb. 6.5.2 *Die abnehmende Tragweite von Entscheidungen beim Top-Down-Verfahren vom Groben zum Detail.*

6.5.3 Die ethische Dimension von Entscheidungen

> **„Es gibt nichts Gutes, ausser man tut es."**
> *Erich Kästner, 1950*

Es ist einfach, ethisch zu handeln, wenn es nichts kostet und sich daraus kurzfristig sogar noch Gewinne ergeben. Oft aber ist die Versuchung gross, uns durch unfaires Verhalten Vorteile zu verschaffen. Das kann aktiv oder passiv geschehen, indem ich zum Beispiel als Chef in meinem Bereich Unrecht dulde. Sei es, dass ich von den Machenschaften meiner Mitarbeiter mitprofitiere und „nichts davon weiss", wenn sie eines Tages doch aufgedeckt werden, sei es, dass ich aus Feigheit Konflikten aus dem Weg gehe, statt für

Rechtssicherheit zu sorgen. Dabei geht es oft nicht um juristisch einklagbare Tatbestände, sondern um Fairness, Formen der Zusammenarbeit und Anstand. Schwieriger wird es, wenn verschiedene Interessen und Rechtsgüter gegeneinander abzuwägen sind. Soll ich einen Auftrag entgegennehmen, der wahrscheinlich nicht legalen Zwecken dient, mir aber eine wirtschaftlich schwierige Situation entschärft und Arbeitsplätze sichert? Soll ich Schmiergelder zahlen, wenn ich weiss, dass das in diesem Land oder dieser Branche üblich ist und ich andernfalls den Auftrag nicht erhalte? Solche Entscheide können bisweilen schwierig sein. Sicher hängen sie auch vom Rechtssystem und von den Bräuchen eines Landes ab. Wieweit muss ich mich anpassen, weil es zum realen Geschäftsgebaren gehört? Wieweit unterstütze ich dadurch korrupte Zustände?
Die Natur ist weder gut noch schlecht. Sie hat sich einfach so entwickelt, wie sie ist. Die Begriffe „gut" und „schlecht", „lieb" und „böse" hat erst der Mensch erfunden. Was ihm zu seinem Vorteil gereicht, beurteilt er als gut oder nützlich. Was ihm schadet, oder Probleme verursacht, beurteilt er als schlecht oder böse. Auch die Tiere hat er unter diesem Aspekt in „Nützlinge" und „Schädlinge" unterteilt. Das Zusammenleben unter den Menschen kann sich nur dann erfolgreich entwickeln, wenn ein Grundkonsens über akzeptable Verhaltensweisen und Werte existiert. Die Entwicklung ethischer und moralischer Grundsätze stellt daher eine wichtige kulturelle Leistung dar. Sie bildet die Basis zur Entstehung hochstehender Kulturen. Demgegenüber gibt es genügend Beispiele, wie der Zerfall von Wertsystemen jeweils auch den Zusammenbruch ganzer Reiche und Organisationen nach sich zog.
Über ethische Prinzipien werden von alters her Überlegungen angestellt, ohne dass abschliessende Antworten gefunden wurden. Das Ziel jeder Ethik ist es, Normen zu schaffen, die Gruppen und Einzelpersonen zu realitätsangepasstem Verhalten führen, sowie Konflikte zu vermeiden bzw. konstruktiv zu lösen. Die Befolgung ethischer Prinzipien soll den Bestand einer menschlichen Menschheit sichern.
Ein wichtiges Ereignis in der Ethikentwicklung war die Formulierung des kategorischen Imperativs durch den Philosophen Immanuel Kant: *Handle so, dass die Maxime deines Willens jederzeit zugleich als Prinzip einer allgemeinen Gesetzgebung gelten könnte.* Heute hat in unserer Kultur das Biophiliepostulat grossen Einfluss gewonnen: *Entfalte eigenes und fremdes Leben und vermeide dessen Minderung!* Darin enthalten sind auch die absehbaren ökologischen und ökonomischen Folgen unserer Handlungen und Unterlassungen. Unsere Selbstverwirklichung ist nur dann biophil, wenn sie nicht auf Kosten anderer erfolgt. Auch Verhaltensforscher und Mathematiker interessierten sich dafür, wie sich kooperatives Verhalten in der Natur entwickeln konnte. Dazu simulierten sie mittels Computerprogrammen verschiedene Verhaltensstrategien und ermittelten deren langfristiges Gewinnpotential. Die Berechnung erfolgte ohne Gewissen, ohne moralische oder religiöse Wertung. Die Untersuchungen zeigten, dass ethisches Verhalten längerfristig den Erfolg sichert. Die erfolgreichsten Strategien verhielten sich nach den folgenden Grundsätzen: Betrüge nie als erster, sei provozierbar, versöhnlich und klar! Auch Eifersucht bringt nichts. Im Gegenteil: **In einer Welt voller Abhängig-**

keiten ist der Erfolg der andern die Grundlage des eigenen Erfolgs. Mehr dazu im Buch von R. Axelrod: „Die Evolution der Kooperation", sowie im Band 4, „Systematisch zu Lösungen führen".

praktische Ethik

Ethische Grundsätze allein nützen nichts, sie müssen in praktischen Entscheidungssituationen zur Anwendung kommen. Aus den obigen Aussagen leiten wir ab: Entscheide, die Ungerechtigkeiten schaffen, Macht missbrauchen, oder moralisch zweifelhaft sind, mögen kurzfristig Vorteile bieten. Für eine langfristige Zusammenarbeit bilden sie aber keine gute Basis. Sie haben Konflikte zur Folge, Leistungseinbussen oder den Abbruch von Geschäftsbeziehungen. Wer langfristig ein integrer Geschäftspartner sein will, stellt sich bei seinen Entscheiden jeweils die folgenden Fragen:

1. **Ist es rechtmässig?**
   Entspricht es den Gesetzen? Entspricht es gültigen Verträgen? Entspricht es der Unternehmenspolitik?

2. **Ist es ausgewogen?**
   Ist es allen Beteiligten gegenüber kurz- und langfristig fair?

3. **Kann ich es mit meiner Selbstachtung vereinbaren?**
   Kann ich stolz darauf sein? Würde ich mich gleich entscheiden, wenn es meine Familie erführe, oder wenn es sogar in der Presse erschiene?

Missbrauch

Ethik und Moral werden in Konflikten von den Parteien oft gegeneinander ausgespielt. Jede Partei versucht der anderen unlautere Absichten unterzuschieben oder sie in der Öffentlichkeit für unsittliches, oder unethisches Verhalten anzuprangern (Einsatz der „Moralkeule"). Um einem Gegner zu schaden, mögen solche Aktionen wirksam sein. Einen Konflikt werden sie nicht zum Abklingen bringen. Im Gegenteil, die angegriffene Partei wird jetzt neben ihren ursprünglichen Zielen zusätzlich noch alles daran setzen, ihre Integrität wieder zu erlangen. Oft schieben auch politische Aktivisten ethische Gründe vor, um Krawall und Gesetzesbrüche zu begründen. Mehr dazu im Band 4, „Systematisch zu Lösungen führen".

Literaturtipp: Werteleitfaden für Führungskräfte, Hrsg. Deutscher Manager Verband e.V., vdf Hochschulverlag, Zürich 2006

6.5.4 Wie Entscheide zustande kommen

Eine Entscheidungssituation stellt im Handlungsablauf eine Barriere dar, die wir durch den Entschluss überwinden. Manchmal wird diese Barriere aber gar nicht zur Kenntnis genommen. Entweder wird gewohnheitsmässig immer die gleiche Art von Varianten gewählt, oder wir sehen statt der möglichen Varianten nur eine Lösungsmöglichkeit. Wir können dann von einem unbewusst getroffenen Entscheid sprechen. Bei den bewusst getroffenen Entscheiden ergeben sich grosse Unterschiede.

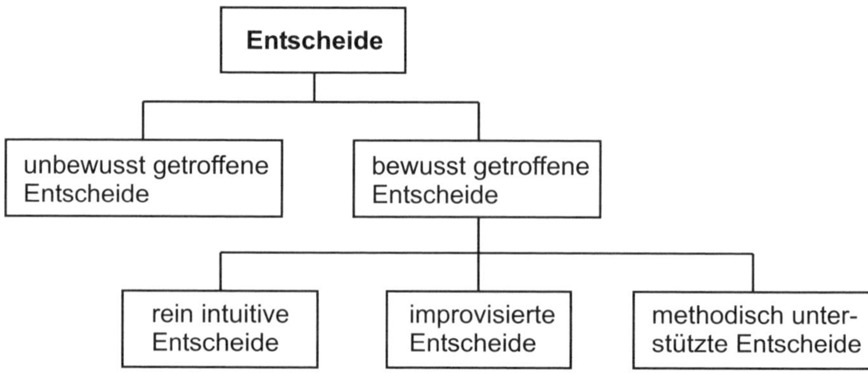

Abb. 6.5.4 *Klassierung der Entscheide nach ihrer Entstehung.*

Rein intuitiv getroffene Entscheide widersprechen der Philosophie des systematischen Vorgehens. Sie kommen nicht rational, sondern rein emotional zustande. Ein typisch intuitiv getroffener Entscheid ist der Impulskauf im Warenhaus, bei dem auf Grund einer attraktiven Aufmachung ohne langes Überlegen ein Gegenstand gekauft wird. Die Werbung versucht hier gezielt zu beeinflussen. Als technisch gebildete Leute sind wir natürlich gewohnt, unsere technischen Entscheide rein rational zu treffen. Oder nicht?
Improvisierte Entscheide kommen auf Grund weniger Kriterien und ohne tiefgreifende Analyse zustande. Ihre Qualität hängt dadurch stark von der Erfahrung und der Situationskenntnis der entscheidenden Personen ab. Improvisierte Entscheidungen sind in folgenden Fällen berechtigt:

- Die Tragweite der Entscheidung ist klein.
- Der Qualitätsunterschied zwischen den Alternativen ist sehr gross. Es ist daher einfach, einen klaren Entscheid zu fällen.
- Der vorhandene Zeitdruck lässt keine tiefgreifendere Analysen zu.

Methodisch unterstützte Entscheide entsprechen der Philosophie des rationalen Denkens. Wir versuchen, durch intensive Informationsbeschaffung eine

objektive und nachvollziehbare Beurteilung der Lösungsvarianten zu erreichen und einen nachfolgenden Entscheid logisch, evtl. sogar mathematisch abzustützen.
Intuition spielt auch bei methodisch unterstützten Entscheiden und in vermehrtem Masse bei improvisierten Entscheiden eine wichtige Rolle. Sie spielt mit bei der Auswahl, Gewichtung und Beurteilung der einzelnen Kriterien. Intuition schliesst die unbewusste Beurteilung von Einflussfaktoren und Konsequenzen besonders dann mit ein, wenn nur wenige Informationen zur Verfügung stehen oder wenn nicht messbare Grössen zu beurteilen sind.

Entscheid im Zwischenhirn

Letztlich entscheidet immer das Zwischenhirn nach Gefühl. Die Entscheidungsverfahren und -methoden bringen uns lediglich mehr Klarheit und Verständnis für die Entscheidungssituation, sodass wir mit einem guten Gefühl entscheiden können. Wenn wir uns zu etwas überreden lassen, ohne überzeugt zu sein, bleibt ein schlechtes Gefühl zurück. Wirklich wollen tun wir dann doch nicht.

> **„Entscheide nie gegen dein Gefühl!"**
> *Sokrates*

6.5.5 Der Ablauf eines Entscheidungsverfahrens

Wenn wir vor einer Entscheidungssituation stehen, geht es darum, auf einen bestimmten Zeitpunkt hin Wissen aufzubereiten, die Beteiligten zusammenzubringen und zu einem Entschluss zu veranlassen. Dabei empfiehlt es sich, folgendermassen vorzugehen:

Studium der Entscheidungssituation

Hier geht es darum, die Ausgangssituation zu erfassen. Wir müssen uns klar werden, was wir mit dem Entscheid bezwecken wollen:

- Die Art des Entscheides: Handelt es sich um einen Zwischen-, End- oder Zielentscheid?
- Welche Varianten stehen zur Wahl?
- Die Tragweite des Entscheides: Handelt es sich um einen definitiven Entscheid, oder ist er später noch korrigierbar?
- Die Terminsituation
- Die formale Zuständigkeit in der Organisation: Wer unterschreibt letztlich? Wer beeinflusst? Wen will ich aus psychologischen Gründen miteinbeziehen, um eine grössere Akzeptanz des Entscheides zu erreichen?

Entscheidungsverfahren festlegen

Kann der Entscheid improvisiert auf Grund weniger Kriterien getroffen werden, oder soll ein methodisches Verfahren zur Anwendung kommen? Welches methodische Verfahren will ich anwenden? Genügt eine einfache Wirtschaftlichkeitsrechnung, oder will ich eine umfassendere Nutzwertanalyse vornehmen?

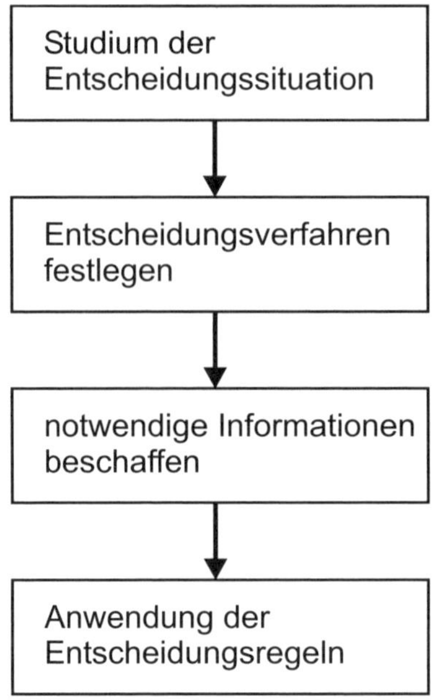

Abb. 6.5.5 *Ablaufschema Enscheidungsverfahren.*

Informationen beschaffen In diesem Schritt werden die für das gewählte Entscheidungsverfahren notwendigen Informationen gesammelt und zusammengestellt.

Regeln anwenden Hier kommen die im gewählten Verfahren festgelegten Regeln zur Anwendung. Das Verfahren liefert als Resultat einen Entscheidungsvorschlag.

Entschluss fassen Mit dem Entschluss, welche Variante wir weiter verfolgen wollen, kommt das Entscheidungsverfahren zum Abschluss. Der Entschluss muss nicht immer mit dem Entscheidungsvorschlag übereinstimmen, insbesondere dann nicht, wenn der Entscheidende mit der Gewichtung der Bewertung nicht einverstanden ist oder wenn sich, besonders bei langwierigen Verfahren, zwischen Bewertung und Entschluss Sachverhalte geändert haben.

Entschluss umsetzen Nun müssen die entsprechenden Anordnungen und Informationen weitergegeben werden. Taten müssen folgen, und die Zielerreichung muss überwacht werden. Jetzt werden wir Methoden des Projektmanagements einsetzen.

6.5.6 Entscheiden in technischen Systemen

Auch in technischen Systemen, speziell im Zusammenhang mit der Informationsverarbeitung, sind häufig Entscheidungen zu treffen. Welcher Fall ist eingetreten? Wie soll jetzt das System reagieren? Die Regeln, wie solche Entscheide zu treffen und auszuwerten sind, baut der Systementwickler in sein System ein. Im Gegensatz zu betrieblichen Entscheidungssituationen fehlen hier menschliche Gefühle und Intuition ganz. Im Folgenden behandeln wir diese Systeme, um einige Begriffe und Zusammenhänge bei Entscheidungssituationen klarer zu erkennen.

Im ungestörten Betrieb sind die Entscheidungsregeln in technischen Systemen meist einfach. Unter dem Einfluss von Störungen wird die ganze Angelegenheit aber oft komplex.

Dazu drei Beispiele:

Beispiele

- Bei jeder Datenerfassung und -übertragung ist mit Rauschen und Störungen zu rechnen. Wo setze ich die Entscheidungsschwelle, welches Signal ich gerade empfangen habe?

- Bei einer Brandmeldeanlage will ich jeden Feuerausbruch möglichst rasch und sicher entdecken. Ich will aber nicht täglich einen Fehlalarm auslösen. Wo setze ich die Empfindlichkeitsschwelle für die Sensoren?

- Bei einem militärischen Radarsystem weiss ich weder, ob ein Signal vorhanden noch wie stark es ist. Ab welcher Signalstärke soll das System alarmieren?

Wo die Schwelle setzen?

Handelt es ich um eine Brandmeldeanlage, so wünsche ich mir einerseits eine möglichst hohe Entdeckungswahrscheinlichkeit. Andererseits muss ich aber die Fehlalarmwahrscheinlichkeit so tief halten, dass ein Alarm, wenn er wirklich eintritt, auch noch ernst genommen wird. Um dieser Forderung gerecht zu werden, wende ich das **Neyman-Pearson-Kriterium** an: Ich gebe eine noch tolerierbare Fehlalarmwahrscheinlichkeit an und setze damit die Schwelle.

Das **Bayes-Kriterium** geht noch einen Schritt weiter. Bayes führt für jeden Entscheid Kostenfaktoren ein. Er stellt fest, wieviel ein Fehlalarm kostet, ein verpasster Alarm und ein detektierter Alarm. Dann legt er unter Berücksichtigung der vorkommenden Häufigkeit der Ereignisse die Schwelle so, dass die Gesamtkosten minimiert werden.

Das **MAP-Kriterium** (minimum-a-posteriori probability) ist ein Spezialfall des Bayes-Kriteriums. Es minimiert die Fehlerwahrscheinlichkeit, wobei mit den Kosten = 0 für richtige und 1 für falsche Entscheide gerechnet wird.

Eine detaillierte, mathematische Behandlung ist hier nicht angebracht, doch wollen wir daraus einige Gedanken zu unternehmerischen Haltungen ableiten.

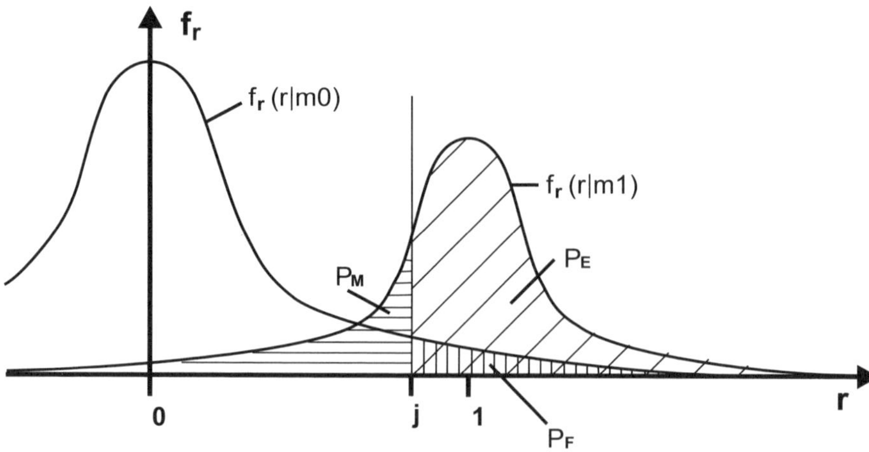

f_r (r|m0)	Wahrscheinlichkeitsverteilung für das detektierte Signal unter der Voraussetzung, dass m0 gesendet wurde.
f_r (r|m1)	Wahrscheinlichkeitsverteilung für das detektierte Signal unter der Voraussetzung, dass m1 gesendet wurde.
j	Entscheidungsschwelle
P_E	Entdeckungswahrscheinlichkeit für m1 (Fläche)
P_M	Misswahrscheinlichkeit für m1 (Fläche)
P_F	Fehlalarmwahrscheinlichkeit für m1 (Fläche)

Abb. 6.5.6 *Wahrscheinlichkeitsverteilung für zwei Signale m0 und m1, die mit weissem Rauschen überlagert sind. Wenn die Entscheidungsschwelle bei j gesetzt wird, stellen die schraffierten Flächen die oben beschriebenen Wahrscheinlichkeiten dar.*

6.5.6.1 Vergleich mit unternehmerischen Grundhaltungen beim Entscheiden

Gewinnmaximierung bei tolerierbarem Risiko (Neyman-Pearson): Ich versuche, meinen Gewinn zu maximieren, gehe dabei bestimmte Risiken ein, deren Eintretenswahrscheinlichkeiten und schlimmste Folgen („worst case") ich aber abschätzen kann.
Kostenminimierung (Bayes): Ich versuche, alles über Kostenfaktoren unter Berücksichtigung der Eintretenswahrscheinlichkeiten zu optimieren.
Detektionsmaximierung: Ich setze alles daran, jedes Ereignis zu detektieren, unabhängig davon, wieviele Fehlalarme ich dabei auslöse. Das macht vom mathematischen Modell her gesehen wenig Sinn. Es läuft darauf hinaus, dauernd Alarm auszulösen.
Risikominimierung: Hier stellt sich die Frage, welches Risiko man minimieren will. Am Ende dieser Überlegungen gelangt man wieder zum Bayes-Kriterium.

zaudern

In technischen Systemen kann man die Sicherheit erhöhen, indem man die Signalenergie vergrössert. Dazu muss man das Signal verstärken oder die Detektionszeit verlängern (längere Integrationszeit = mehr statistische Daten sammeln). Eine weitere mögliche Massnahme zur Verbesserung der Entscheidungssicherheit kann darin bestehen, dass wir weitere Entscheidungskriterien einführen, zum Beispiel einen weiteren unabhängigen Übertragungskanal oder weitere Detektoren, die auf andere physikalische Effekte ansprechen. Wir erhalten dann ein mehrdimensionales Entscheidungsverfahren. Am Ende wird man aber wieder auf eine ähnliche Situation stossen, wie sie in Abb. 6.5.6 dargestellt ist. Möglicherweise erhalten wir eine geringere Streuung und damit eine geringere Überlappung der beiden Kurven. Ein technisches System wird sich dann entscheiden, ein Zauderer neue Ausflüchte suchen. Möglicherweise kommt er dann auf die Idee, sich nicht nur auf die Lösungsmöglichkeiten 0 und 1 zu beschränken. Man könnte schliesslich noch eine dritte Möglichkeit in die Evaluation miteinbeziehen.
Aus Angst, Fehler zu machen, schrecken wir oft vor Entscheidungen zurück. Technische Systeme kennen das nicht. Sie sind programmiert, zu entscheiden und mit der Möglichkeit von Fehlentscheidungen umzugehen.

6.5.7 Mathematische Optimierung

Wenn es uns gelingt, unsere Ziele als mathematische Funktion zu formulieren, handelt es sich kaum mehr um eine Entscheidungssituation, sondern um eine Optimierungsaufgabe. Mit „Ableiten und Null setzen" oder mit der Methode der linearen Programmierung kommen wir ans Ziel. Die Beispiele, die im Mathematikunterricht schön funktionieren, trifft man leider im beruflichen Alltag selten an. Oft sind die Situationen so komplex, dass sie sich nicht mehr mathematisch formulieren lassen. Dann geht es nicht mehr mit einer einfachen Optimierung. Wir müssen mit andern Methoden zu Entscheidungen gelangen.

6.5.8 Finanzielle Bewertungsmethoden

Rein finanziell begründbare Entscheide finden auf Geschäftsleitungsebene und in Verwaltungsräten die grösste Akzeptanz. Das ist verständlich. Die Zukunft einer Firma und die Arbeitsplatzsicherheit sind nur gewährleistet, wenn die wirtschaftliche Basis der Firma intakt ist.

6.5.8.1 Einfache Investitionsrechnung

Das Prinzip besteht darin, die wirtschaftlichen Auswirkungen eines Entscheides abzuschätzen. Lohnt sich die Investition, wird sie getätigt. Wenn nicht, stoppt man das Projekt, oder man sucht eine andere Lösung. Beim Wirtschaftlichkeitsvergleich sollten nicht nur die Beschaffungskosten der verschiedenen Varianten untersucht werden, sondern auch ihre Betriebskosten, Unterhaltskosten etc. müssen in den Vergleich miteinbezogen werden. Auf die anzuwendenden Methoden der statischen oder dynamischen Kostenrechnung gehen wir hier nicht ein. Es sei aber darauf hingewiesen, dass auch Kostenrechnungen Unsicherheiten enthalten, denn sie bauen auf Prognosen auf. Wie genau sind die prognostizierten Verkaufszahlen, die geschätzten Produktionsstunden, die angenommenen Wechselkurse?
Die Wirtschaftlichkeitsrechnung ist bei der Variantenwahl sicher ein wichtiger Faktor. In der betrieblichen Praxis wird sie aber oft überbewertet. Neue, zukunftsträchtige Lösungen sind in ihrem Entstehungsstadium meist noch teurer als das Bestehende. Solange dann nur auf Grund eines aktuellen Kostenvergleichs entschieden wird, hat das Neue trotz seiner umfangreicheren Möglichkeiten keine Chance. Eine besondere Gefahr beim reinen Wirtschaftlichkeitsdenken stellt die isolierte Beurteilung von Teillösungen dar. Wenn auf Grund solcher Rechnungen Teile aus dem Gesamtsortiment gestrichen werden, ohne zu berücksichtigen, dass dadurch die Fähigkeit verloren geht, als Gesamtlösungsanbieter aufzutreten, wirkt sich das kontraproduktiv aus. Die Wirtschaftlichkeitsrechnung stellt trotzdem auch für neue Ideen ein sehr wirksames Sieb dar. Sie zeigt, dass nicht alles Machbare auch wirtschaftlich von Interesse ist.

6.5.8.2 Die Nutzenanalyse

Die Nutzenanalyse nach K. Nagel (Nutzen der Informationsverarbeitung) basiert auf einem Verfahren, das zusammen mit IBM entwickelt wurde. Dieses Verfahren versucht verschiedene Auswirkungen von Investitionen in finanzielle Grössen umzusetzen und berücksichtigt dabei zusätzlich die verschiedenen Wahrscheinlichkeiten für deren Realisierung. Die Summation der einzelnen Nutzenkategorien mit abnehmender Realisierungschance ergibt dann ein Bild, mit welcher Sicherheit sich welche Erträge realisieren lassen.

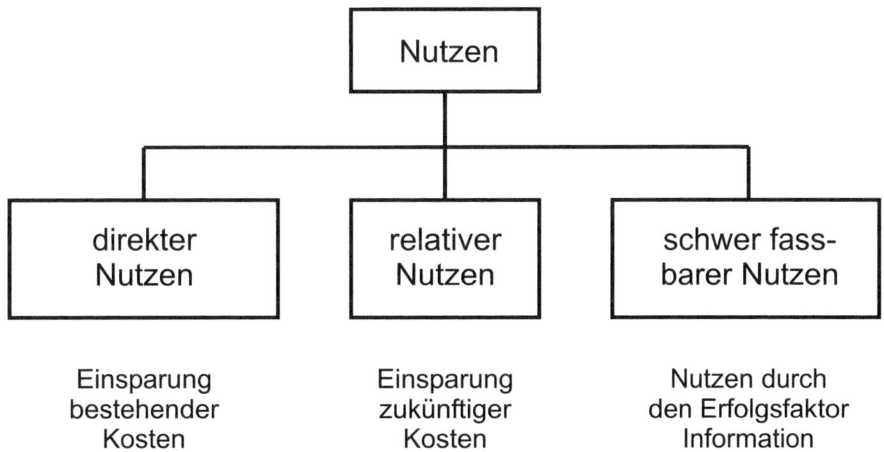

Abb. 6.5.8.1 *Einteilung in Nutzenkategorien (nach K. Nagel).*

Beispiel Unter die verschiedenen Nutzenkategorien lassen sich die folgenden Kosten gliedern:

Einsparung bestehender Kosten:
- Personalkosten
- Materialkosten
- Energiekosten
- Lizenzgebühren

Einsparung zukünftiger Kosten:
- zukünftige Wartungskosten für abzulösende Anlage
- zukünftige Ausbaukosten für alte Anlage beim weiteren Betrieb
- Reduktion der zukünftigen Fehlerbehebungskosten

Nutzen durch bessere Information:
- Reduktion von Sucharbeit nach Daten
- rascheres Eingehen auf Kundenwünsche
- Reduktion der Transportkosten wegen weniger Fehllieferungen

Abb. 6.5.8.2 zeigt die Reihenfolge auf, in der Nagel vorschlägt, die Nutzen zu summieren. In Abb. 6.5.8.3 sind die Summen der Nutzen über mehrere Jahre graphisch aufgezeichnet. Ebenfalls eingezeichnet sind die kumulierten Kosten der neuen Lösung.

Aus der Abb. 6.5.8.3 ist nun ersichtlich, dass im dargestellten Beispiel die Reduktion der existierenden Kosten 1, die wir mit einer hohen Realisierungschance beurteilen, die Einführung der neuen Lösung nicht rechtfertigen würde. Doch bereits dann, wenn wir die Einsparung der zukünftigen Kosten 2 mitberücksichtigen, erreichen wir den Break-Even-Punkt nach ca. drei Jahren. Glaubt man noch an die Realisierung der weiteren Nutzenpotentiale, so ergibt sich ein noch positiveres Bild.

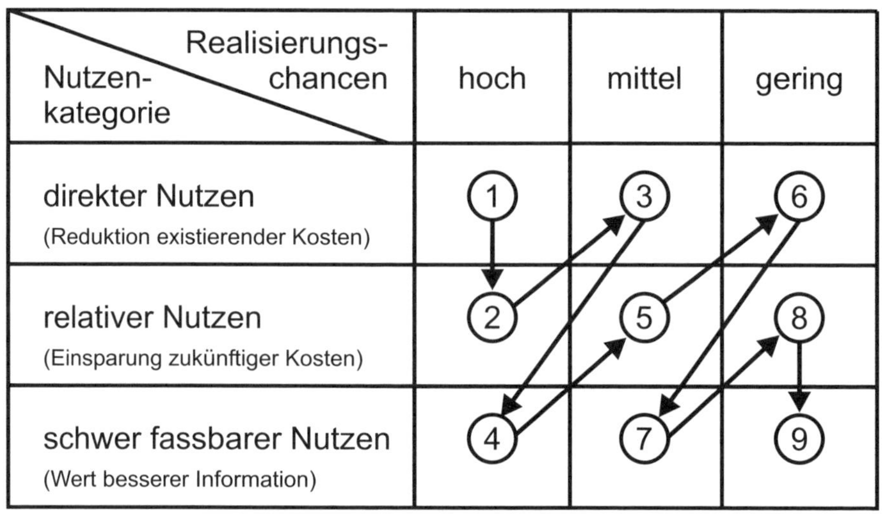

Abb. 6.5.8.2 *Reihenfolge, in der die verschiedenen Nutzen mit abnehmender Glaubwürdigkeit bzw. Realisierungschance zu summieren sind.*

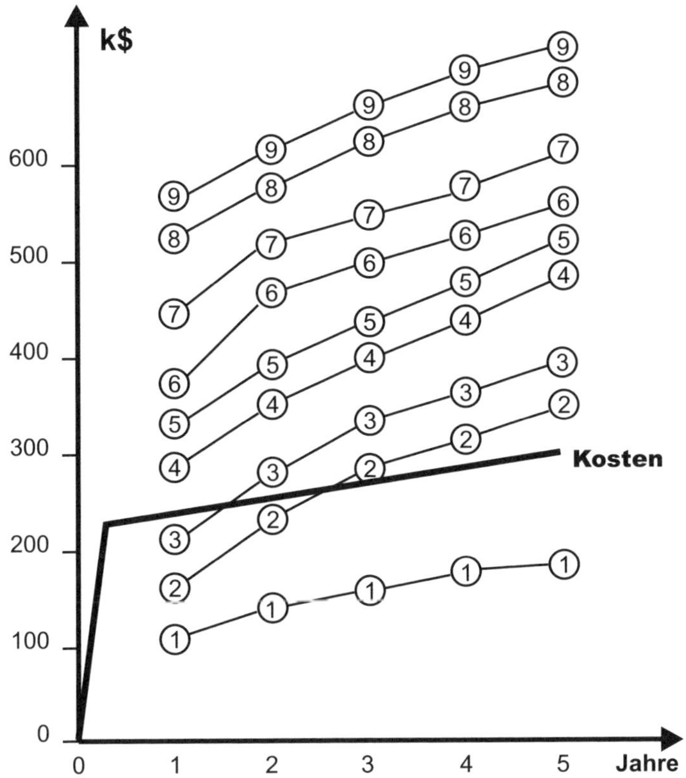

Abb. 6.5.8.3 *Kurven der aufsummierten Nutzen über die Jahre graphisch dargestellt. Eingezeichnet sind ebenfalls die kumulierten Kosten der neuen Lösung über den gleichen Zeitraum.*

6.5.9 Die Nutzwertanalyse

Die Nutzwertanalyse stellt ein Bewertungsverfahren dar, das gleichzeitig eine Vielzahl von Teilzielen bzw. Beurteilungskriterien berücksichtigt, auch solche, die sich nicht in Geldeinheiten ausdrücken lassen. Die Nutzwertanalyse eignet sich insbesondere zur Beurteilung von komplexen Lösungsvarianten, bei denen zahlreiche Beurteilungskriterien zu berücksichtigen sind, die es selbst dem Experten verunmöglichen, gleichzeitig über alle Varianten und Kriterien den Überblick zu wahren. Bei der Nutzwertanalyse streben wir nach der Optimierung des „Gesamtnutzens". Nach dem Nutzenkonzept leistet jede Lösungsvariante bezüglich jedes Teilziels einen „Ertrag". Dazu wird jede Variante bezüglich jedes Teilziels „benotet". Die Benotung erfolgt auf Grund von Kriterien. Die Entscheidungsregel besagt dann: „Wähl diejenige Variante, welche den höchsten Gesamtzielertrag/Gesamtnutzen liefert."

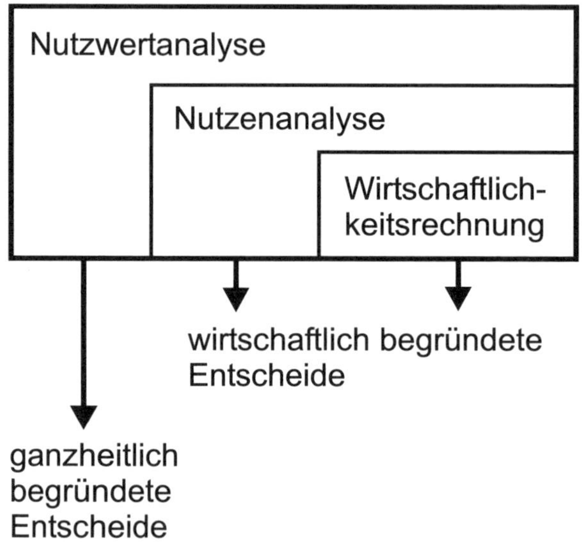

Abb. 6.5.9 *Ganzheitlich begründete Entscheide basieren auf umfassenderen Betrachtungen als rein wirtschaftlich begründete.*

6.5.9.1 Das Herleiten der Bewertungskriterien aus der Zielsetzung

Den Grad der Zielerreichung jeder Variante können wir durch deren aspektweise Beurteilung ermitteln. Dies geschieht mittels Kriterien. Die Begriffe „Ziel" und „Kriterium" lassen sich wie folgt unterscheiden: Ein Ziel drückt eine Wertvorstellung aus. Es sagt, was sein soll. Ein Kriterium dagegen ist „wertfrei". Es dient zur Messung des Grades der Zielerreichung. Anhand des Kriteriums lässt sich aussagen, wie gut die Lösung x bezüglich des erfassten Aspektes ist.

Beispiel

Beim Autokauf bestehe ein Teilziel darin, dass sich das gewünschte Auto besonders gut zum Transport von voluminösem Gepäck eigne. Das Beurteilungskriterium, an dem wir nun unsere Varianten messen, ist der Kofferrauminhalt.

Die Kriterien zur Beurteilung von Alternativen leiten wir also aus der früher erstellten Zielsetzung ab. Wir versuchen, die ganze Zielsetzung vollständig durch Kriterien abzudecken. Damit alle Beteiligten unter einem Kriterium dasselbe verstehen und der Entscheidungsvorgang auch zu einem späteren Zeitpunkt nachvollzogen werden kann, sind die Kriterien eindeutig zu beschreiben.

Unabhängigkeit

Um zu vermeiden, dass einzelne Konzeptmerkmale mehrfach beurteilt werden, sollten die Aspekte, unter denen die Zielerfüllung betrachtet wird, voneinander unabhängig sein. Somit ist auch bei den Beurteilungskriterien weitgehende Unabhängigkeit anzustreben.

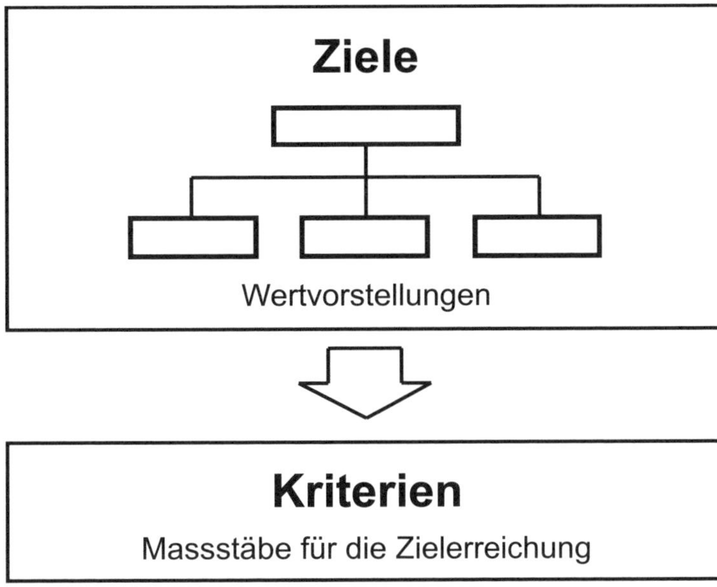

Abb. 6.5.9.1 Die Kriterien zur Lösungsbeurteilung werden aus den früher gesetzten Zielen abgeleitet.

6.5.9.2 Die Gewichtung der Teilziele

Wenn wir die verschiedenen Ziele bzw. Kriterien alle gleich stark gewichten würden, so erhielten jene Zielklassen, die sich aus vielen Unterzielen bzw. Unterkriterien zusammensetzen, gegenüber den andern ein Übergewicht. Um das zu vermeiden, führen wir eine bewusste Gewichtung ein. Die Gewichtung der Ziele lässt sich am besten anhand der Zielhierarchie vornehmen:

1. Wir begrenzen das Totalgewicht auf z.B. 100.
2. Wir verteilen das Totalgewicht auf die verschiedenen Zielklassen.
3. In jeder Zielklasse verteilen wir die Teilgewichte weiter auf die verschiedenen Teilziele bis hinunter zu den einzelnen Beurteilungskriterien.

Muss-Ziele werden in die Nutzwertanalyse nur soweit aufgenommen, als ihre Übererfüllung zu einem Nutzen führt. Varianten, die die Muss-Ziele nicht erfüllen, sind keine Lösungen. Sie sollten schon im Rahmen der Konzeptsuche ausgeschieden worden sein. In Abb. 6.5.9.2 ist anhand einer Zielsetzung gezeigt, wie sich eine mögliche Gewichtsverteilung vornehmen liesse.

Ein gängiger Fehler beim Einsatz der Nutzwertanalyse:
Im Rahmen einer CAD-Evaluation beurteilten die Evaluatoren an die 100 System-Funktionen, zwei finanzielle Aspekte sowie zwei Kriterien bezüglich Integrationsmöglichkeiten in die existierende EDV-Umgebung. Da sie jedes

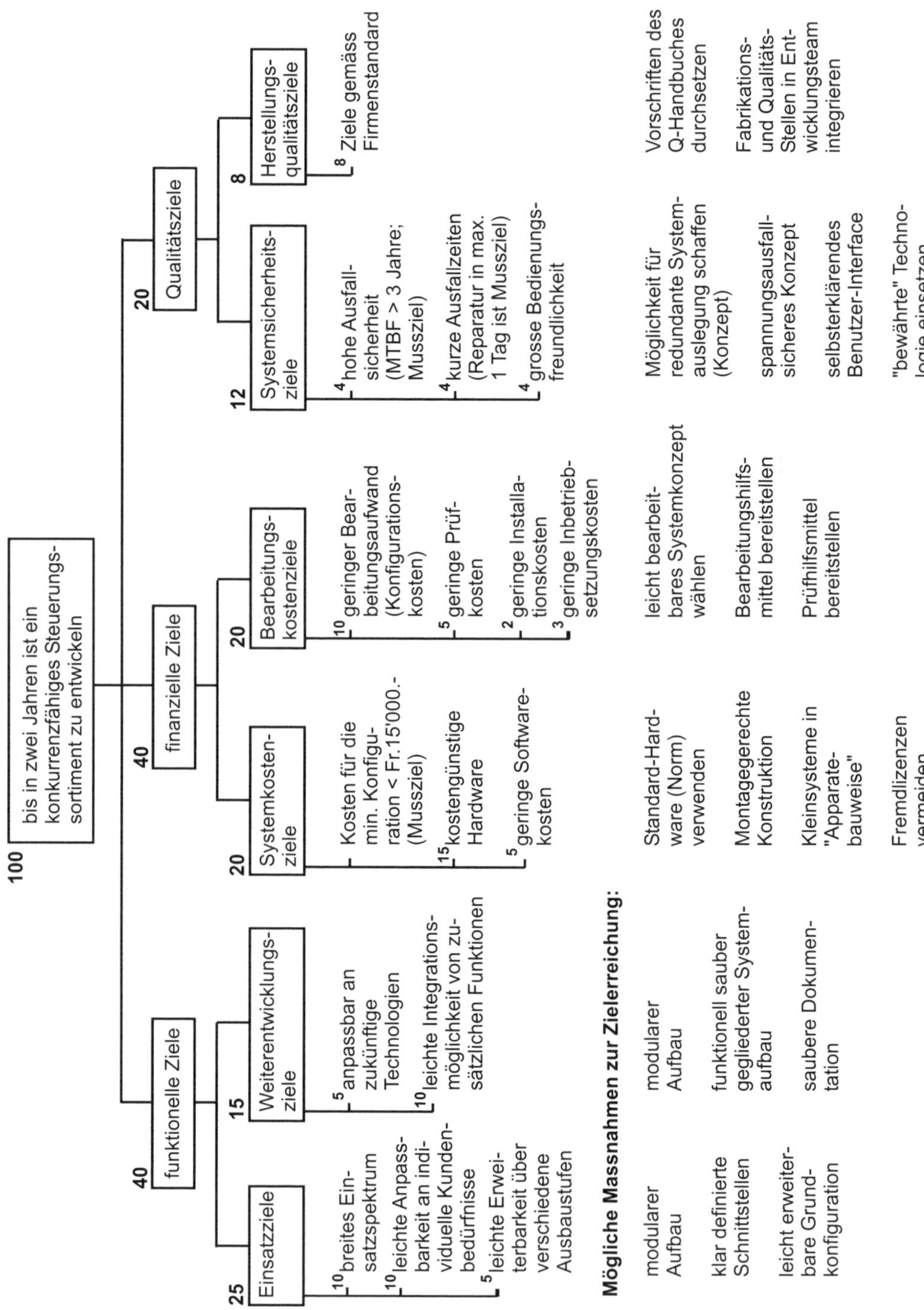

Abb. 6.5.9.2 Beispiel für eine Zielhierarchie mit eingetragener Gewichtsverteilung.

einzelne Kriterium gleich stark gewichteten, spielten die Kosten und die Integrationsmöglichkeit neben den 100 beurteilten Funktionen in der Auswertung nur noch eine unbedeutende Rolle. Der „gesunde Menschenverstand" verhinderte zum Glück einen Fehlentscheid. Man stiess noch rechtzeitig auf die fehlende Untergewichtung der Kriterien Kosten und Integrationsmöglichkeit.

6.5.9.3 Die Zielpräferenzmatrix

Die Zielpräferenzmatrix ist ein Hilfsmittel, um die Prioritäten in einer Zielsetzung zu ordnen. Es beruht darauf, die Ziele zu vergleichen. Bei jedem paarweisen Vergleich wird die Präferenz festgelegt. Je grösser die Anzahl Präferenzen, desto wichtiger das Ziel. So erhält man eine Rangfolge und kann dann mittels eines Dreisatzes die Gewichte verteilen.

Gewicht	Anzahl Präf.	-	Ziele
9	4	a	Invest. Kosten
9	4	b	Betriebskosten
9	4	c	Störanfälligkeit
6	3	d	Leistung
11	5	e	Schulungsaufw.
6	3	f	Ergonomie
14	**6**	**g**	**Bedienbarkeit**
11	5	h	Sprache
11	5	i	Service
11	6	k	Hotline
100	45		

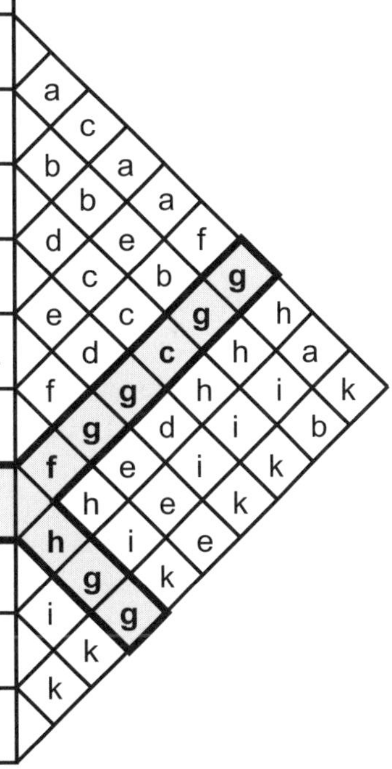

Abb. 6.5.9.3 Beispiel für eine Zielpräferenzmatrix. Mit diesem Hilfsmittel lassen sich den Zielen Prioritäten zuordnen.

Die Methode der Zielpräferenzmatrix ist besonders dann geeignet, wenn an der Zielsetzung viele beteiligt sind und aus Akzeptanzgründen ein demokratischer Entscheid wichtig ist. Für die gemeinsame Zielsetzung berechnet man dann den Durchschnitt der einzelnen Präferenzen.
Zur detaillierten Erklärung der Funktionsweise greifen wir in Abb. 6.5.9.3 das Ziel „Bedienbarkeit" (g) heraus. Aus der Matrix ersehen wir, dass g in sechs Fällen den anderen Zielen vorgezogen wird: den Investitionskosten, den Betriebskosten, der Leistung, dem Schulungsaufwand, dem Service und der Hotline. Die Bedienbarkeit erhält daher sechs Präferenzpunkte. Total werden 45 Präferenzpunkte verteilt. Wenn wir auf sämtliche Ziele 100 Gewichtspunkte verteilen, erhalten wir mittels Dreisatz für das Ziel „Bedienbarkeit" (g) 14 Gewichtsanteile.

6.5.9.4 Zur Notenverteilung

Die Zielerträge, die jede Lösungsvariante bezüglich der verschiedenen Teilziele liefert, müssen in eine „gleichnamige" Form gebracht werden. Dazu verwenden wir Noten. Zur Notenerteilung benötigen wir eine Notenskala. Beim Festlegen der Notenskala gilt der Grundsatz:

hoher Nutzen = hohe Note

Aus diesem Grund brauchen Notenskalen durchaus nicht immer lineare Funktionen darzustellen. Sehr oft treten Sättigungseffekte auf. So mag z.B., wie in

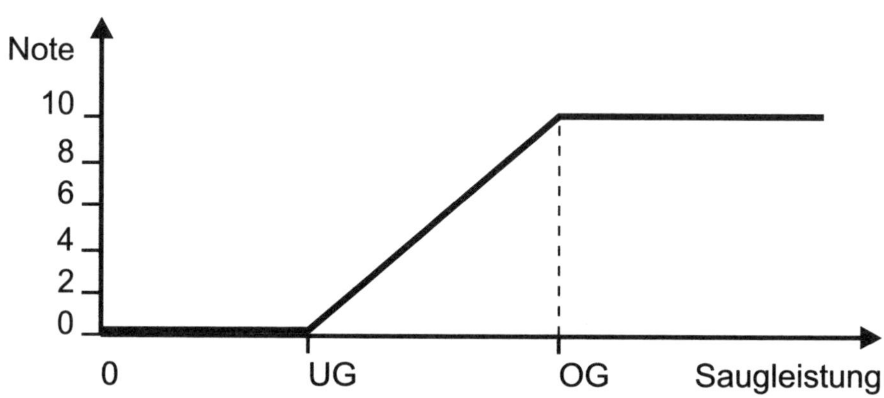

Abb. 6.5.9.4.1 *Beispiel einer Nutzenfunktion: Nutzen in Funktion der Saugleistung eines Staubsaugers.*

Abb. 6.5.8.4.1 dargestellt, die Saugleistung eines Staubsaugers als Beurteilungskriterium dienen; dies aber nur bis zu einer oberen Grenze (OG), wo eine weitere Erhöhung keine Vorteile mehr bringt. Auch eine untere Grenze (UG) existiert. Unterhalb dieser Grenze ist die Nutzwirkung so schwach, dass sie wertlos ist.

Grad der Akzeptanz einer neuen Arbeitsmethode	**Note**
Vorgesetzte wie Mitarbeiter lehnen die neue Methode ab.	0
Die Vorgesetzten können die neue Methode vertreten, die Mitarbeiter sind negativ eingestellt.	2
Die Vorgesetzte begrüssen die Methode, die Mitarbeiter sind abwartend.	5
Vorgesetzte wie Mitarbeiter begrüssen die neue Methode als Fortschritt.	8
Vorgesetzte wie Mitarbeiter sind begeistert.	10

Abb. 6.5.9.4.2 *Beispiel einer Nutzenfunktion aus dem sozialen Bereich.*

Schwieriger ist die Nutzenfunktion ohne physikalische Grössen zu definieren. Hier wird es nötig, mit detaillierten verbalen Beschreibungen zu arbeiten. Als Beispiel dazu diene Abb. 6.5.9.4.2.
Ob unsere Notenskala von 0–5, von 1–6, oder von 0–10 reicht, spielt keine Rolle. Wichtig ist nur, dass wir diese Skala für alle Kriterien über die ganze Beurteilung konstant halten.

6.5.9.5 Das Erstellen der Bewertungsmatrix

Die Darstellung und die Auswertung der Resultate der Nutzwertanalyse erfolgen am besten mit Hilfe einer Bewertungsmatrix, wie sie in Abb. 6.5.9.5 dargestellt ist. Der Gesamtnutzen je Variante berechnet sich durch die Summation der gewichteten Teilnutzen. Das Resultat des Verfahrens bildet eine Rangordnung der Varianten, die sich aus den ermittelten Gesamtnutzen ergibt.

		Variante1		Variante2	
Kriterien	**Gewichte**	**Nutzen**	**gewichteter Nutzen**	**Nutzen**	**gewichteter Nutzen**
K1	G1	N11	G1 N11	N12	G1 N12
K2	G2	N21	G2 N21	N22	G2 N22
K3	G3	N31	G3 N31	N32	G3 N32
Ki	Gi	Ni1	Gi Ni1	Ni2	Gi Ni2
Kn	Gn	Nn1	Gn Nn1	Nn2	Gn Nn2
			$\sum_{i=1}^{n}$ Gi Ni1		$\sum_{i=1}^{n}$ Gi Ni2

Abb. 6.5.9.5 Bewertungsmatrix.

6.5.9.6 Die Sensitivitätsanalyse

Die Bewertungsmatrix liefert vorerst nur eine Rangfolge von Varianten. Wir möchten aber auch wissen, wo sich unsere Varianten im Spektrum der Bewertungsbandbreite befinden. Handelt es sich bei allen um Spitzenlösungen, oder wählen wir lediglich die beste von allen schlechten Lösungen? Dazu konstruieren wir die folgenden hypothetischen Lösungen:

Die minimale Lösung = Variante, die in allen Kriterien minimal bewertet wird.
Durchschnittslösung = Variante, die in allen Kriterien durchschnittlich bewertet wird.
Die ideale Lösung = Variante, die in allen Kriterien maximal bewertet wird.

Diese Vergleichsvarianten stellen lediglich ein Gedankenexperiment dar. Die Bewertungspunkte, die sie liefern, ergeben aber Vergleichsmasse für unsere gewählte Lösung. Im Rahmen der Sensitivitätsanalyse empfiehlt es sich, auch zu untersuchen, ob sich die Rangfolge der Varianten bei einer anderen Gewichtung der Ziele ändert. Bei einer starken Abhängigkeit wird man nochmals überlegen, ob die angewandte Gewichtung auch tatsächlich den Bedürfnissen entspricht.

Die Methode selbst fällt den Entscheid nie!

Das klingt zwar trivial, soll aber als Warnung vor einer blinden Methodengläubigkeit verstanden werden. Ein Entscheid erfordert Mut, Intelligenz, Risikobereitschaft, Intuition und Verantwortungsfreude. Die Entscheidungsmethoden selbst sind nur Hilfsmittel, um Entscheidungsgrundlagen zu gewinnen. Die Sensitivitätsanalyse macht dabei die Entscheidungssituation transparenter.

6.5.10 Beispiel für eine Nutzwertanalyse

Eine Firma benötigt ein neues Software-Paket zur Auftragsbearbeitung ihrer kundenspezifisch zu konfigurierenden Produkte. Die Leistungen und Funktionsweisen der neuen Software sind in einem Pflichtenheft detailliert dokumentiert. Die Entwicklung der Software möchte man nun aus Kapazitätsgründen einer externen Firma übertragen. Dabei soll ein eigener Mitarbeiter, der später die Betreuung der Software übernimmt, mitarbeiten und als Schnittstelle zur externen Firma funktionieren. Die Firma stellt ihn zu 50 % für dieses Projekt frei. Die Geschäftsleitung möchte keine Risiken eingehen und fordert, weil die Aufgabe sehr detailliert dokumentiert ist, eine Fixpreisofferte. Von fünf Firmen liegen Offerten vor. Zuhanden der Geschäftsleitung soll ein Entscheidungsvorschlag ausgearbeitet werden.

1. Ausscheiden der Offerten, welche die Muss-Kriterien nicht erfüllen.
Eine Firma weigerte sich einen Fixpreis zu offerieren. Eine zweite offeriert zwar nach mühsamen Verhandlungen für eine erste Phase einen Fixpreis. Der Preis für die weiteren Leistungen bleibt aber völlig offen. Da die drei anderen Offerten, die diese Forderung erfüllen, scheiden diese zwei Offerten bereits jetzt aus der Evaluation aus.

2. Aufstellen der Bewertungsmatrix
Aus der früher aufgestellten Zielsetzung leiteten Sie die folgenden Hauptkriterien ab, die Sie den Zielprioritäten entsprechend gewichten:

Kriterium	Gewicht
Wirtschaftlichkeit (Preis und Termin)	50
Zusammenarbeit	25
Risiko und Firmenbeurteilung	25

Das Hauptkriterium „Wirtschaftlichkeit“:
Sie sind davon ausgegangen, dass das umfangreiche Paket ca. ein halbes Jahr Programmierarbeit und ebensoviel Testaufwand verursacht. Da das neue Paket im späteren Einsatz Ihrer Firma pro Monat ca. Fr. 20’000.– Einsparungen bringen wird, wollen Sie einen früheren Liefertermin entsprechend honorieren. In Ihrer Bewertungsmatrix korrigieren Sie daher den Preis der Offerten um Fr. 20’000.– pro Monat Abweichung.

Das Hauptkriterium „Zusammenarbeit“:
Es ist Ihnen wichtig, dass die externe Firma eine enge Zusammenarbeit mit Ihrem eigenen Mitarbeiter während der ganzen Entwicklungsphase vorsieht. Trotz guter Kommunikationsverbindungen glauben Sie, dass eine geographische Nähe zum Auftragnehmer Vorteile bietet. Das gilt besonders für die Testphase. Nicht alle offerierenden Firmen haben auch die Hardware, um die gesamte Software im eigenen Haus zu testen. Neben dem rein Formalen berücksichtigen Sie auch das subjektive Kriterium „Sympathie“ auf Grund der Kontakte, die sie in der Offertphase oder bereits früher aufgebaut haben. Für die Gewichtung sind Ihnen die Nähe und Sympathie zum Auftragnehmer doppelt so wichtig wie seine Hardware-Infrastruktur.

Das Hauptkriterium „Risiko und Firmenbeurteilung“:
Dieses Kriterium unterteilen Sie in die folgenden Detailkriterien:
Beurteilung der Offerte: Macht sie einen seriösen Eindruck, oder versucht die Firma, sich möglichst nicht festzulegen?
Beurteilung der Firma: Sie haben neben den erhaltenen Unterlagen weitere Referenzen und auch eine Kreditauskunft eingeholt.
Firmengrösse: Idealerweise entspricht Ihr Auftrag ca. 10 Prozent des Jahresumsatzes der Firma. Falls sich Probleme ergeben, hat die Firma die notwendige Kraft, sie zu bewältigen. Falls ihr Auftrag zu klein ist, besteht die Gefahr, dass ihm nicht die notwendige Beachtung geschenkt wird. Für die Gewichtung sind Ihnen die Referenzen und die Beurteilung der Offerte wichtiger als die Firmengrösse.

3. Festlegen der Notenskalen

Wir verwenden für alle Kriterien eine Notenskala von 1 bis 10. Für jedes Kriterium wird eine Notenskala festgelegt. Als Beispiel wird hier nur die Notenskala für das Kriterium „Nähe“ dargestellt:

Distanz / Erreichbarkeit	Note
Zu Fuss < 10 Min.	10
Mit den öffentlichen Verkehrsmitteln < 10 Min.	9
Mit den öffentlichen Verkehrsmitteln < 30 Min.	8
Mit dem Auto < 10 Min.	7
Mit dem Auto < 30 Min.	6
Mit den öffentlichen Verkehrsmitteln 30–60 Min.	5
Mit dem Auto 30–60 Min.	4
Mit den öffentlichen Verkehrsmitteln 1–2 Std.	3
Mit den öffentlichen Verkehrsmitteln > 2 Std.	2
Flugreise notwendig	1

4. Bewerten der einzelnen Offerten

Jede Offerte wird nun nach jedem Kriterium beurteilt. Wenn mehrere Mitarbeiter unabhängig ihre Urteile abgeben, können anschliessend unterschiedliche Resultate durch Diskussion angenähert werden. Man kann sich aber auch auf Durchschnittsnoten festlegen. Wichtig ist, dass für alle Beteiligten die Noten nachvollziehbar sind. Anschliessend kann man die einzelnen Noten, bzw. Nutzen in die Bewertungsmatrix eintragen und die gewichteten Nutzwerte für jede Offerte berechnen.

5. Die Bewertungsmatrix

Kriterium	Gewicht	Offerte 1		Offerte 2		Offerte 3	
		N	GN	N	GN	N	GN
Wirtschaftlichkeit	50	5	250	8	400	4	200
Zusammenarbeit							
Nähe	10	5	50	4	40	7	70
Infrastruktur	5	8	40	9	45	9	45
Sympathie	10	8	80	6	60	8	80
Risiko							
Offerte	10	5	50	9	90	5	50
Referenzen	10	8	80	9	90	6	60
Firmengrösse	5	5	25	3	15	8	40
Nutzwerte			**575**		**740**		**545**

Abb. 6.5.10 *Bewertungsmatrix: N = Nutzen, GN = gewichteter Nutzen.*

6. Sensitivitätsanalyse

Die Maximallösung käme auf 1000 Punkte, eine mittlere Lösung auf 500. Gewichtet man die Zusammenarbeit sehr stark, ergeben sich für die Offerte 3 Vorteile. Gewichtet man das Risiko sehr stark, schwingt wieder die Offerte 2 obenaus.

7. Der Entscheidungsvorschlag

Die Offerte 2 gewinnt die Nutzwertanalyse. Sie bietet auf Grund der beurteilten Kriterien klare Vorteile. Auch bei einer unterschiedlichen Gewichtung geht sie klar als Favoritin aus dem Vergleich hervor.

Und wenn Ihnen der Vorschlag doch nicht gefällt?

Gesetzt den Fall, der Inhaber der Firma 1 ist ein guter Freund von Ihnen. Wie können Sie die Evaluation so durchführen, dass ihr Freund den Auftrag erhält? Hinweise dazu finden Sie in Kapitel 6.5.14.2.

6.5.11 Fuzzy-Logik als Entscheidungshilfe

Aus der Fuzzy-Logik kamen in den vergangenen Jahren weitere Impulse zur Entscheidungstheorie. Unsere reale Welt ist „fuzzy“ (= unscharf, unklar). Das Eintreffen einer prognostizierten Situation ist unsicher. Der erwartete Nutzen einer geplanten Lösung ist unsicher und oft sind auch unsere Zielvorstellungen ziemlich „fuzzy“.
In der in Kapitel 6.5.8.2 beschriebenen Nutzenanalyse rechnet man bereits mit Eintreffenswahrscheinlichkeiten für verschiedene Nutzenpotentiale. Auch die in Kapitel 6.5.9 beschriebene Nutzwertanalyse lässt sich in diesem Sinne erweitern und mit entsprechenden mathematischen Formalismen unterstützen. Allerdings stellt sich dann wieder die Frage des Aufwandes. Es gibt aber durchaus Situationen, in denen der Einsatz solch aufwändiger Methoden zu rechtfertigen wäre.
Ein Beispiel: Es geht um die Verlegung der Produktion in ein Billiglohnland. Für verschiedene Standorte sind unter anderem die folgenden Kriterien zu beachten:

- Die Wahrscheinlichkeit, dass die Arbeitskosten tief bleiben.
- Die Wahrscheinlichkeit, dass es zu politischen Unruhen kommt.
- Die ungefähre Höhe der Zusatzkosten, die aus Unruhen entstehen könnten.
- Die Häufigkeit, mit der Qualitätsprobleme auftreten werden.
- Die Möglichkeit, Qualitätsprobleme rasch zu erkennen und zu korrigieren.

Solche und viele weitere Fragen sind für die zur Diskussion stehenden Standorte schwierig zu beantworten. Im Vergleich lassen sich aber sicher Aussagen mit „grösser“ und „kleiner“ machen. Die Fuzzy-Methoden können dann weiterhelfen.

6.5.12 Vergleich der verschiedenen Methoden

Je nach Situation und Komplexität wird man ein anderes Bewertungsverfahren einsetzen.

Wirtschaftlichkeitsrechnung

Bei geringer Komplexität und klar heraustretenden Unterschieden zwischen den Lösungsvarianten kann ein einfacher Wirtschaftlichkeitsvergleich (Investitionsrechnung) genügend Entscheidungsgrundlagen liefern. Bei strategischen Überlegungen und vielen nur schlecht quantifizierbaren Faktoren liefert eine einfache Wirtschaftlichkeitsrechnung allein nur ein verzerrtes Bild der Gesamtsituation.

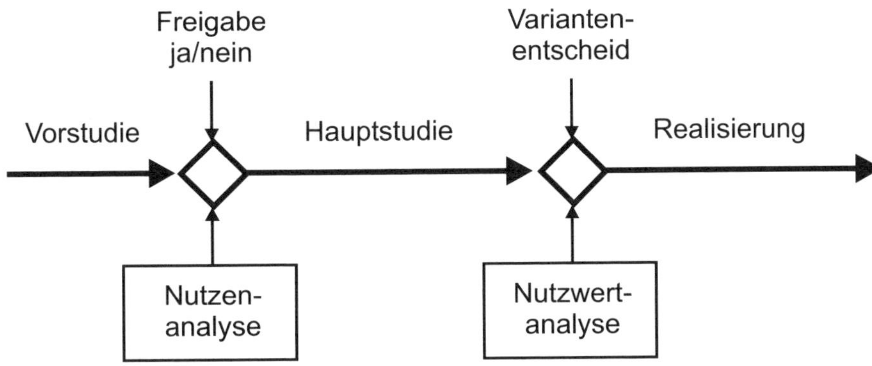

Abb. 6.5.12 *Die für die verschiedenen Phasen im Projektablauf geeignetsten Entscheidungsmethoden.*

Nutzenanalyse

Bevor man einzelne Lösungsvarianten ausarbeitet und sich in detaillierte, aufwändige Auswahlverfahren stürzt, zeigt die Nutzenanalyse, ob die wirtschaftliche Grundlage für ein solches Projekt gegeben ist. Eine Nutzenanalyse ist vor allem **in der Anfangsphase eines Projektes** angebracht, wenn eine einfache Investitionsrechnung der Komplexität des Projektes nicht mehr gerecht wird.

Nutzwertanalyse

Beim Vergleich verschiedener Lösungsvarianten, die sich vor allem durch nicht finanzielle oder finanziell nur schwer bewertbare Unterschiede auszeichnen, ist eine Nutzwertanalyse angebracht. Da eine korrekt durchgeführte Nutzwertanalyse aufwändig ist, wird man sie vor allem bei Endausscheidungen in komplexen Situationen einsetzen, also für Variantenentscheide.

6.5.13 Softwareunterstützung

Natürlich gibt es heute auch Software zur Unterstützung der hier beschriebenen und weiterer Methoden. Gute Software unterstützt nicht nur die Anwendung der Verfahren, sondern erlaubt es auch, rascher die Auswirkungen unterschiedlicher Gewichtungen oder zusätzlicher Parameter zu beurteilen. Ein besonders interessantes Paket für die Unterstützung multikriterieller Bewertungsverfahren entsteht gegenwärtig unter der Leitung von R. Adunka an der Universität Erlangen. Details siehe: www.mfk.uni-erlangen.de.

6.5.14 Der Entscheid

Auf Grund der Bewertungsresultate sollte es eigentlich einfach sein, sich für eine Variante zu entschliessen. Entweder ist eine Variante die klar beste, dann ist der Entscheid einfach zu fällen, oder einige Varianten sind etwa gleich gut, dann ist es egal, was wir entscheiden, weil wir unsere Ziele in jedem Fall ähnlich gut erreichen. Die am Bewertungsverfahren Beteiligten kennen die Zusammenhänge und Hintergründe und können sich daher leichter für eine Variante entscheiden. Oft sind aber, besonders in grossen Organisationen, die Entscheidungsträger hierarchisch weit über den Beurteilern angesiedelt und können ihren Entscheid lediglich auf die ihnen gelieferten Beurteilungsresultate abstützen. Dann ist es besonders wichtig, dass die Bewertung gut dokumentiert und einfach nachvollziehbar präsentiert wird.

Risikoanalysen

Risikoanalysen können den Entscheid erleichtern. Wenn es uns gelingt aufzuzeigen, was im schlimmsten Fall passieren kann (Worst-case-Analyse) und wie wir damit umgehen (Backup-Massnahmen), fühlen wir uns besser. Sehr unsicher sind wir, wenn wir uns vor nicht abschätzbaren Gefahren fürchten. Zu jedem Lösungsvorschlag gehört auch ein Integralitätsnachweis, ein Nachweis, dass die Lösung keine Denkfehler enthält (siehe dazu Kapitel 6.4.9.1). Risikountersuchungen und der Integralitätsnachweis gehören natürlich bereits in die Phase der Konzepterarbeitung. Sie müssen aber auch ins Bewertungsverfahren Eingang finden. Jetzt sind sie den Entscheidungsträgern nochmals zu präsentieren.

Mut zum Risiko

Entscheiden heisst Risiken eingehen. Jeder Entscheid beinhaltet letztlich ein Risiko. Entscheide sind daher immer auch von der psychischen Verfassung des Verantwortlichen abhängig. Der Zauderer wird immer noch weitere Lösungen oder andere Bewertungsverfahren suchen. Begründungen, warum er noch abwarten kann, kommen ihm stets gelegen. Er fürchtet die möglichen Konsequenzen seines Entscheides, oft auch die Kritik, der er sich aussetzen könnte. Er wünscht sich ein möglichst mathematisches Bewertungsverfahren. Am liebsten würde er nur die Mathematik für sich entscheiden lassen. Er wird sich wahrscheinlich für die Variante mit dem geringsten Risiko entscheiden und nicht für jene mit dem grössten Gewinnpotential. Häufig lässt sich beobachten, dass Entscheide so lange hinausgeschoben werden, bis irgendein Entscheid besser ist als keiner, oder dass inzwischen eingetretene Sachzwänge (z.B. Termindruck) den Entscheid überflüssig machen, weil sowieso nur noch eine mögliche Variante bleibt.

> **„Man kann den gordischen Knoten in Stücke hauen oder vermodern lassen!"**

Der Pfuscher hingegen fällt seine Entscheide, falls er überhaupt merkt, dass er welche fällt, ohne sorgfältige Abklärungen meist rein intuitiv. Er sieht die Risiken nicht, die er eingeht, und das macht ihm das Entscheiden leicht. Weder das eine noch das andere Extrem sollten wir anstreben.

der Nicht-Entscheid

Man kann sich nicht „nicht entscheiden". Wer sich in einer Entscheidungssituation nicht entscheidet, hat den Entscheid getroffen, nichts zu verändern und abzuwarten. Das kann ein guter Entscheid sein. Möglicherweise stellt er sich auch als verpasste Gelegenheit heraus und führt später zu Sachzwängen.

> **„Wenn ich sehe, dass ich eine schlechte Entscheidung getroffen habe, gehe ich einfach hin und treffe eine neue."**
> *Theodore Roosevelt*

Informationsüberfluss

Zuviel Information wirkt entscheidungshemmend und reduziert unsere Urteilsfähigkeit. Solange wir im Begriff sind Informationen aufzunehmen, können wir nicht darüber nachdenken. Die wenigsten Menschen können zuhören und gleichzeitig selber neue Gedanken entwickeln. Desshalb war das Sprechverbot bis zum Tee trinken im englischen Generalstab hilfreich (siehe Kapitel 6.4.2). Untersuchungen zeigten auch, dass uns ein Übermass an Information in falscher Sicherheit wiegt. Wir glauben „gut informiert" zu sein. Die Genauigkeit von Urteilen und Einschätzungen sowie die Fähigkeit, komplexe Vorgänge zu erfassen, nimmt aber ab einem bestimmten Punkt ab. Unser Gehirn kann nur dann gut entscheiden, wenn die grosse Datenfülle auf wenige entscheidungsrelevante Fakten komprimiert ist. Das ist letztlich die Aufgabe der Entscheidungsvorbereitung.

Entscheidungsfreude

Ich treffe hier und jetzt einen Entscheid, damit ich das weitere Vorgehen darauf aufbauen kann. Ich treffe diesen Entscheid auf Grund der mir jetzt vorliegenden Erkenntnisse. Zu diesen gelangte ich durch Abklärungen, deren Aufwand ich durch die Tragweite des Entscheides und die äusseren Umstände rechtfertigen kann. Es ist möglich, dass sich mein Entscheid in Zukunft als nicht optimal herausstellen wird. Dann werde ich das auch zugeben und brauche deswegen keine Kritik zu scheuen. Hinterher ist jedermann gescheiter. Diese entscheidungsfreudige Haltung kann durch entsprechende Führung gefördert werden: mit einem Unternehmensklima, das Initiative und Engagement honoriert und Fehler akzeptiert. In einer Firma, in der alle nur darauf achten, dass ihnen keine Fehler unterlaufen, werden keine Entscheide gefällt, sondern wird nur noch auf Sachzwänge reagiert. Und das ist der grösstmögliche Fehler!

„Man sollte nicht vor einem grossen Schritt zurückschrecken, wenn er angezeigt ist. Über einen Abgrund kommt man nicht mit zwei kleinen Sprüngen!“

David Lloyd George

6.5.14.1 Der Entscheidungsprozess unter Konfliktbedingungen

Besonders schwierig sind Entscheide, an denen mehrere gleichberechtigte Personen beteiligt sind, zwischen denen grosse persönliche Spannungen herrschen. In solchen Fällen bringen uns die Theorien des rein sachlichen Problemlösens nicht weiter. Dann ist kein technisches, sondern ein psychologisches Problem zu lösen. Die meisten persönlichen Konflikte spielen sich auf der Ebene von technischen Auseinandersetzungen ab und sind daher oft nicht direkt erkennbar. Die Schwierigkeit besteht für uns darin, dass wir diesen Sachverhalt oft übersehen und endlos auf der rein sachlichen Ebene weiterdiskutieren. Dort lösen wir das Problem aber nie. Kaum steht in einem Punkt der Sieger fest, beginnt der Streit beim nächsten Detail wieder von vorn. Immer wenn an unseren Ideen oder Lösungsvorschlägen emotional vorgetragene Kritik geübt wird, sollten wir hellhörig werden. Meist geht es dann nicht um das technische Problem. Interessenkonflikte zeigen sich meist beim Formulieren der Ziele, spätestens aber bei den Entscheidungsprozessen. Es empfiehlt sich, in jedem Fall mit ihrer Austragung frühzeitig zu beginnen. Das erspart einem eine Menge Kosten und Arbeit. Bei Entscheidungen sind Personen, von denen man Vorbehalte erwartet, auf deren Mitarbeit man aber angewiesen ist, möglichst frühzeitig, bereits in der Phase der Zielformulierung, in den Entscheidungsprozess miteinzubeziehen. Denn: Wer gefragt wurde, und noch mehr, wer bei der Zielformulierung und Lösungssuche dabei war, steht nachher hinter dem Entscheid.

6.5.14.2 Der Missbrauch „wissenschaftlicher“ Entscheidungsmethoden

Überlegen wir uns kurz: Was ist objektiv an der Nutzwertanalyse? Alle folgenden Punkte sind mehr oder weniger vom Beurteiler abhängig und dadurch beeinflussbar:

- die Auswahl der zu beachtenden Kriterien,
- die Gewichtung der einzelnen Kriterien,
- die Festlegung der Notenskala,
- die Beurteilung der einzelnen Lösungen.

Nur das Ausrechnen des Gesamtnutzens der einzelnen Lösungsvarianten ist reine Mathematik und damit vom Beurteiler unabhängig. Ich kenne aber einen Fall, bei dem sogar die Nutzwerte durch Additionsfehler gefälscht wurden, in der Hoffnung, dass das niemand nachprüft! Wir stellen fest: Die Methode liefert das, was der Anwender zuvor in sie hineingesteckt hat! Missbräuchen sind daher Tür und Tor geöffnet. Wenn sich die Varianten nicht krass unterscheiden, genügt wenig Phantasie, jede auf den ersten Platz zu manövrieren. Dazu braucht es lediglich Verschiebungen bei der Auswahl und Gewichtung der Kriterien, bei den Notenskalen und bei der Benotung der einzelnen Varianten.

6.5.14.3 Häufig anzutreffende Missbrauchssituationen

Konflikte

Persönliche Konflikte werden verschoben auf einer Sachebene ausgetragen. Ich suche die Auseinandersetzung mit meinem Gegner bei einer wichtigen Entscheidungssituation, bei der ich ihn zu besiegen hoffe. Dazu erstelle ich eine Gegenexpertise zu seinem Vorschlag und vertrete eine andere Lösung.

Rechtfertigung

Ein rasch getroffener Entscheid, der auf Kritik stösst, soll nachträglich „wissenschaftlich" untermauert werden. Die Evaluation muss so erfolgen, dass die früher gewählte Variante klar als Sieger hervorgeht. Der Entscheidungsträger will das Gesicht wahren.

> **„Man glaubt gar nicht, wie schwer es oft ist, eine Tat in einen Gedanken umzusetzen."**
>
> *Karl Kraus*

Flucht

Flucht aus der Verantwortung ist bei unsicherem Management und komplexen Investitionsvorhaben häufig anzutreffen. Ein Evaluationsteam führt umfangreiche Untersuchungen durch. Der eigentliche Entscheid wird immer wieder hinausgezögert. Niemand will die Verantwortung für den Entscheid tragen. Wenn es schliesslich doch zum Entscheid kommen muss, sammelt der gewiegte Taktiker möglichst viele Unterschriften unter den Entscheid, auch jene seiner Rivalen, damit sie ihm bei einem Misserfolg nichts anhaben können. Auch die Rivalen werden unterschreiben, denn sie gönnen ihm einen möglichen Erfolg nicht allein.

Ausschluss von Nichtexperten

Eine häufig von Evaluationsteams angewandte Methode, um ihre Macht abzusichern. Durch Konzentration auf die Details und umfangreiche, kaum nachvollziehbare Berichte täuschen sie Kenntnis vor. Die Undurchschaubarkeit des Entscheides wird dadurch erhöht. Dieses Vorgehen festigt den Expertenstatus des Evaluationsteams. Abweichende Meinungen von Nichtexperten sind nun nicht mehr ernst zu nehmen. Auch der übergeordnete Entscheidungsträger hat so dem Team nichts vorzuschreiben, sondern soll sich gefälligst an die ausgearbeiteten Empfehlungen halten.

> **„Sage mir, welche Zahl du suchst, und ich liefere dir die entsprechende Studie."**
>
> *Ludger Gigantaki*
> *(Leiter Marktforschung bei Henkel)*

6.5.15 Wenn die Evaluitis grassiert

Eine Firma, die von der Evaluitis erfasst wurde, zeigt folgende Symptome:

- Die Auseinandersetzung um wichtige Entscheide dauert Jahre.
- Die Entscheidungsträger verstecken sich hinter Evaluationsteams oder „Expertenteams“, die einander Grabenkämpfe liefern.
- Je länger die Evaluation dauert, umso mehr treten Nebensächlichkeiten in den Vordergrund.
- Von offener, gegenseitiger Information kann nicht die Rede sein. Die vom Entscheid Betroffenen werden in der Regel vom Verfahren ausgeschlossen.
- Die Kosten des Evaluationsverfahrens erreichen die Grössenordnung der Kosten der gesuchten Lösung. Es gibt Fälle, in denen sie diese sogar übersteigen.

Die Evaluitis als eigentliche Betriebskrankheit zu bezeichnen wäre aber nicht richtig. Sie ist lediglich ein Anzeichen schwacher Unternehmensführung.

6.5.15.1 Möglichkeiten zur Vermeidung der Evaluitis

Den wichtigsten Einfluss haben die oberste Firmenleitung und die über die Jahre hinweg entwickelte Unternehmenskultur. Eine Führungsmannschaft, die auftretende Konflikte sinnvoll löst, Entscheide termingerecht vorantreibt und sich bei Bedarf auch selbst mit wichtigen Sachfragen befasst, ist wohl das beste Mittel gegen die Evaluitis. Evaluationsteams brauchen klare Aufträge und Führung durch die Entscheidungsträger. Besonders bei komplexen Vorhaben müssen der oder die Entscheidungsträger die Evaluatoren während der ganzen Evaluationszeit periodisch treffen. Sie sollten sich dabei über die Ziele, die Kriterien, deren Gewichtung und das Vorgehen einigen. Nur so können die Entscheidungsträger die Evaluationsresultate würdigen und die Verantwortung für einen Entscheid übernehmen. Es sei denn, sie haben Vertrauen in die Evaluatoren und sind bereit, die Evaluation und den Entscheid zu delegieren. Andernfalls besteht die Gefahr, dass sich das Evaluationsteam desavouiert fühlt, wenn die Entscheidungsträger plötzlich die Prioritäten ändern und nicht nach dem Vorschlag des Teams entscheiden. Für alle Beteiligten gelten die folgenden Regeln:

- Aus keinem Entscheid eine Prestigeangelegenheit machen.
- Bei jeder Beurteilung sich seiner Subjektivität bewusst sein und das auch zugeben. Wenigstens sich selbst gegenüber versuchen, ehrlich zu sein.
- Argumente Andersgesinnter achten und in die Beurteilung einfliessen lassen.
- Als Evaluator den Entscheidungsträgern nicht einen Entscheid vorlegen, sondern gut begründete Empfehlungen: Alternativen mit ihren Vor- und Nachteilen. Die Entscheidungsträger sollen noch etwas zu entscheiden haben

und damit auch die Nachteile ihres Entscheides bewusst akzeptieren müssen.
- Als Evaluator schon ganz am Anfang feststellen, ob es sich um eine wirkliche Evaluation handelt, oder ob der Entscheid „weiter oben“ schon gefällt worden ist.
- Pseudoevaluationssituationen und psychische Randbedingungen erkennen und in Betracht ziehen. So erspart man sich oft viel Arbeit und Frustration.

6.5.16 Hilfsmittel zum raschen Herbeiführen von Entscheiden

Verkäufer haben Methoden entwickelt, wie sie ihre Kunden rasch zu Entscheiden führen können. Diese lassen sich in jeder Entscheidungssituation anwenden. Es geht dabei nicht darum, den Entscheidungsträger zu drängen, das würde lediglich Abwehrverhalten erzeugen, sondern darum, ihm die notwendige Information und Argumentation zu liefern, um ihm einen Entscheid zu ermöglichen. Betätigen wir uns doch als Entscheidungshelfer!

Der logische Verkaufszyklus
Jeder Verkauf läuft nach dem folgenden Schema ab. Dabei dauern die einzelnen Phasen jedesmal unterschiedlich lang:

1. Aufmerksamkeit wecken (beachte mich, es gibt ein Angebot!)
2. Interesse wecken (das ist interessant für dich!)
3. Bedarf wecken (das möchte ich!)
4. Verkauf aufbauen (Argumentieren, Nutzen nachweisen, Vorteile gegenüber der Konkurrenz aufzeigen)
5. Verkauf abschliessen (Entscheid, Unterschrift)
6. Liefern
7. Verkauf nachbearbeiten (dem Kunden bestätigen, dass er das richtige gekauft hat)
8. langfristige Kundenbeziehung aufbauen (Vertrauen vertiefen)

An einem unternehmerischen Entscheid sind oft viele Personen beteiligt. Es gibt Entscheidungsträger und Beeinflusser. Wir müssen möglichst schon zu Beginn eines Projektes herausfinden, wer am Ende den Entscheid fällt, wer den Vertrag oder die Projektfreigabe unterschreibt. Das Entscheidungsteam wird auch **DMU** (decision making unit) genannt. Wenn wir zu einem Entscheid gelangen wollen, müssen alle Mitglieder der DMU den ganzen Verkaufszyklus durchlaufen. Das ist planbar. Wir dürfen nicht erwarten, dass ein Verwaltungsrat an einer halbjährlichen Sitzung eine Million Franken bewilligt, wenn er an dieser Sitzung zum ersten Mal von unserem Projekt hört. Wir müssen ihn vorher informieren, möglichst über Personen, die sein Vertrauen besitzen (Beeinflusser). Wir müssen gezielt Lobbying betreiben!
Verkäufer wissen, dass es neben funktionellen Bedürfnissen, über die man offen spricht, auch persönliche Bedürfnisse gibt, deren Befriedigung noch wichtiger ist, über die aber selten offen geredet wird.

Mitglied der DMU	kennt das Projekt	kennt den Bedarf	von Lösung überzeugt	mit Finanzier. einverstanden	unter-schreibt
Müller (Del. VR)	✓				
Huber (GL)	✓	✓			
Bichsel (Betrieb)	✓	✓	✓	✓	✓
Kundert (Finanz)	✓	✓			

Abb. 6.5.15 *Der Entscheid kommt erst zustande, wenn jedes Mitglied der entscheidenden Gruppe (DMU) den gesamten Entscheidungsprozess durchlaufen hat.*

Funktionelle Bedürfnisse sind:
Image: Ruf, Glaubwürdigkeit, Moral, Zuverlässigkeit
Finanzen: Rentabilität, Kosten, Kapitalbindung
Leistung: Produktivität, Wirkungsgrad, Effizienz

Persönliche Bedürfnisse sind:
Macht: Kontrolle, Überlegenheit, Selbstbestätigung
Ordnung: Systematik, Methodik, Überblick
Kontakt: Teamgeist, Zusammenarbeit
Anerkennung: Respekt, Bewunderung, Dankbarkeit
Sicherheit: Vorsicht, Sorgfalt, Risikominimierung
Zielerreichung: Erfolg, Ergebnisse

So wird ein geschickter Verkäufer oder Projektleiter das gleiche Projekt verschiedenen Leuten gegenüber auch verschieden anpreisen. Letztlich verkauft er ihnen auch nicht Produkte, sondern Gefühle: Gefühle, wie sie sich als Besitzer fühlen werden.

Beispiel Ein Betriebsdaten-Erfassungssystem soll beschafft und eingeführt werden. Gegenüber einem EDV-Chef, der sehr auf Anerkennung erpicht ist, werden Sie argumentieren, dass er das modernste und universellste System haben wird, das im Moment auf dem Markt erhältlich ist. Einer Buchhalterin gegenüber, die sehr auf Ordnung und Sicherheit bedacht ist, werden Sie in den Vordergrund stellen, dass sie korrektere Daten erhalten wird und dass sich das System im Nachbarbetrieb seit einem Jahr störungsfrei bewährt hat. Einem Betriebsleiter gegenüber, einem Machtmenschen, argumentieren Sie, dass er mit diesem System seinen Betrieb viel besser „im Griff“ haben wird. Anderen Personen gegenüber werden Sie je nach ihren Einstellungen andere Argumente in den Vordergrund stellen.

Es geht auch so: Der Entwicklungsleiter einer grossen Firma wurde gefragt, warum sich seine Firma für das jetzt erfolgreich eingesetzte CAD-System entschieden habe und wieviel es gekostet. Seine Antwort: „Den Entscheid fällte nicht die Firma, sondern ich, nachdem ich die führenden Systeme und Lieferanten verglichen habe. Und gekostet hat das System nichts: Die erste Hälfte des Kaufpreises finanzierten wir durch die eingesparten Benchmarks und Evaluationsverfahren und die zweite Hälfte durch die Vermeidung der dabei üblichen innerbetrieblichen Konflikte und Stellungskriege."

6.5.17 Entscheiden befreit

Entscheide, die uns belasten, versuchen wir hinauszuschieben. Das Belastende ist dabei unsere Mühe uns vom nicht Gewählten zu verabschieden und die negativen Aspekte des Gewählten wirklich zu akzeptieren. Sogar wenn es sachlich klar ist, was eigentlich zu beschliessen wäre, sträubt sich unser Unbewusstes weiter dagegen sich von alten Vorstellungen und Wunschträumen zu verabschieden. In solchen Situationen sind wir leicht manipulierbar, lassen andere für uns entscheiden, oder warten ab, bis wir nur noch auf Sachzwänge reagieren können.
Haben wir endlich vom nicht gewählten Abschied genommen und den Entschluss gefällt, fühlen wir uns von einer Last befreit. Ganz egal, wofür wir uns entschieden haben, können unsere Energien jetzt wieder frei in die gewählte Richtung fliessen.
Solange „unser Bauch" nach einem wichtigen Entscheid ein ungutes Gefühl hat, sollten wir vorsichtig sein. Unser Unbewusstes glaubt dann nicht wirklich an den Erfolg und wir können daher nicht unbeschwert in die neue Richtung arbeiten. Wenn wir nach einem Entscheid aber gut schlafen und auch unser Bauch „ja" sagt, bedeutet das, dass der Entscheid von unserem Unbewussten als richtig akzeptiert wird, und uns alle unsere Energien zu seiner Umsetzung zur Verfügung stehen.

6.6 Improvisierte Lösungssuche

Das systematische Durchlaufen des Problemlösungsschemas kann sich als sehr aufwändig erweisen, zu aufwändig für kleine, täglich anfallende Aufgaben. Damit stellt sich die Frage nach der Wirtschaftlichkeit. Aus diesem Grund sollte der Aufwand, den wir zum Finden der „besten Lösung" benötigen, nicht grösser sein als der Unterschied zwischen der schlechtesten und der besten Lösung. Grundsätzlich empfiehlt es sich, das Problemlösungsschema nur in den folgenden Fällen detailliert zu durchlaufen:

- Bei wichtigen Entscheidungen mit langfristigen Auswirkungen
- Bei System- und Konzeptstudien

Improvisierte Lösungssuche bedeutet nicht pfuschen! Mit vertretbar geringerem Aufwand eignet sie sich für folgende Fälle:

- Unter Zeitdruck, wenn ein detailliertes Durchlaufen des Problemlösungsschemas nicht möglich ist. (Ein vorausplanendes Management weiss solche Situationen selten zu halten.)
- Bei Entscheiden mit geringer Tragweite.
- Bei „einfachen" Problemen, doch Achtung: Handelt es sich wirklich um einfache oder sogar um Routineprobleme, oder haben wir die Schwierigkeiten unterschätzt?
- Im Führungsprozess zur Prozesslenkung.

Beim improvisierten Problemlösen versuchen wir, ohne allzu tiefgreifende Studien dafür mit mehr Intuition zu einer Lösung zu gelangen. Systemdenken und die Kenntnis des Problemlösungsschemas sind auch hier wesentlich. Sie prägen das Vorgehen und das Denken. Als Leitlinie zum improvisierten Problemlösen beantworte man der Reihe nach die folgenden W-Fragen:

Die 4 W

1. **Was ist los? Wo stehe ich?**
   (Problemerfassung/Situationsanalyse)

2. **Wohin will ich (und die anderen)?** (Zielsetzung)

3. **Welche Lösungsmöglichkeiten gibt es?**
   (Lösungsvariantensuche – wie komme ich zum Ziel?)

4. **Wofür entscheide ich mich?**
   Was könnte dabei schiefgehen?
   (Lösungsbeurteilung und Risikoanalyse)

Der Erfolg beim improvisierten Suchen nach Lösungen hängt stark von der Situationskenntnis, der Erfahrung und der Intuition der Beteiligten ab. Und schliesslich gehört wie immer auch noch eine Portion Glück dazu! Im **Anhang** finden Sie eine Checkliste, die die 4 Ws unterstützt.

6.7 Entscheiden im turbulenten Umfeld

Das bisher beschriebene Problemlösungsschema ist besonders gut geeignet, um im stabilen Umfeld unter mässigem Zeitdruck zu guten Lösungen zu gelangen, also zum Beispiel um Forschung und Entwicklung zu betreiben. In der betrieblichen Praxis sind die Voraussetzungen aber oft anders. Manchmal stehen wir in einem dynamischen Umfeld unter grossem Zeitdruck, Ziele zu erreichen, Prozesse zu lenken, auf Störungen zu reagieren, und das mit ungenügenden, zum Teil sogar falschen Informationen.

Die zwei Extremsituationen lassen sich wie folgt skizzieren:

„statische" Situation	**„dynamische" Situation**
stabiles Umfeld es besteht ein Bedürfnis Systementwicklung mathematisch korrekt exakt genügend und korrekte Infos wenig Unsicherheiten	dynamisches Umfeld es brennt! Prozesslenkung intuitiv ungefähr richtig wenige und zum Teil falsche Infos grosse Unsicherheiten
Geisteshaltung: besser ein gutes Konzept mit Zukunft als eine Sofortlösung, die zukünftige Probleme in sich birgt	**Geisteshaltung:** besser ungefähr richtig als exakt, aber viel zu spät!
Anwendungsbereiche: Systemgestaltung Konzepterarbeitung Strategie- und Systementwicklung Entwicklungsabteilung und Stab	**Anwendungsbereiche:** Prozesslenkung Führung im Tagesgeschäft Krisenmanagement Militär, Feuerwehr, Projektleiter

6.7.1 Führen und Entscheiden im Rahmen der Prozesslenkung

Bei der Realisierung eines Konzeptes hilft uns die Regelkreisbetrachtung weiter. Der Projektleiter sucht als Regler den Entwicklungsprozess so zu beeinflussen, dass das Ziel erreicht wird (siehe dazu Abb. 6.7.1). Während dieses Prozesses trifft er laufend kleinere und grössere Entscheide, gibt Anordnungen, reagiert auf Störungen und lässt grössere und kleinere Probleme lösen. Für lange Abklärungen, Konzeptstudien und Nutzwertanalysen hat er keine Zeit. Er will Resultate sehen. Das Thema Führung wird ausführlich im Band 4, „Systematisch zu Lösungen führen", behandelt.

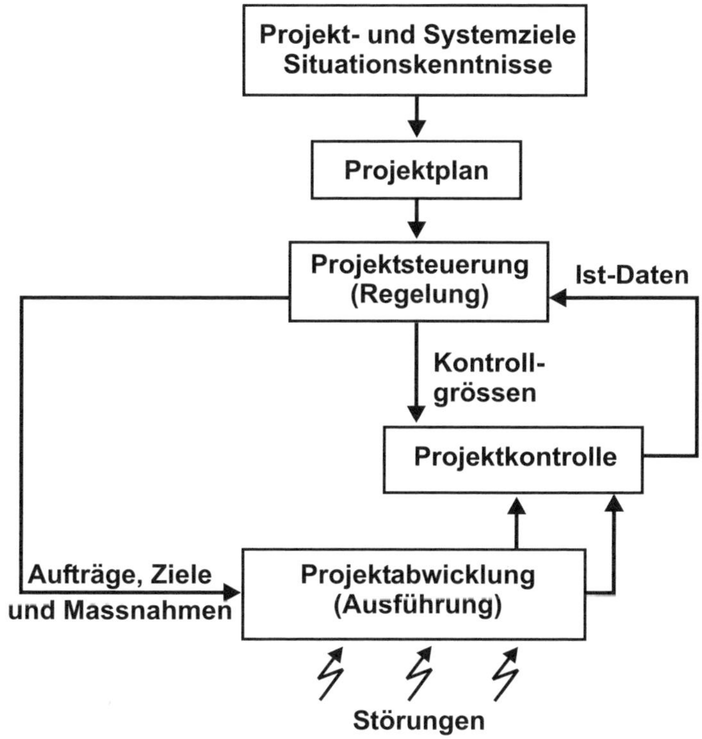

Abb. 6.7.1 *Regelkreismodell für die Prozesslenkung.*

6.7.2 Unterschiedliche Denkhaltungen

Aus den obigen Vergleichen geht hervor, dass Stabs- und Entwicklungsabteilungen im Gegensatz zu den Linienvorgesetzten im Tagesgeschäft unterschiedliche Prioritäten setzen und andere Haltungen vertreten. Das führt bisweilen zu Spannungen und Geringschätzungen für die Gegenpartei, die „kein Verständnis für die wirklichen Probleme hat“. Das muss nicht sein. Wir haben in Kapitel 4.7.2 gesehen, dass unterschiedliche Standpunkte zu unterschiedlichen Modellen führen. Der Versuch, die Situation vom Standpunkt des Partners aus zu betrachten, fördert das Verständnis und hilft, gemeinsam die Prioritäten im Sinne des Ganzen zu setzen. Auch auf gemeinsame Methoden müssen wir nicht verzichten.

Die wichtigsten Grundsätze, die wir im Problemlösungsschema anwenden, gelten auch bei der Prozesslenkung: Bevor wir Entscheide treffen, erfassen wir wenigstens grob die Situation, überlegen dann, was wir wollen, und suchen erst dann nach Lösungsalternativen. Das Denken in Varianten vergrössert in jedem Fall unsere Handlungsfreiheit. Das Schema „improvisiertes Problemlösen“ in Kapitel 6.6 ist also auch in der Hektik des Tagesgeschäftes höchst nützlich.

6.7.3 Der Führungsprozess

Auf das Führen und Entscheiden in dynamischen und aussergewöhnlichen Situationen sind Militär und Feuerwehr spezialisiert. Im Militär hat sich das in Abb. 6.7.3 dargestellte Vorgehensschema bestens bewährt.
Grundsätzlich unterscheidet man zwischen zwei Phasen, der Einsatzplanung und der Einsatzführung.

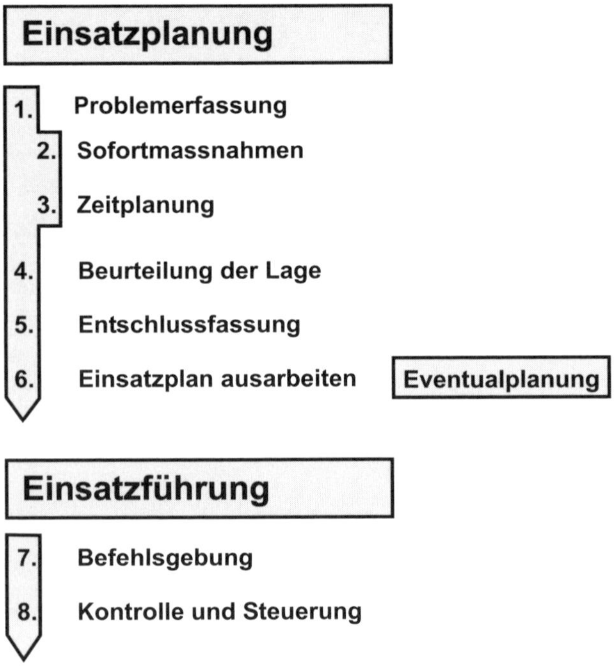

Abb. 6.7.3 *Die Reihenfolge der Führungstätigkeiten.*

6.7.3.1 Einsatzplanung

Problemerfassung

Die Problemstellung ergibt sich, wenn auf Grund eines Auftrages, einer Lageveränderung (Ereignis), oder durch das Erkennen einer neuen Lösungsmöglichkeit (Chance) Handlungsbedarf entsteht. Man nimmt vorerst nur eine grobe Analyse der Situation vor.

Sofortmassnahmen

Mit Sofortmassnahmen nutzt man die zur Verfügung stehende Zeit optimal und wahrt die Handlungsfreiheit. Dazu gehören das Alarmieren und Informieren der Betroffenen und die Vorbereitungen für mögliche, noch detailliert zu planende Aktionen.

Zeitplanung Der durch die Dynamik der Ereignisse gegebene Zeitrahmen sowie der Zeitbedarf für mögliche Reaktionen werden abgeschätzt.

Beurteilung der Lage Hier findet eine detailliertere Situationsanalyse statt, soweit das die Situation zulässt. Weitere Fakten werden gesammelt über die Umwelt, die Dynamik der laufenden Ereignisse, die möglichen Entwicklungen (Prognose) etc. Die eigenen, aktivierbaren Mittel und Handlungsvarianten (Lösungsvarianten) werden analysiert. Die Vor- und Nachteile, Risiken und Chancen der möglichen Varianten werden abgeschätzt.

Entschlussfassung Auf Grund eines Vergleiches der verschiedenen Handlungsvarianten entscheidet sich der Chef für eine Variante. Dabei berücksichtigt er insbesondere die möglichen Chancen und Gefahren und die mögliche Weiterentwicklung der Situation. Bei komplexen Situationen erfolgt der Entscheid für eine Grundvariante, die anschliessend noch detailliert auszuarbeiten ist. Von diesem Entschluss wird ohne zwingenden Grund nicht mehr abgewichen.

Einsatzplan ausarbeiten Jetzt werden die Details des Einsatzes geplant, die Mittel zugeteilt und die Aufträge an die Beteiligten formuliert. Der Einsatzplan bildet die Grundlage für die Befehlsausgabe.

6.7.3.2 Einsatzführung

Befehlsausgabe Eine klare Befehlsausgabe an die untere Führungsstufe sichert, dass diese die Aktion im Sinne des Auftraggebers durchführt. Eine gut strukturierte Befehlsausgabe ist wie folgt gegliedert:

- Orientierung
- Absicht
- Auftrag
- Besondere Anordnungen

Orientierung und Absicht erklären den Ausführenden die Situation und machen das Vorgehen transparent. Nur so sind sie zum selbständigen Handeln im Sinne des Vorgesetzten in der Lage.

Kontrolle und Steuerung Die Kontrolle vergleicht den tatsächlichen Ablauf mit der geplanten Aktion. Festgestellte Zielabweichungen sind die Basis zur laufenden Überprüfung der Lage, zur Modifikation des Entschlusses und zur Auslösung zusätzlicher Aktionen.

Eventualplanung

Hier geht es um die Ausarbeitung so genannter „vorbehaltener Entschlüsse“. Jeder Einsatzplan hat seine Schwächen und Risiken. Im Verlaufe der wirklichen Entwicklung der Lage werden Anpassungen oder Ergänzungen notwendig. Auf Grund möglicher Entwicklungsszenarien werden daher im Voraus mögliche Reaktionen geplant und evtl. sogar schon vorbereitet, damit sie ohne Zeitverzögerung ausgelöst werden können. Denn es gilt immer: Wer besser plant, kann später besser improvisieren. Er kennt die Zusammenhänge und sieht rascher die möglichen Auswirkungen.

6.7.3.3 Der A4-Befehl

In hektischen Zeiten können und dürfen keine Bücher geschrieben werden. Knappe, klar formulierte Aufträge erleichtern die Kommunikation. Wenn sich die wichtigsten Gedanken für einen Auftrag an die Beteiligten nicht auf einer A4-Seite schildern lassen, ist der Auftrag zu kompliziert. In Abb. 6.7.3.3 ist ein Befehlsschema nach P. Tschofen aus dem militärischen Bereich dargestellt, das sich mit Anpassungen auch für den zivilen Einsatz eignet. Was sich nicht in einer Graphik darstellen lässt, ist nach P. Tschofen zuwenig durchdacht. Deshalb fordert er für jeden Befehl eine graphische Darstellung.

6.7.3.4 Vertrauen in den Führer

G. Laurent, Kapitän der französischen Kriegsmarine, studierte die Gründe, warum der englische Admiral Nelson in der Schlacht bei Trafalgar gegen die technisch überlegene spanische Flotte den Sieg erringen konnte. Er kam zum Schluss, dass sich die Führung von Nelson durch folgende Elemente auszeichnete:

– eine unité de doctrine,
– eine unité de méthode,
– und eine unité d’action.

Nelson setzte auf „dezentrale Führung“: Während der Schlacht selber gab Nelson keine Befehle. Er kannte seine Kommandanten, und seine Kommandanten kannten ihn. Und weil sie ihn kannten, waren sie sicher, in seinem Sinne zu handeln.
Vor der Schlacht nutzte Nelson jede Gelegenheit, seine Vorstellungen mit seinen Kommandanten auszutauschen. Er setzte sie mit seinen Absichten und Plänen auseinander und beleuchtete, welche am geeignetsten sein könnten, um einen schnellen Sieg zu erringen. Über eine denkwürdige Kommandantensitzung, an der er seine Ideen präsentiert hatte, schrieb Nelson später: „Als ich ihnen den „Nelson-Touch“ erläutert hatte, ging wie ein elektrischer Funke durch sie. Einige hatten Tränen in den Augen. Alle stimmten begeistert zu. Es war etwas Neues, etwas Besonderes, und es war einfach.“

Literatur: G. Laurent: Einführung in das Studium der Strategie.

Situation/ Rahmenbedingungen	**Auftrag/Aufgabe**	**Unterstützung**
Antriebssystem veraltet und zu teuer	Workshop durchführen Neukonzept für Antriebssystem	Entwicklungsabteilung Produktion Product Manager ext. Moderator (M. Z.) Marketing

Absicht	**Graphik**	**Gliederung/Aufgabe**
Neuentwicklung soll vorbereitet werden. Ideen für Neukonzept sollen gefunden werden Zusammenarbeit zwischen den Abteilungen ist wichtig	Wirkstruktur des heutigen Systems: 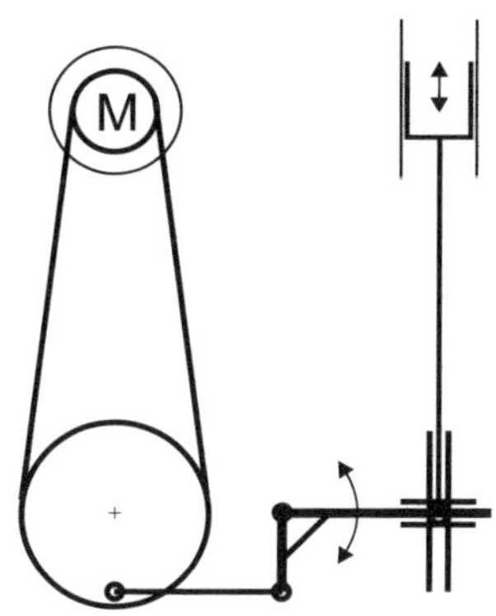	Marktanforderungen: Papier von P. Z. der Einladung beilegen Systemstruktur: - Energiewandler - Transmissionssystem - lieare Führung

Führungseinrichtungen/ Verbindungen	**Logistik**
Verantwortlich für Durchführung: P. Macher Bericht an GL bis 30.Sept. Finanzierung: Kost. 541	Durchführungsort: "Schlössli" (reserviert am 20.Sept.) Infrastruktur: P.M. mit M.Z. abzusprechen Transporte: organisieren

Auftragsformular nach P. Tschofen

Abb. 6.7.3.3 Das A4-Befehlsschema nach P. Tschofen mit eingetragenem Beispiel.

6.8 Problemlösungsverhalten bei unterschiedlicher Dringlichkeit

Reaktion auf Überraschungen unter Stress

Wenn wir von Ereignissen überrascht werden und unter Zeitdruck und Stress reagieren, haben wir keine Zeit zum Nachdenken. In dieser so genannten „Reflexphase" stehen uns nur jene Verhaltensmuster zur Verfügung, die wir beherrschen. Wir stehen quasi „nackt" vor einer Situation und müssen jene Mittel einsetzen, die wir zur Hand haben. Die Zeit und die Ruhe, um Checklisten durchzusehen, die uns dann sowieso nicht zur Hand sind, haben wir nicht. Systematischen Vorgehensweisen können wir in solch kritischen Momenten nur folgen, wenn wir uns dann auch an sie erinnern und sie beherrschen.

Reflexartige Verhaltensmuster für Notfälle in verschiedensten Lebensbereichen kann man sich antrainieren: in Nothelferkursen, im Militär, bei der Feuerwehr, beim Rettungsschwimmen, etc. Wenn wir in kritischen Situationen die fundamentalen Reaktionen beherrschen, erhöht das unsere Überlebenschancen und hält uns den Kopf frei, um noch situationsgerechter zu reagieren. Es verkürzt unsere Reflexphase. Scheinbar sturer „Kasernenhof-Drill" kann daher durchaus Sinn machen. Er garantiert, dass wir auch unter erschwerten Bedingungen noch richtig handeln. Bei rauer See und in der Nacht funktioniert auf

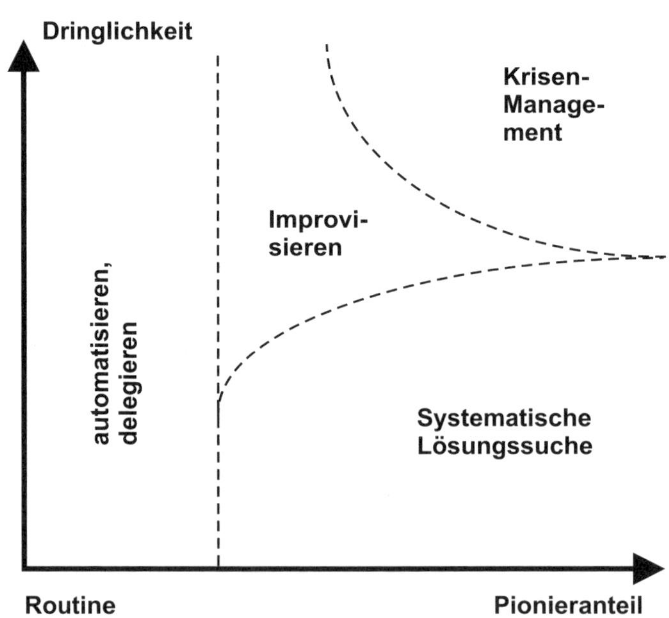

Abb. 6.8.1 *Je nach Dringlichkeit und Pionieranteil einer Aufgabenstellung wird man sie zweckmässigerweise anders anpacken.*

einer Segeljacht ein „Mann-über-Bord-Manöver" nur, wenn es bei schönem Wetter x-mal durchgespielt wurde – auch wenn es der ganzen Mannschaft schon längst aus dem Halse heraus hängt. Drill kann verhindern, dass wir im Ernstfall in Panik geraten.

stufenweises Reagieren

Am Beispiel des Brandes eines Fabrikgebäudes wollen wir zeigen, wie vernünftig reagiert wird und welches Problemlösungsverhalten in welcher Phase zur Anwendung kommt. Vergleiche dazu auch die Abb. 6.8.

1. **Die Reflexphase**
   Wenn der Brand entdeckt wird, ist Alarmieren, Retten, Löschen die korrekte Reihenfolge der Reaktionen. Die Leute vor Ort setzen jene Mittel ein, die ihnen zur Verfügung stehen. Die aufgebotene Feuerwehr bringt dann noch mehr und geeigneteres Material für Rettungs- und Löschaktionen auf den Brandplatz.
   In dieser ersten Reflexphase laufen die Aktionen noch wenig koordiniert. Erst ein gut eingespieltes Feuerwehrteam bringt Struktur in die Aktionen und schafft den Übergang in die nächste Phase.

2. **Die Improvisationsphase A** (extremer Zeitdruck)
   Das Ziel besteht jetzt darin, unter Berücksichtigung der eigenen Sicherheit noch Gefährdete zu retten, den Brand zu löschen sowie den Schaden zu begrenzen. Daneben gilt es den Verkehr umzuleiten, Verwundete zu betreuen, etc. Das Vorgehen baut auf Erfahrung und ist durch Improvisation gekennzeichnet. Das Ziel ist klar. Es geht darum, Prioritäten zu setzen und die einzelnen Aktionen zu koordinieren. Der Führungsprozess unter Kapitel 6.7.3 kommt nun zur Anwendung. Das Vertrauen des gut eingespielten Teams in den Führer ist in dieser Phase sehr wichtig. Siehe dazu Kapitel 6.7.3.4 über Admiral Nelson.

3. **Die Improvisationsphase B** (grosser Zeitdruck)
   Der Brand ist gelöscht, die unmittelbare Gefahr gebannt. Jetzt will man die Auswirkungen des Schadens zu begrenzen. Der Schutt wird weg geräumt, und die Firma will möglichst rasch wieder operativ werden. Externe Auftragsvergabe, Verlegung der Produktion in andere Gebäude, etc. sind mögliche Massnahmen. Man sucht nach gangbaren raschen Lösungen, ohne vorerst die Details zu optimieren.

4. **Systematische Problemlösungsphase** (moderater Zeitdruck)
   Das Ziel besteht jetzt darin, den Schaden zu beheben. Man verbessert die improvisierte Übergangslösung kontinuierlich und arbeitet parallel an der Planung und Konzeption einer neuen Produktionsstätte. Möglicherweise nutzt man die Gelegenheit, eine komplett neue, optimale Fabrik zu bauen. Systematisches Vorgehen und Projektmanagementmethoden sollen dieses Ziel sicherstellen. Für die wichtigen Entscheide wird man das Problemlösungsschema detailliert durchlaufen.

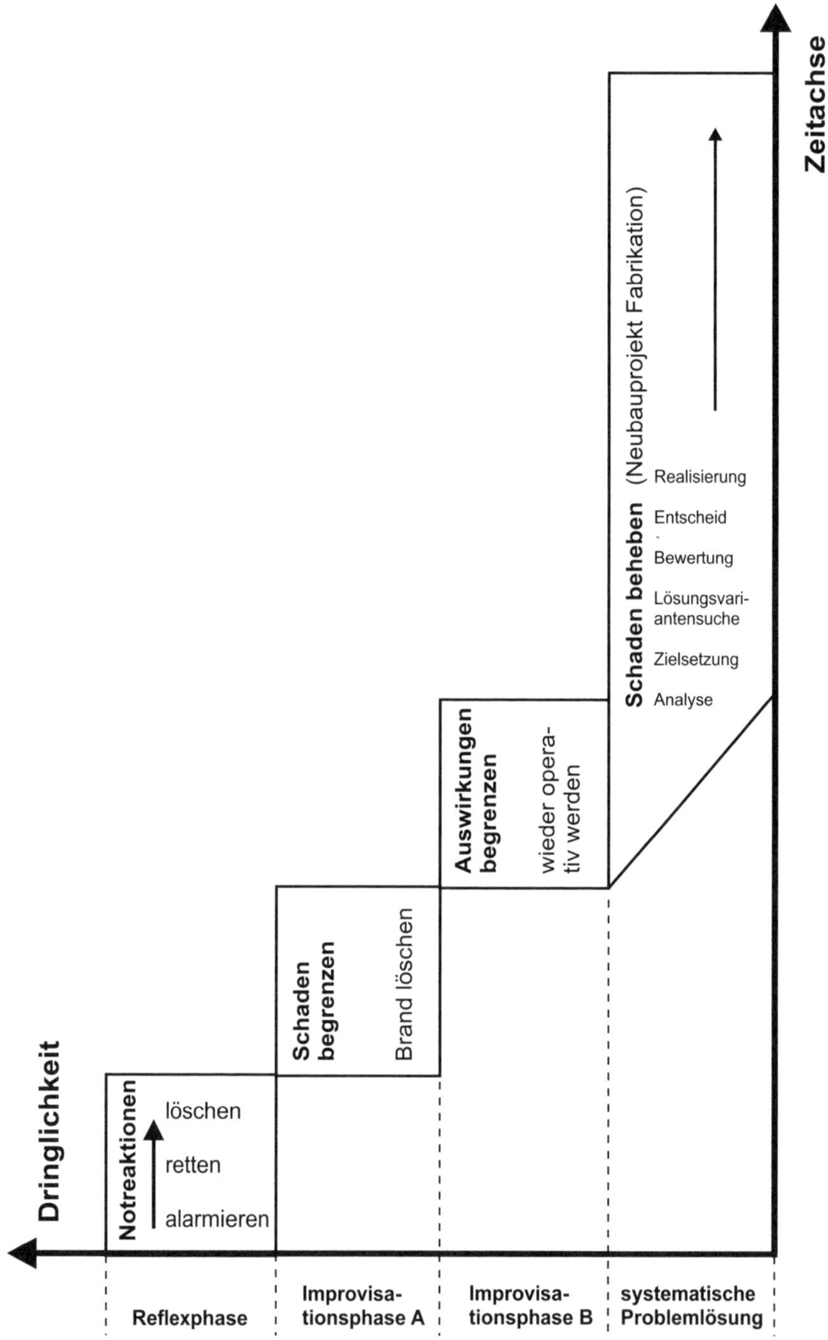

Abb. 6.8.2 *Stufenweise Reaktion auf ein Ereignis am Beispiel eines Fabrikbrandes*

7 Methodenvergleich

Das in diesem Buch geschilderte Problemlösungsschema hat sich vielfach bewährt. Ich hüte mich aber davor, es als alleinseligmachendes Mittel darzustellen. Die Methodik des Problemlösens hat sich vor allem seit dem Zweiten Weltkrieg stetig weiter entwickelt. Wie im Vorwort erwähnt, denke ich, dass es in einer konkreten Situation nicht so sehr auf die gewählte Methode ankommt, sondern dass überhaupt methodisch gearbeitet wird. Oft ist in einer Firma eine Methode allgemein bekannt, weil sie in der Kaderausbildung vermittelt wird. Es macht dann Sinn, sich dieser Methode zu bedienen, weil sie für alle Beteiligten eine Verständigungsbasis darstellt. Zudem bestehen zwischen verschiedenen Problemlösungsverfahren viele Gemeinsamkeiten. Jedes Verfahren hat aber seine besonderen Stärken und Schwächen. Im Folgenden soll eine Zusammenfassung über bekannte, verbreitete Methoden gegeben werden:

7.1 Das IDEALS-Konzept

(IDEALS = **I**deal **D**evelopment of **E**ffective **A**nd **L**ogical **S**ystems)

Das IDEALS-Konzept wurde in den 50er und 60er Jahren von Gerald Nadler in den USA entwickelt und hat alle später entstandenen Problemlösungsverfahren beeinflusst. Nadlers Pionierleistung besteht vor allem darin, dass er Systembetrachtungen anstellt und „ganzheitliches Denken“ fordert.
Bei der Entwicklung eines Systems geht Nadler von der Idee aus, ein theoretisches Idealsystem zu definieren, das sich zwar nicht realisieren lässt, aber als Zielvorstellung dient. Auf Grund des heute bekannten technischen Wissens definiert er dann das „technologisch durchführbare Idealsystem“ (**TWIS** = **T**echnologically **W**orkable **I**deal **S**ystem). Dieses zeichnet sich natürlich noch durch unwirtschaftlich hohe Kosten aus. In einem nächsten Schritt entwickelt er das „technologisch durchführbare ideale Zielsystem“ (**TWIST** = **T**echnologically **W**orkable **I**deal **S**ystem **T**arget), das als Richtschnur zur eigentlichen Systementwicklung dient.
Das IDEALS-Konzept umfasst 10 Vorgehensschritte:

1. Festlegen der Funktion
2. Entwickeln des idealen Systems
3. Sammeln von Daten
4. Herausstellen von Gegenvorschlägen (Alternativen)
5. Auswählen einer Lösung
6. Ausarbeiten des Systems
7. Überarbeiten des entwickelten Systems (Review)
8. Austesten des Systems
9. Einführen des Systems
10. Ermitteln und kontrollieren der Leistung

Als praktische Kurzfassung empfiehlt Nadler:

1. Definiere die Funktion!
2. Entwirf das Ideal!
3. Entwickle das Optimum!
4. Zeitige Ergebnisse!

Durch das Vorgehen, aus ganzheitlicher Sicht ein „ideales Lösungskonzept“ zu entwerfen, entstehen Lösungen, die sich leicht weiter entwickeln lassen. Man tappt weniger in die Falle, an mangelhaften Systemkonzepten nur Symptombekämpfung zu betreiben. Nadler versucht durch sein Vorgehen auch immer wieder aus dem gegebenen System auszubrechen, indem er fragt: „Kann ich eine Funktion oder ein ganzes System weglassen?“ Statt sich zum Beispiel auf die Verbesserung eines Reinigungsprozesses in einem Fabrikationsbetrieb zu konzentrieren, stellt er zuerst die Fragen: „Ist die Reinigung überhaupt notwendig, oder kann ich in den vorgelagerten Prozessen die Verunreinigung vermeiden?“
Nadlers Ansatz ist nach dem Zweiten Weltkrieg eine Antwort auf die starke Zunahme der Wissensgebiete mit grossem Systemanteil (siehe dazu Kapitel 2.1). Er ist stark geprägt durch das Ingenieurdenken und die Idee der technisch idealen Lösung, die sich leider wirtschaftlich nicht realisieren lässt, der man aber versucht möglichst nahe zu kommen. Man beachte im Gegensatz dazu das heutige Denken: „Nicht so gut wie möglich, sondern nur so gut wie nötig“. Dem Erarbeiten der Ziele schenkt Nadler grosse Beachtung.

Literatur: Gerald Nadler: Arbeitsgestaltung – zukunftsbewusst – Entwerfen und Entwickeln von Wirksystemen.

7.2 Die 6-Stufen-Methode nach REFA

Die REFA (Reichsanstalt für Arbeitsstudien) wurde in der Zwischenkriegszeit in Deutschland gegründet. Sie leistete Bahnbrechendes zur Produktivitätssteigerung in der Industrie. Heute ist sie vor allem durch ihre Seminare, Erfahrungsgruppen, Publikationen und Studiengänge bekannt.
Die 6-Stufen-Methode der Systemgestaltung wurde speziell zur Bewältigung von Rationalisierungsaufgaben in der Produktion entwickelt. Sie eignet sich aber auch für die Gestaltung einzelner Arbeitsplätze sowie für die Rationalisierung komplexer Abläufe in der Fertigung, Verwaltung oder im Vertrieb. Sie baut auf den Erkenntnissen von Nadler auf (IDEALS-Konzept) sowie auf der Methode der Wertanalyse. Das Vorgehen gliedert sich in folgende sechs Stufen:

1. Ziele setzen
2. Aufgabe abgrenzen
3. ideale Lösung suchen
4. Daten sammeln und praktikable Lösung entwickeln
5. optimale Lösung auswählen
6. Lösung einführen und Zielerfüllung kontrollieren

Auf jeder Stufe des Vorgehens kommen je nach Aufgabe und Situation verschiedene Methoden zur Anwendung, die in diesem Buch beschrieben sind: (Brainstorming, morphologische Matrix, Nutzwertanalyse etc.).

Literatur: REFA: Methodenlehre des Arbeitsstudiums, Teile 1–6. In Teil 3 „Kostenrechnung, Arbeitsgestaltung" ist die 6-Stufen-Methode detailliert beschrieben.

7.3 Das Vorgehen nach Kepner und Tregoe

C. Kepner und B. Tregoe stiessen 1957 bei soziologischen Untersuchungen in einer Firma auf fragwürdige bis katastrophale Entscheide, sodass sie sich fragten, wie solche überhaupt zustande kommen konnten. Sie beschäftigten sich in der Folge mit Methoden der Problemlösung und Entscheidungsfindung und beobachteten dazu auch erfolgreiche Manager in der Praxis. Sie stiessen auf vier grundsätzliche Denkroutinen oder Denkmuster und konsolidierten diese zu vier rationalen Managementprozessen.
Was als „Garagenbetrieb" startete, mündete schliesslich in ein erfolgreiches Trainingsprogramm, das autorisierte Trainer weltweit unter dem Titel „Rationales Management" erfolgreich vertreiben. 1965 erschien das Buch „Der rationale Manager". Auf Grund der gemachten Erfahrungen wurde die Methode weiter entwickelt, wobei vor allem der Teamgedanke eingebaut wurde. 1981 erschien dann das 1982 auch ins Deutsche übersetzte Buch „Entscheidungen vorbereiten und richtig treffen".

Vier grundlegende Denkmodelle:
Kepner und Tregoe bauen auf den folgenden vier Fragen auf:

1. Was ist geschehen?
2. Warum ist das eingetreten?
3. Welche Massnahmen sollten wir ergreifen?
4. Was kann mit diesen Massnahmen schiefgehen?

Den Problemlösungsprozess strukturieren sie in die Teile „Situationsanalyse", „Problemanalyse", „Entscheidungsanalyse" und „Analyse potentieller Probleme".

Abb. 7.3 *Das Kepner-Tregoe-Schema.*

Situations-analyse Sie geht von der Frage aus „Was ist geschehen?" Es geht darum, die Situation zu erkennen, Abweichungen, Bedrohungen und Chancen. Die Situation wird zergliedert, Prioritäten sowie die einzusetzenden Methoden für das weitere Vorgehen werden festgelegt.

Problem-analyse Sie baut auf der Situationsanalyse auf und versucht jetzt, die Ursachen der unbefriedigenden Situation zu ergründen.

- Definition der Abweichung
- Was ist, was ist nicht?
- Besonderheiten?
- Mögliche Ursachen?
- Wahrscheinlichste Ursache?
- „Beweis" der wahrscheinlichsten Ursache

Entscheidungsanalyse

Die Entscheidungsanalyse besteht aus den folgenden Schritten:

1. Definition der Entscheidungssache. Das „Thema“ wird festgelegt.
2. Zielsetzung: Ziele und Prioritäten werden festgelegt. Dabei wird klar zwischen Muss- und Wunschzielen unterschieden.
3. Alternativen: Alternative Lösungen werden gesucht und bewertet. Es kommt eine Nutzwertanalyse zur Anwendung. Eine vorläufige Entscheidung wird getroffen.
4. Risikobewertung der Entscheidung.
5. Der Entscheid wird auf Risiken hin überprüft und bestärkt oder in Frage gestellt.

Analyse potentieller Probleme

Das ist der in die Zukunft gerichtete Teil des Kepner-Tregoe-Verfahrens. Welche Probleme könnten sich in Zukunft ergeben? Vier grundlegende Aktivitäten werden vorgeschlagen:

1. Identifizieren der Schwachstellen eines Unternehmens
2. Identifizieren spezifischer potentieller Probleme
3. Identifizieren der denkbaren Ursachen dieser potentiellen Probleme
4. Identifizieren von Eventualmassnahmen, sofern vorbeugende Massnahmen versagen oder unmöglich zu finden sind

Literatur:

Charles H. Kepner, Benjamin B. Tregoe: Entscheidungen vorbereiten und richtig treffen.

7.4 Systems Engineering

Das Betriebswissenschaftliche Institut der ETH Zürich (BWI) entwickelte unter dem früheren Leiter, Prof. Dr. h.c. W. Daenzer, die Systems-Engineering-Methode. Sie umfasst das Systemdenken, das Lebensphasenmodell, der Problemlösungszyklus sowie Methoden des Projektmanagements. 1976 erschien die erste Auflage des Buches „Systems Engineering“. Dieses überarbeiteten inzwischen Haberfeller, Nagel, Becker, Büchel und von Maslow. Als Herausgeber walten heute die Professoren Huber und Daenzer. Neben dem Systems-Engineering-Vorgehen enthält das Buch verschiedene Fallbeispiele und eine umfangreiche Methodensammlung. Da ich (der Autor) am BWI studiert habe, bin ich von diesen Methoden geprägt. Das im vorliegenden Buch beschriebene Problemlösungsschema lehnt sich deshalb an das Vorgehen des Systems Engineering.

Literatur:

Haberfeller, Nagel, Becker, Büchel, von Maslow: Systems Engineering.
Rainer Züst: Einstieg ins Systems Engineering.

7.5 Ganzheitliches Problemlösen

Das „Vernetzte Denken", das vor allem Frederic Vester im Zusammenhang mit seinen Umweltuntersuchungen gefördert hat, gab neue Impulse auf dem Gebiet der Problemlösungsmethoden. Beachtenswert sind die Publikationen von Gomez und Probst: „Vernetztes Denken im Management" (1987) sowie von Ulrich und Probst: „Anleitung zum ganzheitlichen Denken und Handeln" (1988). Sie empfehlen eine Problemlösungsmethodik als vernetztes System von Bausteinen (siehe dazu Abb. 7.5).

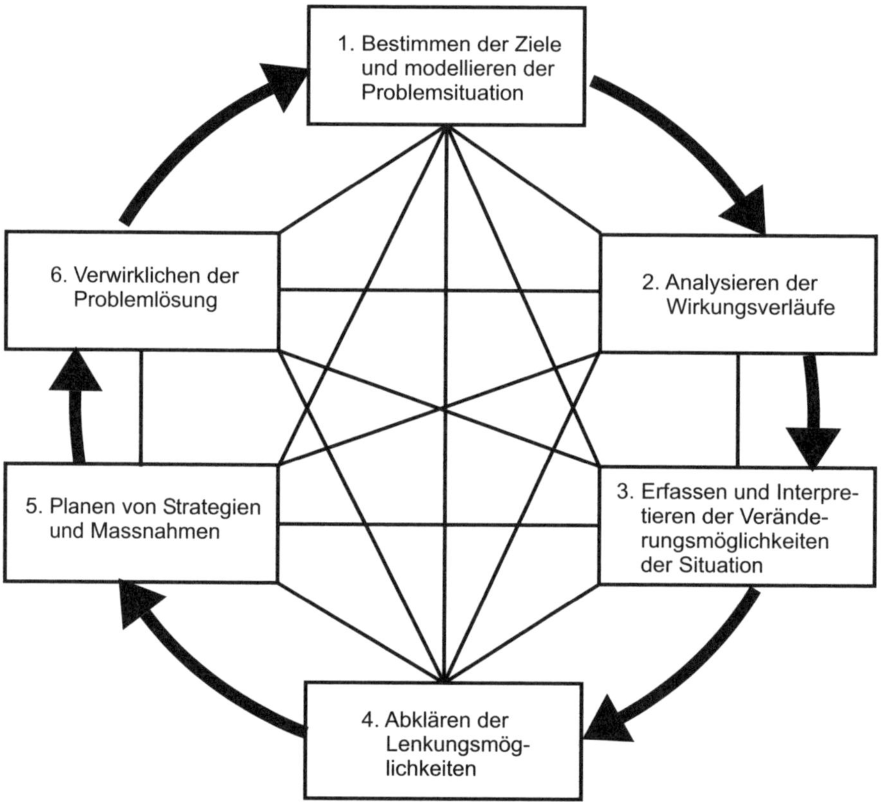

Abb. 7.5 *Die Problemlösungsmethodik als vernetztes System von Bausteinen.*

In der heutigen, stark vernetzen Welt voller komplexer Systeme und Prozesse genügt das einfache Ursache-Wirkung-Denken nicht mehr. Nach einer ersten Systemabgrenzung müssen wir die Vernetzung der Systeme und Prozesse ergründen. Alsdann werden die Dynamik und mit Vesters Papiercomputer die Mechanismen weiter untersucht. Spiralförmig nähert man sich einer Lösung.

Im Gegensatz zum Systems Engineering, das sich hauptsächlich auf die Gestaltung technischer Systeme konzentriert, suchen Gomez und Probst nach Möglichkeiten, die Prozesse zu lenken und zu gestalten.

Literatur: Gomez P., Probst G.: Vernetztes Denken im Management.
Ulrich H., Probst G.: Anleitung zum ganzheitlichen Denken und Handeln.

7.6 Allgemeine Morphologie

Als Initiator der modernen morphologischen Methodik gilt der Glarner Prof. Fritz Zwicky. Dessen Ideen entwickelte Hermann Holliger-Uebersax weiter. Holliger schenkte vor allem den psychologischen Aspekten noch stärkere Beachtung. Heute pflegt in der Schweiz die „Allgemeine Morphologische Gesellschaft" das morphologische Gedankengut weiter.

Das Ziel der morphologischen Methodik ist **das kreative Denken, Entscheiden und Handeln in geordneter Form.** Dazu befasst sie sich mit den folgenden Schwerpunktthemen:

der kreative Mensch Unter dieses Thema fallen operative Hinweise auf die Funktionsweise des Gehirns, daraus erklärbare Strukturen und Mechanismen des menschlichen Verhaltens.

die kreative Kommunikation Prinzipien der Kommunikation, Verhaltens- und Mentalitätsformen.

die kreative Organisation Darunter fallen die Organisation als soziales System, Führungs-, Entscheidungs- und Innovationsprozesse.

der kreative Denkprozess Die *kreative Halt-Reaktion* spielt im morphologischen Denken eine wichtige Rolle. Sobald Störungen oder Verdachtsmomente auf Denkfehler aufkommen, müssen wir uns über unser Vorgehen Gedanken machen. Eine Methodik- und eine Denkfehler-Recherche sind dann angezeigt. Als fünf Grundschritte des kreativen Denkens nennt Holliger:

1. Erkundung der Problemsituation
2. Beurteilung der Lage
3. Theoretische Lösung des Problems
4. Vorbereitung der Aktion, Planung
5. Durchführung der Aktion

Darunter fallen spezielle morphologische Methoden zur Unterstützung des morphologischen Denkens.

die kreative Methodik

Das morphologische Denken basiert also auf fachlicher, methodischer und sozialer Kompetenz. Zwicky nennt eine Person, die das erreicht hat, einen „ganzen Menschen“. Die morphologische Methodik hat also im weitesten Sinne das Ziel, die emotionalen und intellektuellen Fähigkeiten des Menschen zu integrieren, damit er mit seinem Denken zu „integralen Systemkonzepten“ gelangt. Die Kreativ-Morphologie verträgt sich mit vielen anderen Methoden, die sie bei Bedarf einsetzt.

Literatur:

Hermann Holliger-Uebersax: Handbuch der Allgemeinen Morphologie.
Fritz Zwicky: Jeder ein Genie.
Fritz Zwicky: Entdecken, Erfinden, Forschen im Morphologischen Weltbild.

7.7 TRIZ

In Russland analysierte Genrich Altschuller tausende von Patenten und fand immer wieder die gleichen Denkstrategien, die sich zum Bewältigen technischer Zielkonflikte eignen. Aufbauend auf diesen Erkenntnissen entwickelte er seine Theorie des Erfindens, die er TRIZ nannte („teorija resenija izobritatel'skich sadac“. TRIZ besteht aus einem ganzen Rucksack voller Methoden. Diese sind in ihrer Anwendung nicht ganz einfach, werden aber heute von verschiedenen Softwarepaketen unterstützt. Mehr darüber erfahren Sie unter www.triz.ch und im Band 2, „Systematisch Lösungen realisieren“.

7.8 Erfahrungen des Autors mit verschiedenen Methoden

Bei einem meiner früheren Arbeitgeber, der alle Kader nach **Kepner und Tregoe** geschult hatte, beobachtete ich Folgendes:
Im Tagesgeschäft und bei geringen Prozessverbesserungen gelangt man mit diesem Vorgehen rasch zu Resultaten. Die Ursachenanalyse liefert bald die Hintergründe für eine Abweichung vom Soll-Prozess. Für die Zielsetzung wird wenig Aufwand getrieben. Der Soll-Prozess ist ja bekannt. Eine Nutzwertanalyse hilft beim Entscheiden.
Bei der Entwicklung von vollkommen neuen Produkten oder bei der grundsätzlichen Umgestaltung von Prozessen stösst dieses Vorgehen aber an seine Grenzen: Die untergeordnete Bedeutung der Zielsetzungsphase und die starke Konzentration auf die Analyse möglicher Ursachen hindert die Beteiligten, aus den bisherigen Denkgeleisen und den existierenden Systemen auszubrechen. Man versucht dauernd, die bisherigen Systeme zu verbessern, statt von Grund auf neue Konzepte zu erarbeiten.
Das Problemlösungsvorgehen nach dem **Systems Engineering** habe ich in der Praxis vielfach angewandt. Ich betrachte dieses Vorgehen für technisch

dominierte Pionierprobleme im betrieblichen Umfeld als die geeignetste Methode. Besonders die explizite Ausarbeitung einer Zielsetzung nach einer Situationsanalyse ist sehr wertvoll und wichtig. Bei anderen Vorgehensmodellen kommt das zu kurz. In der betrieblichen Praxis wird beim unstrukturierten Vorgehen oft auf die Ausarbeitung einer detaillierten Zielsetzung verzichtet. Die Beteiligten gehen davon aus, es sei ja alles klar. Manchmal lassen sich vorerst Konflikte vermeiden, indem man vieles unklar lässt. Das rächt sich aber meistens bald. In solchen Situationen werden jeweils Lösungen entwickelt, die später niemand akzeptiert. Das Systems-Engineering-Vorgehen verhindert, dass wir in diese Falle tappen. Speziell beachten müssen wir beim Systems-Engineering-Vorgehen, dass wir die sozialen Aspekte genügend berücksichtigen. Für die Suche nach neuen Geschäftsstrategien ist das Systems Engineering bedingt geeignet. Für politische Entscheide, speziell aber für Umgestaltungen in sozialen Systemen, würde ich es nicht einsetzen.

Das **ganzheitliche Problemlösen** nach Ulrich und Probst halte ich vor allem für Situationen geeignet, bei denen wir mit stark vernetzten, sehr komplexen Zusammenhängen konfrontiert sind. Speziell bei komplexen, schwierig abgrenzbaren Problemsituationen, bei denen das Problemlösungsschema nach Systems Engineering nicht linear durchlaufen werden kann, sondern sehr häufig Rücksprünge notwendig werden, ist dieses Vorgehen angezeigt. Das ist bei der Erarbeitung von Strategien und bei der Umgestaltung sozialer Systeme der Fall. Für die Konstruktion einer neuen Maschine würde ich diese Methode nicht anwenden.

Der **morphologische Ansatz** mit seiner starken Beachtung des psychologischen Umfeldes hat mir vor allem in konfliktreichen Situationen weitergeholfen. Diese Aspekte kommen im Systems Engineering traditionellerweise zu kurz. Die morphologische Betrachtungsweise ist universell anwendbar. Das Vorgehen setzt situationsabhängig alle anderen Methoden ein, wenn sie geeignet sind. Man kann daher die allgemeine Morphologie als „Metamethode“ bezeichnen.

Die **TRIZ-Methoden** eignen sich hauptsächlich zum Bewältigen technischer Zielkonflikte auf der Ebene physikalischer Wirkprinzipien. Sobald das Wirkprinzip aber gefunden ist und es nur noch um die Optimierung der Lösung geht, soll man wieder die herkömmlichen Engineering- und Berechnungsmethoden einsetzen.

Entscheiden Sie selber!

Seien Sie nie Sklave einer Methode! Jede Methode hat ihre Stärken und Grenzen. Es geht letzlich immer darum, mit geringem Aufwand zu guten Lösungen zu gelangen. **Methoden stehen Ihnen als Werkzeuge zur Verfügung, wenn Sie sie beherrschen und richtig einzusetzen wissen.**

„Wir finden Tröstungen, wir finden Betäubungen, wir lernen Kunstfertigkeiten, mit denen wir uns täuschen. Das Wesentliche aber, den Weg der Wege, finden wir nicht.“

Herrmann Hesse (aus „Siddharta“)

8 Einsatz der eigenen Persönlichkeit

8.1 Teil der Lösung werden statt Teil des Problems

Unser persönlicher Erfolg hängt nicht zuletzt davon ab, ob wir wissen, was wir wollen, und unsere Energien geschickt einsetzen. Wir sollten im richtigen Moment an den richtigen Dingen arbeiten und uns effizienter Methoden und Hilfsmittel bedienen. Gerade wenn wir einen grossen Einsatz leisten, müssen wir uns bewusst sein, dass unsere Kräfte begrenzt sind.

Arbeit macht Spass oder krank

Unser persönliches Wohlergehen hängt davon ab, ob wir uns bei unseren Tätigkeiten auch wohl fühlen. Unsere Arbeit, für die wir so viel Zeit unseres Lebens einsetzen, soll uns Spass machen und befriedigen, soll uns unseren Lebenszielen und Visionen näherbringen.
Vorerst behandeln wir das Thema „Verbesserung unserer persönlichen Arbeitstechnik" in Anlehnung an den Problemlösungsablauf. Dann werden wir uns auch darüber Gedanken machen, was das Ganze letztlich soll.

Es kommt nicht auf die aufgewendeten Arbeitsstunden, sondern auf das erreichte Ergebnis an.

Beginnen wir also mit der Situationsanalyse. Zuerst untersuchen wir unsere eigene Arbeitsweise. Anschliessend machen wir uns mit wichtigen Erkenntnissen aus den Arbeitswissenschaften und der Psychologie vertraut.

8.2 Analyse meiner persönlichen Arbeitssituation

Selbsterkenntnis ist der erste Schritt zur Besserung. Der subjektive Eindruck über unser Arbeitsverhalten und unseren Arbeitsstil trügt. Wenn wir wirklich wissen wollen, wofür wir unsere Zeit verwenden, müssen wir das exakt beobachten und unsere Beobachtungen anschliessend auswerten.

das Zeitprotokoll

Es erfordert Selbstdisziplin, während einiger Wochen jede Tätigkeit zu protokollieren. Abb. 8.2.1.1 zeigt einen Ausschnitt aus einem solchen Protokoll. Wichtig ist, dass wir jede Unterbrechung notieren. Unterscheiden sich die Aktivitäten von Woche zu Woche stark, empfiehlt sich eine längere Beobachtungszeit. Andernfalls dürften zwei bis drei Wochen genügen, um zu repräsentativen Daten zu gelangen.

Datum: 11.5				
Start-Zeit	Dauer [Min.]	Tätigkeit	Anstoss/ Störung von:	Klasse
8.10	20	Post und E-Mail durchsehen		I
8.30	2	Printout abholen		I
8.32	3	Anrufversuch bei CSB		A
8.35	12	Tel. mit Müller wegen Tel. Aktion		I
8.47	6	Projekt Reporting System nachführen		I
8.53	4	Anruf von CSB wegen Demo-Termin	a	A
8.57	13	Projekt Reporting System weiterführen		I
9.10	16	Tel. mit Werbeabteilung wegen IBV		A
9.26	6	Anruf von Hauser er will Manuals		K
9.32	9	Manuals über System bestellen	s	K
9.41	12	Toilette, anschliessend Kaffeeautomat	s	I
9.53	16	Tel. mit ARC wegen Details zu den Problemen bei der Plastik AG		A
10.09	9	Tel. mit Rufer wegen CSB	s	A
10.18	2	Anrufversuch bei Niederberger		A
10.20	4	E-Mail an Niederberger wegen Plastik AG		A
10.24	8	Anruf von Frau Meier wegen Demo CSB	i	A
10.32	7	Abschluss E-Mail an Niederberger		A
10.44	9	Unterlagen für Gruppen-Meetings zusammensuchen und durchsehen		I
10.53	6	Anruf von Müller wegen Tel. Aktion	i	I
11.00	77	Meeting		I

i = Störung von intern	I = Arbeiten für interne Stellen
a = Störung von Agent	A = Arbeiten für Agenten
s = Selbstunterbrechung	K = Arbeiten für Kunden

Abb. 8.2.1.1 *Ein Ausschnitt aus dem Tätigkeitsprotokoll eines Mitarbeiters aus einem Verkaufsstab.*

die Auswertung

Sobald genügend Daten vorliegen, können wir die folgenden Analysen durchführen:

Analyse der Zeitverwendung: Es empfiehlt sich, die einzelnen Aktivitäten in Klassen und Unterklassen zu ordnen und in einer Tätigkeitshierarchie darzustellen. Von den Detailtätigkeiten ausgehend werden die Arbeitszeiten von unten noch oben zu den Klassen addiert. Man erhält so einen Überblick, wohin die Arbeitsstunden geflossen sind. Prozentzahlen verdeutlichen die Relationen besser. (siehe dazu Abb. 8.2.1.2) Eine andere Möglichkeit der Darstellung bietet die ABC-Analyse. Dabei gehen aber die in der Tätigkeitshierarchie enthaltenen Zusammenhänge verloren.

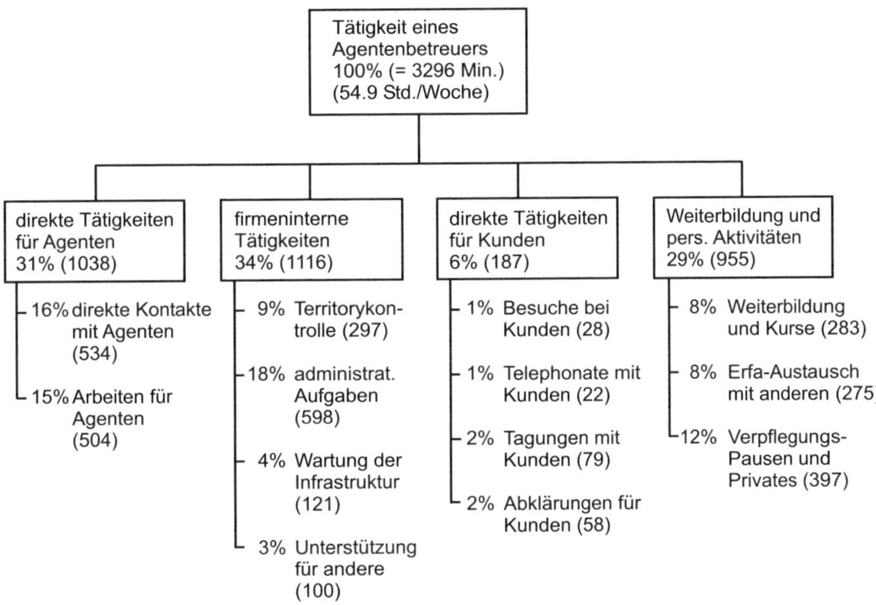

Abb. 8.2.1.2 *Eine Tätigkeitshierarchie mit den aufgewandten Zeiten. Das Beispiel stammt von einem Stabsmitarbeiter aus einer Verkaufsabteilung, der für die Betreuung von Agenten zuständig war.*

Analyse der Störungen: Zweckmässigerweise tragen wir bereits beim Protokollieren durch einen Code ein, warum wir eine Arbeit unterbrochen haben. Bei der Auswertung lassen sich dann die folgenden Fragen leicht beantworten:

- Wie oft habe ich meine Arbeit aus freiem Willen unterbrochen?
- Wie oft habe ich eine Tätigkeit durch den Ablauf bedingt unterbrochen?
- Wie oft wurde ich durch andere unterbrochen? durch: Kunden, Lieferanten, Chef, Mitarbeiter, andere.

Diese Auswertung zeigt nicht nur die häufigsten Störquellen auf (meistens der Chef), sondern weist mir auch nach, ob ich genügend Selbstdisziplin besitze, um eine begonnene Arbeit kontinuierlich weiterzuführen. Hier erhalte ich eine unbestechliche Aussage, wie oft ich der Versuchung erlegen bin, etwas anderes, im Moment Attraktiveres, zu tun. Ist übrigens das Eintreffen der internen Post für Sie auch immer eine willkommene Abwechslung im Arbeitsalltag? Beginnen Sie auch immer mitzudiskutieren, wenn die Sekretärin einem Arbeitskollegen eine erledigte Aufgabe zurückbringt?
Warum stören mich andere so oft? Kann ich etwas dagegen tun, kann ich mir störfreie Zeiten verschaffen? Will ich das überhaupt, und was kehre ich dafür vor?

Analyse von Effektivität und Effizienz: Arbeiten wir überhaupt an den richtigen Aufgaben, und erledigen wir diese rasch und mit geringem Aufwand? Daraufhin müssen wir die einzelnen Aktivitäten hinterfragen. Am besten beginnen wir mit der zeitaufwändigsten Tätigkeit und stellen später auch für die weiteren die folgenden Fragen:

- Wer ist mein Kunde?
- Welchen Nutzen schaffe ich durch diese Tätigkeit? Wird er auch wahrgenommen?
- Ist das überhaupt meine Aufgabe?
- Könnte ich die Aufgabe delegieren?
- Warum benötige ich so viel Zeit? Gäbe es bessere Hilfsmittel oder bessere Arbeitsmethoden?
- Bin ich meiner Aufgabe fachlich gewachsen? Habe ich die notwendige Routine?
- Habe ich die notwendigen Informationen?
- Welche Arbeiten würde ich weglassen, wenn die Zeit noch knapper würde?
- Welche Termine habe ich eingehalten? Welche nicht?

> **„Arbeit lässt sich wie Gummi dehnen, um die Zeit auszufüllen, die für sie zur Verfügung steht.“**
> *C. N. Parkinson*

Analyse der persönlichen Kontakte: Mit welchen Personen habe ich wie häufig und wie lange Kontakt?

- persönlich
- telefonisch
- in Sitzungen
- via E-Mail [Mitteilungen pro Woche]

Welche Kontakte dauern aus Sympathiegründen länger. Welchen gehe ich aus Antipathie aus dem Wege? Welche finden ablaufbedingt „korrekt" statt?

Habe ich Erfolg?

Wird meine Arbeit kritisiert, akzeptiert oder sogar geschätzt? Wofür finde ich Anerkennung und warum? Befriedigt mich meine Tätigkeit? Was freut mich? Was belastet mich? Woran messe ich überhaupt meinen Erfolg?

Zusammenfassung

Zusammenfassend werden wir auf aktuelle Probleme stossen, die zum Teil organisationsbedingt (defekte Stellenbildung) und zum Teil persönlichkeitsbedingt sind (Antipathien und Führungsschwächen). Teile davon können wir beeinflussen. Mit anderen Teilen müssen wir leben lernen. Und alle verbleibenden Aufgaben möchten wir in Zukunft natürlich effizienter und mit mehr Freude erledigen.

> **„Denkt an das fünfte Gebot!**
> **Schlagt eure Zeit nicht tot!"**
>
> *Erich Kästner*

8.3 Physiologische und psychologische Grundlagen

In diesem Kapitel werden Grundlagen und Zusammenhänge erklärt, die wir beim Erarbeiten einer persönlichen Strategie (siehe Kapitel 8.4) und später bei deren Umsetzung berücksichtigen wollen.

8.3.1 Physiologische Leistungskurven

Biologisch bedingt variiert unsere Leistungsfähigkeit im Tagesverlauf stark. Natürlich gibt es individuelle Unterschiede. Die einen benötigen mehr, die anderen weniger Schlaf. Die einen sind Morgenmuffel, die anderen haben gerade dann ihre kreativen Stunden. Finden Sie Ihr Profil heraus. Richten Sie Ihren Tag so ein, dass Sie Ihre produktivsten Stunden am besten nutzen.

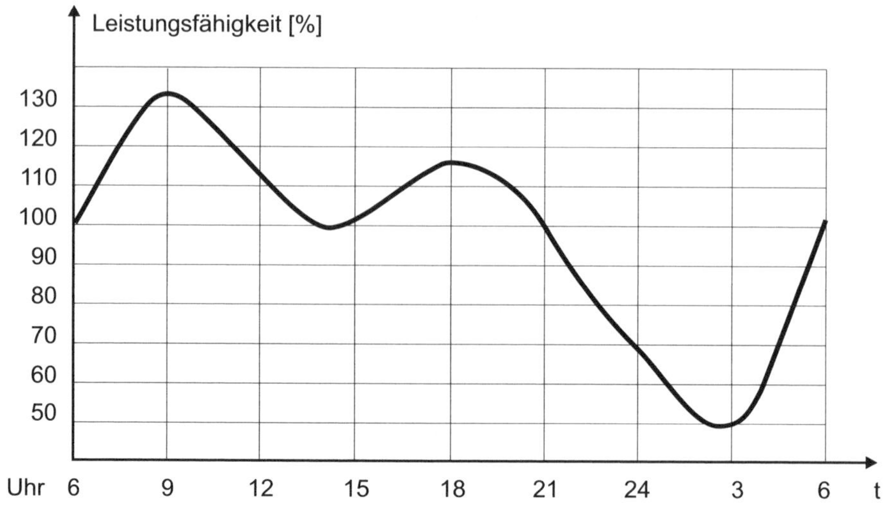

Abb. 8.3.1 *Die biologische Leistungskurve (Durchschnittswerte nach O. Graf).*

8.3.2 Die Wirkung von Unterbrechungen

Bei der Werkstattfertigung rechnet man an jeder Maschine mit Einrichtungszeiten, bevor die Bearbeitung eines Werkstücks beginnen kann. Auch bei geistigen Tätigkeiten benötigen wir Einarbeitungszeiten. Das beinhaltet das Bereitlegen von Unterlagen, das Einlesen, Sich-vertraut-Machen mit den Gegebenheiten, Nachschlagen, Sich-an-Zusammenhänge-Erinnern etc. Bis wir alles notwendige Wissen wieder aktualisiert haben, dauert es oft eine halbe Stunde oder mehr. Wenn wir dann unsere Arbeit unterbrechen und sie erst in einigen Tagen wiederaufnehmen, werden wir uns beim zweiten Anlauf erneut einarbeiten müssen. Je länger die Unterbrechung dauert, umso mehr Zeit benötigt das erneute Einarbeiten.
Am produktivsten sind wir dann, wenn wir uns von Anfang bis Ende auf eine Arbeit konzentrieren und durch nichts ablenken lassen. Wir gelangen in eine Art „Fliess-", oder „Schwebezustand", in dem wir in unserer Arbeit aufgehen. Möglicherweise arbeiten wir dann so konzentriert und fasziniert weiter, ohne Hunger oder Ermüdungsgefühle zu bemerken, bis wir komplett erschöpft sind.

Diese Erkenntnisse sprechen im schulischen Bereich für den Blockunterricht. Statt jede Woche zwei Lektionen Biologieunterricht abzuhalten, führt man eine konzentrierte Projektwoche Biologie durch. Die jeweiligen Einarbeitungszeiten pro Woche fallen dann weg. Die Schüler(innen) haben Gelegenheit, sich ohne Unterbrechung konzentriert in das Fachgebiet einzuarbeiten, und erreichen dadurch während der gleichen Stundenzahl wesentlich mehr.

8.3.3 Die Wirkung von Pausen

Wer pausenlos bis zum Umfallen arbeitet, oder aber zu häufig Pausen einschiebt, erreicht sein Leistungsmaximum nicht.
Man unterscheidet zwischen verschiedenen Arten von Pausen: **Willkürliche Pausen** legen wir aus einem Erschöpfungszustand heraus ein, weil wir einfach wieder Atem holen müssen. **Maskierte Pausen** sind Nebenarbeiten, die wir einlegen, um uns dabei auszuruhen, aber nicht zugeben wollen, dass wir eine Pause benötigen. **Arbeitsbedingte Pausen** sind Wartezeiten, die sich aus dem Arbeitsablauf ergeben. Zum Beispiel warten, bis sich ein Werkstück abgekühlt hat, bis ein Druckauftrag ausgeführt ist, etc. **Vorgeschriebene Pausen** sind vom Betrieb oder von der Schule festgelegte Arbeitsunterbrechungen. Untersuchungen über die Wirkungen von Pausen haben ergeben, dass der Erholungswert einer Pause zu deren Beginn am grössten ist und dass mehrere kurze Pausen günstiger sind als wenige lange. Das Optimum ist von der Art der Tätigkeit abhängig.

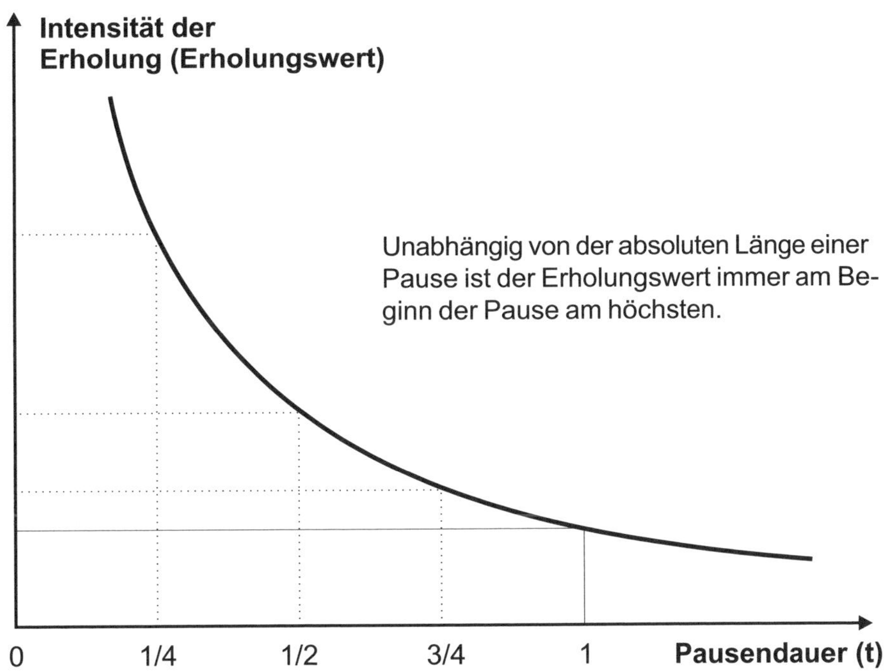

Abb. 8.3.3 *Erholungswert einzelner Pausenteile (nach Lehmann).*

Prof. Grandjean gibt folgende Richtlinien:
Für Arbeiten mittlerer Intensität mit arbeitsbedingten Wartezeiten: je eine Pause am Vormittag und Nachmittag von 10 bis 15 Minuten Dauer für Zwischenverpflegungen. Für Arbeiten hoher Intensität ohne arbeitsbedingte Wartezeiten mit hohen Stückzahlen: vormittags und nachmittags je eine Zwischenverpflegungspause und eine bis zwei Kurzpausen von 5 Minuten.

Literatur: Prof. Dr. med. E. Grandjean: „Physiologische Arbeitsgestaltung".

8.3.4 Die Arbeitszeit

Kurzfristig sind wir, wenn es die Umstände erfordern, in der Lage, Tag und Nacht zu arbeiten. Über längere Zeit drosseln wir aber unsere Leistung unbewusst soweit, dass wir die ganze Arbeitszeit durchhalten können. Bei sehr langen Arbeitszeiten, wenn der verbleibende Nachtschlaf zur Erholung nicht mehr ausreicht, fallen die Tagesleistungen stark ab. Jede Arbeitszeitreduktion hat dann grössere Tagesleistungen zur Folge. Diese Beobachtungen wurden am Ende des Zweiten Weltkrieges in englischen Rüstungsbetrieben gemacht. In den dunkelsten Stunden des Krieges betrug dort die wöchentliche Arbeitszeit 60 Stunden und mehr. Gegen Kriegsende glaubte man, die Arbeitszeit leicht reduzieren zu können. Dabei beobachtete man paradoxerweise, dass mit jeder Arbeitszeitreduktion die produzierten Stückzahlen anstiegen. Untersuchungen ergaben, dass das Leistungsmaximum im Durchschnitt bei ca. 40 Stunden pro Woche liegt. Davon gibt es grosse persönliche Abweichungen.

Teilzeitangestellte sind produktiver

Nach dem oben Beschriebenen erstaunt das nicht. In unserer Gesellschaft gibt es heute viele, die gerne mit reduziertem Pensum arbeiten möchten: Zum Beispiel Wiedereinsteigerinnen, wenn die Kinder gross geworden sind, oder Männer, die die Hausarbeit und Kindererziehung mit ihren Partnerinnen teilen möchten. Sie finden aber keine Stelle, weil noch Vorurteile vorhanden und zuwenige Betriebe dafür flexibel genug sind. Unserer Wirtschaft geht dadurch ein grosses Reservoir fähiger und leistungswilliger Arbeitskräfte verloren. Natürlich passt Teilzeitarbeit nicht in jeden Betrieb. Einige Firmen haben aber damit begonnen und dabei gute Erfahrungen gemacht.

„Nimm dir täglich eine halbe Stunde Zeit – ausser, wenn du sehr viel zu tun hast. Dann nimm dir eine ganze Stunde."

Volksmund

8.3.5 Mussestunden

In Mussestunden gewinnen wir Abstand und betrachten die Welt aus einer anderen Perspektive. Zum richtigen Erholen und „Abschalten" benötigt man mindestens drei Wochen. Dabei ist es vor allem zu Beginn wichtig, dass wir beim Nichtstun etwas tun. Wir benötigen Ablenkung. Wenn wir nur zwischen unseren vier Wänden zu Hause bleiben, wühlen wir einfach in unseren Alltagsproblemen im Kopf weiter herum.

Müssiggang ist aller Denker Anfang

Um über uns selber nachzudenken und auf neue Ideen zu stossen, benötigen wir Musse. Geniessen wir es doch, uns einmal für uns selbst Zeit zu nehmen! Wir brauchen nicht das ganze Leben immer nur produktiv zu sein.

8.3.6 Stress

biologischer Mechanismus

Der Stressmechanismus ist ein bei allen höheren Tieren zu beobachtender überlebenswichtiger Vorgang, der die körperliche Leistungsfähigkeit den aktuellen Erfordernissen anpasst. Er dient zum Beispiel zur blitzschnellen Vorbereitung von Angriff oder Flucht. Dazu werden bei Gefahr in Sekundenschnelle alle Energiereserven für extreme Muskelleistungen mobilisiert und alle im Moment nicht lebenswichtigen Funktionen aus Energieersparnisgründen eingeschränkt. Dieser biologische Mechanismus wurde schon vor über 50 Jahren von H. Selye beschrieben, der dafür den Nobelpreis erhielt. Das vereinfachte Ablaufschema ist in Abb. 8.3.6.1 dargestellt.
Auch in unserer heutigen zivilisierten Umwelt funktioniert der Stressmechanismus noch so wie vor tausenden von Jahren, unabhängig davon, ob diese Reaktion für uns in der gegebenen Situation günstig ist oder nicht. Bei Gefahr übernehmen entwicklungsgeschichtlich ältere Teile des Gehirns die Führung. Die langsame Logik des Grosshirns würde uns nur behindern.
Wenn wir uns vor einem angreifenden Stier in Sicherheit bringen müssen, ist der Stressmechanismus überlebenswichtig. Jedes Nachdenken ist in diesem Moment von Nachteil. Es zählt allein, dass uns sofort alle Energie für einen Sprung zur Seite zur Verfügung steht. Wenn wir im Verlauf einer Sitzung persönlich angegriffen werden, hindert uns die Denkblockade, dass wir uns schlagfertig verteidigen können. Statt dessen ist unser Körper bereit, aufzuspringen und loszuschlagen. Das verträgt sich aber nicht mit unseren gesellschaftlichen Normen. Also bleiben wir ruhig sitzen und ärgern uns. Hier wirkt sich der Stressmechanismus eindeutig zu unserem Nachteil aus.

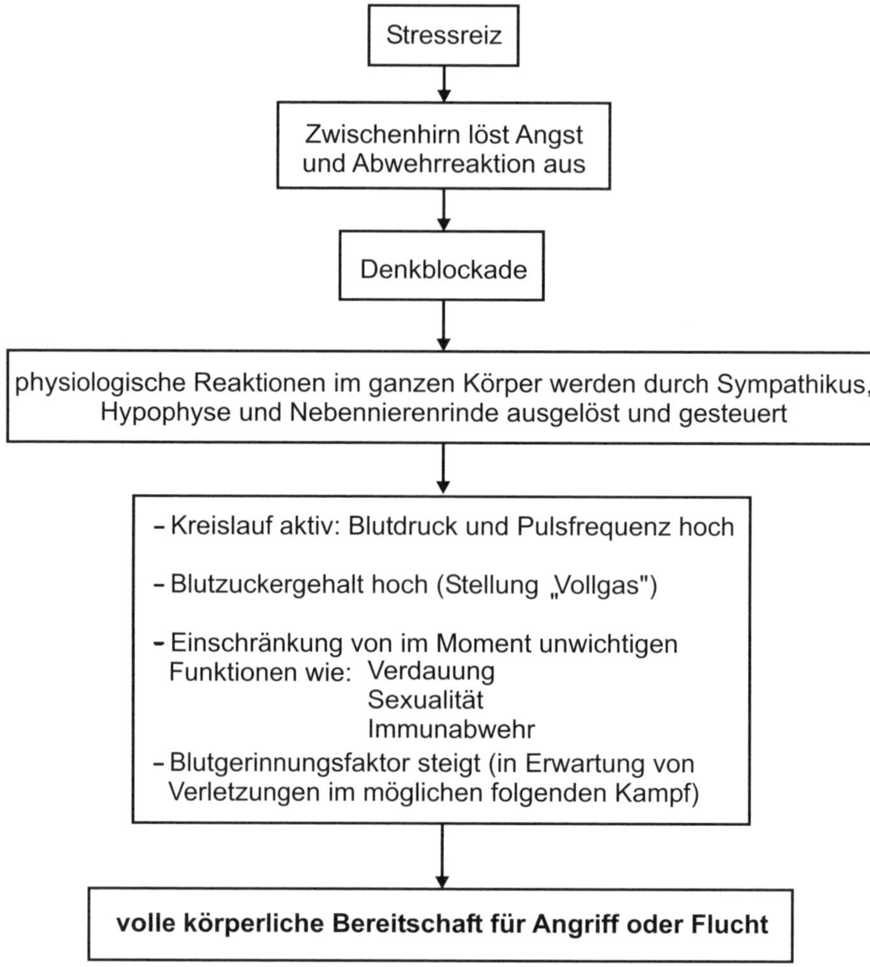

Abb. 8.3.6.1 *Das Ablaufschema der Stressreaktion im Falle einer auftretenden Gefahr. Da diese Reaktion vererbt ist, haben wir auf deren Ablauf keinen Einfluss.*

Stressarten Man unterscheidet zwischen Distress und Eustress:

Distress = Dissonanz-Stress
Eustress = Euphorischer Stress

Leistungsfähigkeit benötigen wir, um auf positive wie negative Ereignisse zu reagieren. Auch wenn wir freudig erregt sind, befinden wir uns in einem Stresszustand (z.B. in der Hochzeitsnacht). Begeisterung, Vitalität, Ansporn, Tatendrang ist ohne Stress nicht denkbar. Ein gewisses Mass an Stress steigert die Kreativität. Zuviel aber blockiert sie ganz.

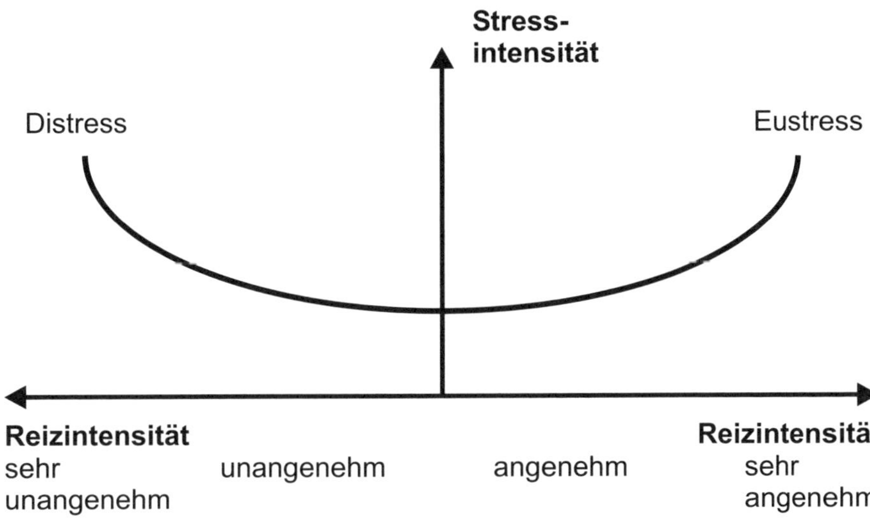

Abb. 8.3.6.2 *Distress wie Eustress passen die Leistungsfähigkeit des Körpers den aktuellen Erfordernissen an.*

krank machender Stress (Distress)

Unsere Vorfahren konnten hin und wieder auftretende Stresssituationen durch körperliche Tätigkeiten abreagieren. Heute sind wir aber oft dauernd stresserzeugenden Reizen ausgesetzt. Wenn wir zuwenig Gelegenheit haben, die durch Stressreaktionen freigesetzten Energien abzubauen, wirkt sich das negativ auf unseren Körper aus: Schäden an Kreislauf, Verdauungstrakt, Lungen, Muskeln, Gelenken etc. können auftreten. Zudem leidet das Immunsystem, und der Alterungsprozess wird beschleunigt. Daher sterben in unserer Gesellschaft immer mehr Leute an Herz- und Kreislaufschäden sowie an Krebs.
Aber auch Langeweile und das Gefühl, nicht mehr gebraucht zu werden, können Stress erzeugen. Manchmal werden Pensionierte damit nicht fertig.

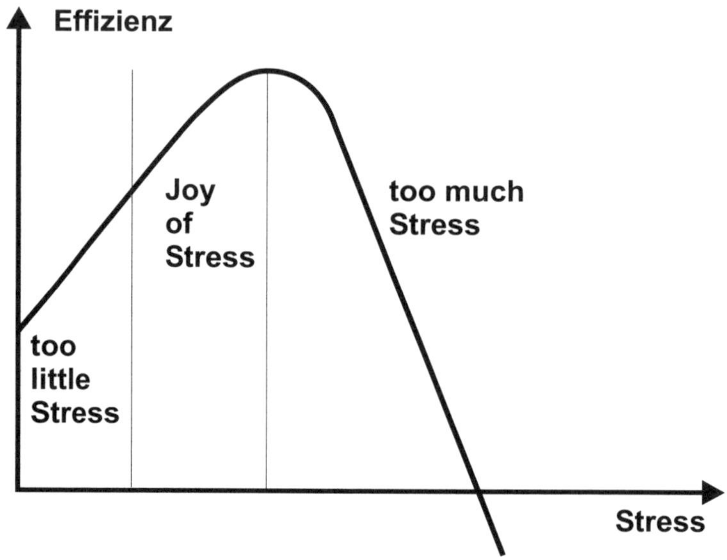

Abb. 8.3.6.3 *Das richtige Mass finden! Wo befinden Sie sich?*

8.3.6.1 Stressoren

Lärm Das Ohr ist unser Alarmsensor schlechthin. Es schläft nie. Psychologische Faktoren spielen dabei eine Rolle: Je grösser die Abneigung gegen die Lärmquelle ist, desto stärker wird der Lärm als Belästigung empfunden. Eine Gewöhnung an Lärm ist nur in begrenztem Masse möglich. Versuche wiesen nach, dass Lärm Produktionseinbussen zur Folge hat. Besonders betroffen sind Tätigkeiten, die lückenlose Aufmerksamkeit erfordern. Lernende werden stärker gestört als Routinearbeiter. Resultate, die nicht verwundern, wenn man den Stressmechanismus kennt.

soziale Dichte Wenn zu viele Individuen auf engem Raum zusammenleben, überschneiden sich ihre Privatsphären. Stress entsteht. Die Kenntnisse über die soziale Dichte und den Lärm verbieten uns eigentlich, Leute in engen Grossraumbüros arbeiten zu lassen.

emotionaler Stress Auf uns einwirkende Informationen und unser Denken können emotionalen Stress verursachen. Angst vor möglichen Konsequenzen entsteht. Ob objektiv eine Gefahr vorliegt, ist irrelevant. Allein das Gefühl löst den Stressmechanismus aus. Emotional ausgelöster Stress entsteht durch Konflikte, Mobbing, Partnerschaftsprobleme, fehlende Berufserfüllung, Unter- oder Überforderung, psychische Spannungen, Angst vor Machtverlust, vor Neuem, Unbekanntem etc.

Emotionaler Stress hängt sehr stark von unseren Einstellungen, Wertvorstellungen und unserer Identifikation mit dem Problem ab. Wir können daher unsere emotionale Stressresistenz nur durch veränderte Einstellungen verbessern. Basis dazu ist ein intaktes Selbstwertgefühl. Ein starkes Selbstbewusstsein lässt mich „cool" bleiben, auch wenn ich persönlich angegriffen werde.

Infostress Das ist die jüngste aller Stressarten. Die in unserer Informationsgesellschaft vorhandene Datenflut erzeugt Stress, reduziert mehr und mehr die Verständnisleistung und mündet schliesslich in Konfusion, Resignation, Erschöpfung und Gleichgültigkeit. Wer dauernd gezwungen ist, Informationen aufzunehmen, kommt nicht mehr dazu, sie zu verarbeiten und selber etwas zu überlegen. Besonders auf jemanden, der nicht weiss, was er/sie wissen will, wirkt die Informationsflut bedrohlich.

schlechte Arbeitsbedingungen Schlechte Beleuchtung, ungünstige Anordnungen, ungeeignetes Werkzeug, Staubentwicklung etc., kurz: ungünstige arbeitsphysiologische Bedingungen können, müssen aber nicht zu zusätzlichem Stress führen. Wenn darüber gesprochen und anerkannt wird, dass erschwerende Arbeitsbedingungen aus welchen Gründen auch immer vorliegen, akzeptieren wir, dass die Arbeit schwierig ist und langsamer fortschreiten wird. Wenn solche Erschwernisse aber ignoriert oder gar abgestritten werden und trotzdem ein normaler Arbeitsfortschritt erwartet wird, entsteht Konfliktstress.

8.3.6.2 Die Last des Unerledigten

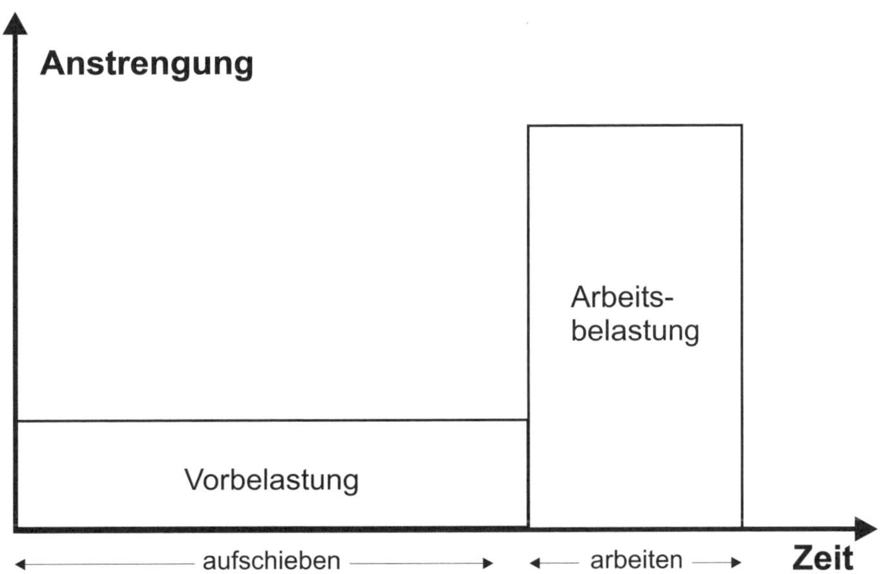

Abb. 8.3.6.4 Stressbelastung durch aufgeschobene Arbeiten. Je länger die Aufschiebedauer, desto grösser die Vorbelastung.

> **„Nicht weil es schwer ist, wagen wir es nicht, sondern weil wir es nicht wagen, ist es schwer."**
> *Seneca* (4 v.Chr.–65 n.Chr.)

Zeitdruck entsteht oft, wenn wir Dinge aufschieben und dann unerwartet noch zusätzlich dringende Arbeiten dazukommen. Das hat Stress zur Folge und hindert uns bisweilen, gute Qualität zu leisten. Stress entsteht aber allein schon durch das Aufschieben von Arbeiten. Der ganze Stoss an unerledigtem Kleinkram, besonders aber die unangenehmen Aufgaben, lasten auf unserem Unterbewussten und erzeugen ein bedrückendes Gefühl. Könnten wir die aufgeschobenen Arbeiten sofort erledigen, wäre die Gesamtbelastung geringer.

8.3.7 Voraussetzungen für effizientes Arbeiten

Klare Ziele, mässiger Zeitdruck sowie ergonomisch günstige Arbeitsbedingungen und geeignete Hilfsmittel bieten die besten Voraussetzungen für gute Arbeitsergebnisse. Doch der Mensch lebt nicht nur von der Hardware allein! Das psychologische Umfeld erweist sich oft als noch viel wichtiger. Es gibt genügend Beispiele, bei denen unter denkbar ungünstigen Bedingungen Grossartiges geleistet wird, weil die Beteiligten von ihrer Aufgabe und ihren Ideen überzeugt sind und optimal zusammenarbeiten. In anderen Situationen werden unter denkbar günstigen Voraussetzungen nur unterdurchschnittliche Resultate erreicht. In solchen Fällen liegt es jeweils an der Führung und an der Einstellung jedes Einzelnen.

8.3.8 Wer sind meine Kunden?

Für wen arbeite ich? Wer ist der nächste in der Prozesskette? Was erwartet er von mir? Wie kann ich seine Arbeit erleichtern? Wer ist der Endkunde? Wie wirkt sich meine Arbeit auf seinen Erfolg und seine Zufriedenheit aus?
Fragen Sie doch! Zeichnen Sie sich die Arbeitsabläufe auf. Interessieren Sie sich für die Arbeit der andern. Diskutieren Sie mit ihren Arbeitskollegen und ihrem Chef. Fragen Sie, was sie selber tun können, um den andern die Arbeit zu erleichtern. Sie stossen sicher auf positive Reaktionen.

8.3.9 Die Macht der Gewohnheit

Gewohnheiten entlasten unser Grosshirn vom Nachdenken über früher gelöste Probleme. Einmal für gut befundene und eingeübte Reaktionen werden von entwicklungsgeschichtlich älteren Teilen des Hirns gesteuert. Damit erhalten wir im Grosshirn Kapazität, um uns mit neuen Problemen zu befassen. Wenn sich aber die Umstände verändern und die Gewohnheit nicht mehr die optimale Reaktion darstellt, merken wir das oft erst spät (Problem der selektiven Wahrnehmung). Grundsätzlich vergisst unser Gehirn Gewohnheiten nicht. Es ist aber lernfähig und kann sich neues Verhalten antrainieren, welches das alte dominiert. Nur fällt uns das bisweilen sehr schwer, umso schwerer, je länger wir uns die frühere Gewohnheit antrainiert haben.

8.4 Meine persönlichen Ziele und Strategien

8.4.1 Bedürfnisse und Ziele

> **„Wer nicht weiss, wohin er will, wird sich eines Tages wundern, dass er ganz woanders angekommen ist.“**
> *Volksmund*

Niemand kann sich vollständig frei entfalten. Wir leben in einer Gesellschaft voller Abhängigkeiten und Zwänge. Selbst in einer völlig freien Umgebung darf die Freiheit des Einzelnen nur bis zur Freiheit des Nächsten gehen. Unter Berücksichtigung all unserer Wünsche und Nebenbedingungen können wir unsere persönlichen Strategien und Ziele erarbeiten.
Was will ich für mich persönlich erreichen? Was will ich in der Gesellschaft erreichen? Was für eine Familie und welchen Freundeskreis wünsche ich mir? Was möchte ich in fünf Jahren beruflich und privat erreicht haben? Alle diese Fragen sollten wir für uns persönlich in Musse überlegen und wenigstens der Tendenz nach beantworten. Wieviel Zeit, Geld, Familienleben und Energie bin ich bereit, zur Erreichung meiner Ziele einzusetzen? Wo setze ich die Prioritäten?

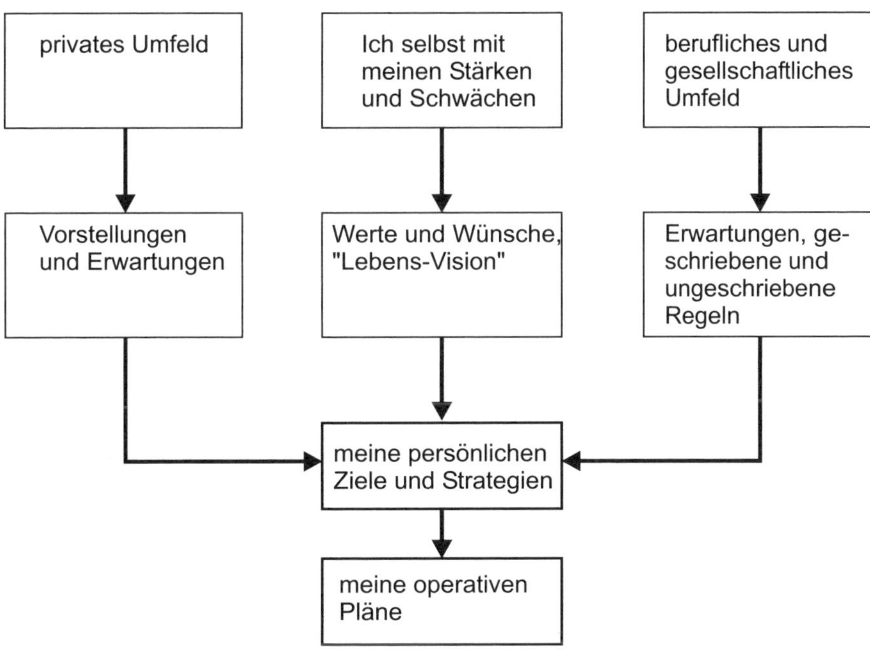

Abb. 8.4.1 *Unsere persönlichen Strategien sollten unsere Zielsetzung und Wünsche mit unserem Umfeld koordinieren. Daraus sind operative Pläne abzuleiten.*

8.4.2 Die Entwicklung einer persönlichen Strategie

8.4.2.1 Mich selber und meine aktuelle Situation kennen lernen

Ohne die Kenntnisse meiner Eigenschaften kann ich keine Strategie aufbauen. Selbsterkenntnis fällt uns bisweilen aber sehr schwer. Ohne dass ich mir meiner Stärken, Grenzen und Blockaden bewusst bin, kann ich mich persönlich nicht weiter entwickeln. Oft zwingen mich erst Misserfolge dazu, über mich selber nachzudenken. Nicht umsonst schreibt Dante: „Selbsterkenntnis, das ist die Höllenfahrt." Das ist übrigens das Positive an unseren Misserfolgen: Sie stellen Chancen dar, mehr über uns selber zu lernen.

die eigene Vision kennen

Jeder Mensch hat eine eigene Vision von dem, wie er leben und was er erreichen möchte. Unsere Entscheidungen fällen wir unbewusst so, dass sie uns dieser Vision näherbringen. Letztlich sind es Gefühle, nach denen wir streben: Lebensfreude, Freiheit, Geborgenheit, Harmonie etc., nur sind sich dessen die meisten nicht bewusst.

> **„Es ist nicht leicht, das Glück in sich selbst zu finden, doch es ist unmöglich, es anderswo zu finden."**
> *Agnes Repplier*

Wissen Sie, was Ihnen in Ihrem Innersten Freude und Befriedigung verschafft, ja sogar Enthusiasmus auslöst, nicht weil es Ihrer Umgebung gefällt und Sie dafür in der Gesellschaft Bewunderung ernten, sondern einfach nur Sie allein sich dabei gut fühlen?

die Situation akzeptieren, wie sie ist

Die aktuelle Situation ist so, wie sie ist, und nicht so, wie ich sie haben möchte! Wenn ich die aktuelle Situation so akzeptiere, wie sie ist, bedeutet das nicht, dass ich mit allem einverstanden bin und dass mir alles gefällt. Es bedeutet, dass ich, ausgehend von dieser aktuellen Situation, versuche, für mich das Beste zu machen. Vergleiche mit anderen Menschen, die eine andere Ausgangslage und vielleicht auch mehr Glück hatten, lösen höchstens Eifersucht aus und helfen uns nicht weiter.

> **„Beklage dich nicht über die Welt. Sie war vor dir da."**
> *Mark Twain*

Die Natur hat alles so werden lassen, wie es ist. Die Umstände und auch die Menschen. Das hört sich sehr logisch an, und doch fällt es uns immer wieder sehr schwer, es zu akzeptieren. Viel lieber hängen wir der guten alten Zeit oder unseren Lieblingsvorstellungen nach.

Karin, jetzt grab nicht dauernd die Gegenwart aus, ich fühle mich so wohl in der Vergangenheit!

Verantwortung für das eigene Leben

Was mir auch immer geschieht, es nützt mir nichts, anderen die Schuld daran zuzuschieben, denn das ändert meine Situation nicht. Ich bin durch meine eigenen Beschlüsse in die Situation geraten, in der ich stecke. Die Umgebung hat sich so entwickelt, wie sie sich entwickelt hat. Möglicherweise habe ich mich verspekuliert, die Situation und die Menschen falsch eingeschätzt. Möglicherweise habe ich beschlossen zu tolerieren, dass andere über mich entschieden.

Besonders für meine Gefühle bin ich jederzeit selber verantwortlich. Es steht mir frei, mich auf das Schöne im Leben zu konzentrieren oder mich durch negative Dinge und Nachrichten blockieren zu lassen. Der Nachbar ärgert mich nicht. Er ist einfach so. Ich selber ärgere mich über den Nachbarn, und ich habe dadurch schlechte Gefühle in mir, nicht der Nachbar.

Ich bin für mein Glück ganz allein verantwortlich. Ich kann das weder auf die Eltern, die Ehefrau, den Sozialstaat, die Gesellschaft etc. abschieben. Das einzig Vernünftige ist, die Dinge so zu nehmen, wie sie sind, und sie als Ausgangsbasis für meine Planung zu akzeptieren. Wenn ich mich darüber beklage, übernehme ich die Verantwortung, etwas zu ändern.

was mich charakterisiert

Vieles prägt unsere Persönlichkeit. Doch nur, wenn wir uns darüber bewusst sind, können wir damit umgehen.

Erfahrung

„Erfahrung nimmt mehr, als sie gibt", sagte bereits Plato. Erfahrung kann uns betriebsblind machen und unfähig, Neues zu sehen, geschweige denn es zu akzeptieren. Wir sehen nur, was wir sehen wollen. Wir akzeptieren nur, was in unser Weltbild und unsere Wertvorstellungen passt. Das Wissen, auf das wir so stolz sind, kann also unser grösstes Hindernis werden.

Ängste

Angst ist die Besorgnis vor etwas Unbestimmtem. Es ist ein irrationales, lähmendes Gefühl. Angst ist nicht gleich Furcht. Ein Ingenieur, der zum Beispiel die Sicherheitssysteme für einen Aufzug konstruiert, geht allen möglichen Befürchtungen nach, überlegt sich alle möglichen Ausfallursachen und Folgen. Angst verspürt er dabei aber nicht. Sie würde ihn nur daran hindern, seine Aufgabe zu lösen. Angst verspürt vielleicht später ein Passagier im Aufzug, der kein Vertrauen in die Technik hat.
Angst entspringt einem Mangel an Vertrauen und hat Abwehrreaktionen zur Folge. Zum Erreichen von Zielen und Lösen von Problemen ist sie hinderlich.

Moral- und Wertvorstellungen

Moral- und Wertvorstellungen bilden die Basis des Zusammenlebens von Menschen in Gruppen. Sie sind eine kulturelle Leistung und unterscheiden sich zum Teil auch zwischen verschiedenen Kulturen. Wo keine gemeinsamen Werte vorhanden sind, ist kein Zusammenleben möglich. Wo verschiedene Werte aufeinanderprallen, entstehen Streit und Krieg (siehe dazu auch das Kapitel 6.5.3 über Ethik). Moral- und Wertvorstellungen werden uns durch die Erziehung von den Eltern und der Gemeinschaft „eingeimpft".

Schuldgefühle

Immer, wenn wir bisherige Werte aufgeben bzw. gegen sie verstossen, entstehen Schuldgefühle, die erst mit der Zeit abklingen. Haben wir die Werte einmal aufgegeben, können wir ohne Schuldgefühle weiterleben. Oder wie es Wilhelm Busch formuliert: „Ist der Ruf erst ruiniert, lebt es sich ganz ungeniert."
Wenn wir uns einreden lassen, dass wir Sünder seien, lasterhafte, unvollkommene Wesen, entstehen in uns Schuldgefühle, und wir werden leicht manipulierbar. Ein Mechanismus, der sich seit Jahrtausenden bewährt. Das funktioniert nicht nur in Religionen, Sekten und Politik. Der Perfektionist zum Beispiel fühlt sich immer schuldig, wenn er etwas nicht perfekt erledigt hat. Und damit wird er leicht manipulierbar.

Abwehrverhalten

Psychologisches Abwehrverhalten hat zum Ziel, unser Weltbild, unser Selbstverständnis aufrechtzuerhalten, Änderungen zu vermeiden. In der Psychologie werden viele bekannte Arten unterschieden. Beispiele: Rechtfertigen, Flucht in Krankheit, Drogen oder Arbeit, Ohnmachtserklärung, Kompensation, Abschieben der Verantwortung und Suchen nach Schuldigen etc.

Antreiber

Antreiber sind „innere Stimmen", die uns sagen, was wir zu tun haben. Zum Teil wurden sie uns anerzogen, zum Teil haben wir sie uns selber antrainiert. Unsere Antreiber ermöglichen es uns, Leistungen zu erbringen, die mit Anstrengung verbunden sind, zugunsten eines übergeordneten Ziels Konsumverzicht zu üben und nicht aufzugeben, auch wenn es hart wird. Wir müssen dabei, wie es einer meiner früheren Lehrer ausdrückte, den „inneren Schweinehund überwinden".

Die wichtigsten Antreiber sind:
- Sei immer perfekt!
- Mach immer schnell!
- Streng dich immer an!
- Mach es immer allen recht!
- Sei immer stark!

Diese Antreiber prägen uns je nach unserer Erziehung mehr oder weniger stark. Sie befähigen uns also zu grossen Leistungen, wenn sie aber zu stark sind, können sie uns versteifen und blockieren bis zum Verlust der ganzen Lebensfreude.

Persönlichkeitsstrukturen

Jeder Mensch setzt seine Energien anders ein und ist mit unterschiedlichen Talenten ausgestattet. Teile davon sind antrainiert, andere ererbt. Psychologische Tests können uns bei der Selbstanalyse helfen. Man bedenke jedoch: jeder Test basiert auf Modellvorstellungen, und bei jeder Modellbildung geht, wie wir in Kapitel 4.2 gesehen haben, Information verloren. Testresultate bilden daher jeweils nur wenige Persönlichkeitsstrukturen ab und stellen unsere Eigenheiten in Relation zur Durchschnittsbevölkerung. Es geht dabei nicht um eine Bewertung, nicht um „gut“ oder „schlecht“. Jede Person hat ihre Eigenschaften. Je genauer ich sie kenne, desto gezielter kann ich Gelegenheiten finden, sie erfolgreich einzusetzen.

Lebenslügen

Müssen wir so sein, wie wir glauben, dass uns unsere Umwelt sehen will? Selbstsicherheit basiert darauf, dass wir uns selbst akzeptieren, so wie wir sind. Wer sich selber nicht akzeptiert, steckt viel Energie in Abwehrverhalten und versucht ein unrealistisches Selbstbild aufrechtzuerhalten. Sich selber akzeptieren heisst nicht, sich nicht mehr weiter zu entwickeln. Vielmehr stellt die Selbstakzeptanz eine Voraussetzung für die weitere positive Persönlichkeitsentwicklung dar. Versuchen wir doch wenigstens, mit uns selber ehrlich zu sein und auch unsere unangenehmen Seiten als existierend zu akzeptieren. Wir müssen nicht immer perfekt sein! Wir können es nicht immer allen recht machen. Wir brauchen nicht immer stark zu sein. Wir sind auch nicht wertvoller, wenn wir das neuste Auto besitzen, das modernste Funktelefon, eine Prestige-Armbanduhr und den neusten Computer. Oder helfen mir alle diese Dinge nur dabei, mich nicht mehr mit mir selbst befassen zu müssen („Flucht in den Konsum“)?
Haben wir den Mut, anders zu sein als die andern? Oder bemühen wir uns einfach, anders zu sein, weil es „in“ ist und um damit von unserer Umgebung eher akzeptiert zu werden? Wir könnten auch versuchen, einfach so zu sein, wie wir sind.

> **„Leute, die immer daran denken, was andere Leute über sie denken, werden sich oft wundern, wie wenig andere über sie denken.“**
>
> *Volksmund*

8.4.2.2 Selbstbewusstsein entwickeln

Selbstbewusstsein ist nicht angeboren. Durch Zuwendung und Lob entwickelt sich ein Kind zu einem selbstsicheren Menschen. Kritik, Tadel und Strafen wirken negativ. Je mehr Frustrationen ein Mensch im Laufe seines Lebens einstecken muss, umso unsicherer und ängstlicher wird er. Sein Selbstbewusstsein und seine Selbstsicherheit leiden. Selbstsicherheit ist keine Frage der Intelligenz, sondern eine Frage der Erziehung und des Erlebens.
Ein angeschlagenes Selbsbewusstsein kann mit Geduld wieder aufgebaut werden. Viele nehmen dazu die Hilfe von Fachleuten in Anspruch. Zum Einstieg in diese Thematik kann ich das Buch von Peter Lauster empfehlen: „Selbstbewusstsein".

8.4.2.3 Ziele setzen

Wenn wir uns für unser Leben Ziele setzen, sind die in Kapitel 6.3 dargestellten Methoden ebenfalls nützlich.

eine Lebenszielhierarchie

Sammeln Sie in einer ruhigen Stunde Ihre Lebensziele und ordnen Sie diese, wie in Kapitel 6.3.4 beschrieben, zu einer Zielhierarchie.
Sie werden auf verschiedene Zielklassen stossen wie Karriereziele, Wohlstandsziele, Partnerschaftsziele etc. Sie werden nicht darum herum kommen, über Ihr Oberziel und den Sinn Ihres Lebens nachzudenken. Wahrscheinlich werden Sie sich dabei auch über frühere, verpasste Gelegenheiten ärgern. Ärger ändert aber Ihre Situation nicht und hilft nicht weiter. Gehen Sie von der folgenden Einstellung aus:

> **„Heute ist der erste Tag meines zukünftigen Lebens, und ich allein habe die Entscheidung zu treffen, wie ich es gestalten will!"**

Ich denke, das ist eine ganz aufregende Sache. Klarheit über unsere Ziele ermöglicht uns, täglich sichere Entscheide zu treffen. Es stärkt unser Selbstbewusstsein und hilft uns, das richtige Mass zu finden.
Beobachtungen an Kindern beim Spielen zeigten: Die erfolgreichsten setzen sich mittelschwere Ziele. Diese Ziele bedürfen einiger Anstrengung, sind aber mit grosser Wahrscheinlichkeit erreichbar. Weniger erfolgreiche Kinder trauen sich oft zuwenig zu. Mangels Selbstbewusstsein wählen sie einfache Ziele, die sie ohne Anstrengung erreichen können. Andere wiederum setzen sich übertrieben hohe, an denen sie scheitern, weil sie entweder die Schwierigkeiten oder ihre Fähigkeiten falsch einschätzen, oder weil sie als Spielernaturen einfach auf den grossen Zufall hoffen.

8.4.2.4 Ideen zur Strategieentwicklung

Strategien müssen auf Stärken aufbauen

Dazu müssen wir unsere Stärken und Schwächen kennen. Ich wurde in ein gesellschaftliches Umfeld geboren, das ich mir nicht aussuchen konnte. Meine Eltern und Erzieher haben mich geprägt. Es nützt mir nichts, darüber zu klagen oder andere zu beneiden, deren Eltern einflussreicher und wohlhabender sind oder die sonst ohne ihr Zutun zu Vorteilen gelangten. Ich muss mit meinen Talenten von meiner heutigen Situation ausgehen und daraus das Beste machen. Vergleiche, die zu Neid und Missgunst führen, bringen nichts. Lernen von anderen hingegen viel.

Jeder von uns hat seine Stärken, auch wenn wir sie im Moment als noch so unbedeutend beurteilen. Wir haben unsere Fähigkeiten, Kenntnisse, Beziehungen, Freunde, Standortvorteile, etc. und nicht zuletzt unseren Willen, etwas zu erreichen. Immer wieder gelingt es schwachen Organisationen, sich gegen starke durchzusetzen. Guerillaarmeen besiegten Grossmächte in Vietnam und Afghanistan. „Garagenfirmen" (z.B. Microsoft) setzten sich mit der Zeit gegen IBM durch. Splitterparteien wurden zu starken Regierungsparteien. Alle setzen auf irgendwelche Vorteile, die sie geschickt zu ihren Gunsten ausspielen können.

Wir müssen versuchen, unsere Vorteile einzubringen: in Situationen, in denen sie zum Tragen kommen, Situationen, in denen andere von diesen Vorteilen profitieren wollen und dafür zu einer Gegenleistung bereit sind. Gleichzeitig müssen wir uns aber auch darüber klar werden, ob wir dabei noch unser Leben leben oder ob wir uns nicht nur der materiellen Güter wegen prostituieren.

Stärken ausbauen statt Mängel beheben

Wenn ich wegen des höheren Sozialprestiges einen Beruf wähle, der nicht meiner Natur entspricht, wegen des Ansehens eine Aufgabe übernehme, die mir nicht liegt, aus Geld- oder Prestigegründen eine Frau heirate, die mir nicht gefällt, werde ich langfristig kaum glücklich werden.

Oft entwickeln Menschen in ausserordentlichen Situationen auch ausserordentliche Fähigkeiten. Darauf verlassen würde ich mich aber nicht. Zudem stellt sich die Frage nach Aufwand und Ertrag. Ein Berufs- oder Stellenwechsel, der meine Neigungen berücksichtigt, gibt mir langfristig mehr Befriedigung als eine Prestigeposition. Zudem werde ich, wenn ich mich mit viel Freude engagiere, auch mehr leisten und dadurch erfolgreicher sein.

Kurz: Wir sollten unsere Schwächen nur soweit beheben, wie sie dem Erfolg nicht im Weg stehen. Es macht viel mehr Spass, unsere Stärken auszubauen, auf denen unsere Erfolge beruhen, als unsere Schwächen zu bekämpfen.

Der Amerikaner W. Mitchel ist nach zwei schweren Unfällen stark entstellt und auf den Rollstuhl angewiesen. Trotz dieser Behinderungen ist er ein erfolgreicher Manager und Politiker geworden. Über seine Situation drückt er sich wie folgt aus: „Vor meinen Unfällen standen mir in meinem Leben 10'000 Möglichkeiten offen. Jetzt sind es nur noch 9000. Statt den verlorenen 1000 nachzutrauern ziehe ich es vor, mich auf die 9000 zu konzentrieren, die mir verblieben sind."

Das müsste uns eigentlich zu denken geben. Sind die Begrenzungen in unserem Leben wirklich Begrenzungen, oder reden wir sie uns nur ein, um nicht handeln zu müssen?

positives Denken

Wie schon früher erwähnt, kann man sich nicht gesundjammern. Positive Formulierungen fördern in unserem Gehirn positive Assoziationen. Negative Formulierungen fördern negative Assoziationen und damit eine schlechte Stimmung. Das Zwischenhirn tendiert dazu, negative Erinnerungen zu unterdrücken. Erinnerungen, die mit positiven Gefühlen verbunden sind, ruft es lieber ab. Bei positiven Zielformulierungen packen wir die Probleme, und seien sie auch noch so gross, in positiver Stimmung an. Versuchen Sie einmal, negativ formulierte Ziele in positive umzuwandeln. Es geht fast immer: Wir wollen nicht den Misserfolg vermeiden, sondern den Erfolg sichern. Wir wollen nicht etwas bekämpfen, sondern etwas erreichen.

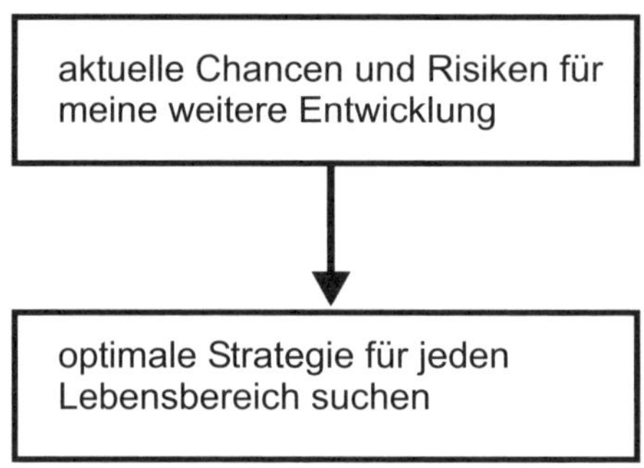

Abb. 8.4.2.4 Strategieentwicklung ausgehend von meinen Chancen und Risiken.

Positives Denken heisst nicht Probleme verdrängen und den Kopf in den Sand stecken, sondern die Zustände so sehen, wie sie sind. Auch wenn sich der Idealzustand nie erreichen lässt, versuchen wir trotz gegebener schwieriger Umstände das Bestmögliche zu erreichen.
Konzentrieren wir uns also auf das Gelingen statt auf die Vermeidung von Misserfolgen!

meine Bedürfnisse

Meine Strategien müssen vor allem auf meinen eigenen Bedürfnissen aufbauen. Wer sollte sich sonst um diese kümmern? Wie stelle ich mir mein Leben vor? Meine Familie? Meinen Beruf? Meine gesellschaftliche Stellung? Wo möchte ich leben und arbeiten (Standortplanung)? In welcher Branche (Industrie, Verwaltung, Gewerbe, Politik etc.)? Welche Tätigkeiten liegen mir?

Bedürfnisse von anderen

Im Grunde genommen geht es darum, meine Leistungen an unsere Gesellschaft, das heisst an meine Mitmenschen, zu verkaufen. Ich suche Kunden für mein Angebot. Ich will Erfolg haben, mich dabei gut fühlen und mit meinem Gewissen im Reinen sein.

Dabei geht es einerseits um den kommerziellen Wert meiner Leistungen. Davon habe ich mein Auskommen, meinen wirtschaftlichen Erfolg. Andererseits, was noch wichtiger ist, geht es darum, als Mensch, als Persönlichkeit in meinem engsten Familien- und Freundeskreis akzeptiert zu sein. Zeit, die ich mit diesen Menschen teile, in der ich ihnen zuhöre, für sie da bin, mit ihnen spiele und mich ausspreche, lässt sich kommerziell nicht verrechnen. Aber sie ist einer der wichtigsten Teile unseres Lebens.

Erfolg beflügelt, Unlust lähmt

Erfolg bestärkt mich in meinen Aktivitäten, gibt mir Energie für weitere Vorhaben und zur Überwindung etwelcher Schwierigkeiten. Grosse Aufgaben unterteile ich in kleinere, einfacher realisierbare. So kann ich mich immer wieder an Teilerfolgen freuen und mich dabei selbst gut finden.

> **„Nur wer sich selbst gut findet, arbeitet auch gut."**
> *Der „Minutenmanager"*

Alternativen bereithalten

Unser Erfolg hängt nur teilweise von uns ab. Zufälle, politische und wirtschaftliche Veränderungen können uns einen Strich durch unsere Rechnung machen, vielleicht aber unseren Weg auch beschleunigen. Strategien geben nur die allgemeine Richtung an. Sie sollen einfach sein, uns als Leitlinie dienen, aber nicht zu stark einengen. Sie sollen realistisch sein, herausfordernd, aber erreichbar. Andernfalls wirken sie demotivierend. Wir müssen auch Alternativen in Betracht ziehen. Wenn sich der eine Weg als nicht gangbar erweist, gibt es andere, die uns trotzdem weiterbringen.

Schriftlich!

Wenn wir etwas schriftlich festhalten, müssen wir es exakt formulieren und hinterfragen. Ungenauigkeiten kommen beim schriftlichen Formulieren zum Vorschein. Komplexe Zusammenhänge mit vielen Einflussfaktoren kann unser Gehirn nicht in einem Male überblicken. Zeichnungen, Schemas und Mindmaps können ihm dabei helfen.
Wissen Sie noch exakt, was sie sich vor einem Monat überlegt und wie Sie entschieden haben? Kaum! Es sei denn, Sie haben es schriftlich niedergelegt.

der Entscheid

Entscheiden für die „richtige" Strategie können wir uns dann, wenn mehr als eine realistische Variante vorliegt. Will ich eine Manager- oder eine Fachkarriere einschlagen? In welcher Branche? Bei welcher Firma? In welchem Land? Will ich mich selbständig machen?
Methoden zur Unterstützung von Entscheidungen habe ich in Kapitel 6.5 behandelt. Bei Strategieentscheiden eignet sich die Nutzwertanalyse besonders gut. Die Schwierigkeit besteht allerdings darin, dass sich Situationen und Strategien laufend weiter entwickeln. In einem bestimmten Zeitpunkt sind uns meist nur eine begrenzte Anzahl Möglichkeiten bekannt.

„Wir verlangen, das Leben müsse einen Sinn haben. Aber es hat nur genausoviel Sinn, wie wir ihm geben.“
Hermann Hesse

8.4.2.5 Ziele im Unterbewussten verankern

Für Ziele, die wir nur verstandesmässig anstreben, sind wir nicht in der Lage viel Energie aufzubringen. Sie bleiben gute Ideen und intellektuelle Spielereien. Nur wenn unsere Ziele auch im Unterbewusstsein verankert sind, kann dieses dauernd, selbst im Schlaf, an deren Erreichung arbeiten.
Ziele im Unterbewussten verankern bedeutet, dass wir sie uns vorerst bewusst und realistisch, bildlich, sehr konkret vorstellen können. Wir müssen uns auch genügend Zeit nehmen, um von ihnen zu träumen. Zielvorstellungen lassen sich am besten im tiefentspannten Zustand (zum Beispiel mit Alpha-Training) im Unterbewussten verankern.
Solange wir uns so fühlen wie Karl Valentin es einst formulierte: „Wollen täten wir schon mögen, aber dürfen haben wir uns nicht getraut.“ sind wir durch irgendwelche Blockaden auf unserem Weg behindert – auch wenn unser Ziel noch so klar formuliert ist. Dann gilt es herauszufinden was uns blockiert und diese Blockaden abzubauen.
Leistungssportler üben ihre Sportarten auch in ihren Vorstellungen. Mentales Training nimmt heute teilweise bis zu 30 % der gesamten Traingszeit in Anspruch.

Wer nicht für seine eigenen Ziele arbeitet, arbeitet für andere.

8.5 Die Strategie umsetzen

8.5.1 Die operative Planung

Ausgehend von der gewählten Strategie muss ich operationelle Pläne erarbeiten. Wenn ich bis in fünf Jahren eine bestimmte Stellung erreichen will, muss ich mir bis in drei Jahren eine entsprechende Ausgangsposition verschaffen. Ich werde dazu lang- und mittelfristige Pläne erarbeiten, die schliesslich in konkrete Massnahmen münden. Ich werde mich in die gewünschte Richtung weiterbilden, evtl. die Stelle oder sogar den Beruf und die Firma wechseln. Ich werde entsprechenden Organisationen beitreten, den notwendigen Bekanntenkreis aufbauen, mich bei ausgewählten Projekten engagieren. So lerne ich Menschen kennen, von denen ich lernen kann. Daneben behalte ich stets Alternativen im Auge, achte auf Gelegenheiten und Zufälle.

8.5.2 Laufend Entscheide treffen und Chancen nutzen

Zielsetzung und Strategie allein nützen nichts. Wir müssen sie auch umsetzen. Die Gefahr besteht meist darin, dass wir uns entweder durch das Tagesgeschehen zu leicht von der einmal eingeschlagenen Richtung abbringen lassen oder durch zu zielgerichtetes Vorgehen die besten Gelegenheiten verpassen. Gute Gelegenheiten kommen nicht alle gleichzeitig. Soll ich zum Beispiel bei der Stellensuche eine gute Gelegenheit beim Schopf packen oder weiter auf das ideale Stellenangebot warten, das vielleicht nie kommt? Besser einen Schritt in ungefähr die richtige Richtung als den optimalen nie oder viel zu spät! Übrigens: Gute Gelegenheiten kann man natürlich nur als solche erkennen, wenn man seine Ziele kennt.
In Kapitel 6.1.3 haben wir gesehen, dass wir ein Ziel nur in deterministischen Systemen in einem Schritt anvisieren können. Bei chaotischen Systemen hingegen können wir nur schrittweise lenkend eingreifen.

> **„Auf den Zufall bauen ist Torheit.**
> **Den Zufall nutzen ist Klugheit.“**
> *Sprichwort*

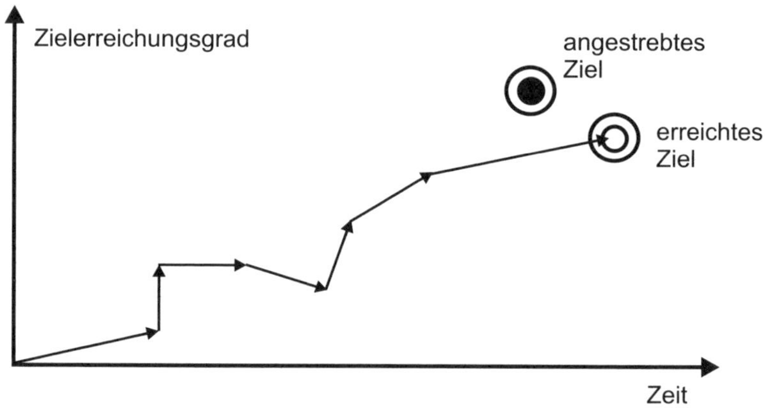

Abb. 8.5.2 *Der Weg in Richtung Ziel lässt sich selten geradlinig gehen.*

8.5.3 Ansatzpunkte zum Umgang mit der vierten Dimension

> **„Der Tag hat 24 Stunden, und wenn das nicht reicht, nimmt man noch die Nacht hinzu."**
> *In der Armee verbreitetes Bonmot*

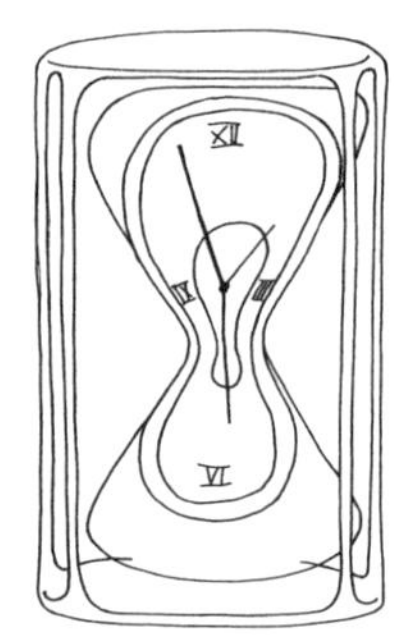

Als Normalsterbliche müssen wir mit der uns zur Verfügung stehenden Zeit auskommen. Wir können sie weder dehnen noch speichern. Wenn wir zudem ehrlich mit uns selbst sind, haben wir nie „keine Zeit", sondern jeweils andere Prioritäten.

Unsere Prioritäten sollten sich jetzt einfach aus unseren Zielen ableiten lassen. **Zielgerichtetes Verhalten ist dann allerdings eine Frage der Selbstdisziplin.** Oft erledigen wir das Angenehme vor dem Unangenehmen oder Dringenden, oft das Dringende vor dem Wichtigen.
Wochen- und Tagespläne sowie die Fähigkeit, Störungen nicht zu tolerieren, helfen uns weiter.

Zeit für zehn Dinge

1. Nimm dir Zeit zum ARBEITEN.
   Das ist der Preis für den Erfolg.

2. Nimm dir Zeit zum NACHDENKEN.
   Das ist die Quelle der Kraft.

3. Nimm dir Zeit zum SPIELEN.
   Das ist das Geheimnis der Jugend.

4. Nimm dir Zeit zum LESEN.
   Das ist das Fundament des Wissens.

5. Nimm dir Zeit für die ANDACHT.
   Das wäscht den irdischen Staub von Deinen Augen.

6. Nimm dir Zeit für deine FREUNDE.
   Das ist die Quelle des Glücks.

7. Nimm dir Zeit zum LIEBEN.
   Das ist das einzige Sakrament des Lebens.

8. Nimm dir Zeit zum TRÄUMEN.
   Das zieht die Seele zu den Sternen hinauf.

9. Nimm dir Zeit zum LACHEN.
   Das gibt dir Erleichterung.

10. Nimm dir Zeit zum PLANEN.
    Dann hast du Zeit für die ersten neuen Dinge.

der Terminplan

Ausgehend von einer Tätigkeitsliste und unseren Prioritäten, können wir Monats-, Wochen- und Tagespläne erstellen. Wichtig ist es, dabei Reserven einzuplanen. **Pläne ohne Reserven sind nicht einhaltbar!** Bei der Umsetzung der Pläne müssen wir versuchen, alle Arbeiten in der dafür geplanten Zeit zu erledigen und die Reserven nicht anzutasten. Andernfalls sind sie dann, wenn wir sie brauchen, nicht mehr vorhanden. Unrealistische Pläne, an deren Realisierung wir selbst nicht glauben, wirken kontraproduktiv und lösen Frustrationen aus.
Zum Planen gibt es viele Hilfsmittel (siehe dazu Kapitel 8.5.6.5). Unsere grundsätzlichen Probleme lösen sie aber nicht. Zielgerichtetheit und Selbstdisziplin sind nicht zu ersetzen.

> **„Ziele setzen unser Verhalten in Gang.**
> **Konsequenzen halten unser Verhalten in Gang.“**
> *Der „Minutenmanager“*

8.5.4 Ansatzpunkte zum Umgang mit Stress

Stresssituationen sind unvermeidbar, und der Antistressmensch ist eine Illusion. Wir können aber versuchen, übermässigen Stress abzubauen und durch Anpassung/Veränderung unserer Einstellungen unnötigen Stress zu vermeiden. Die Abb. 8.5.4 gibt einen Überblick über Stressbewältigungsmethoden.

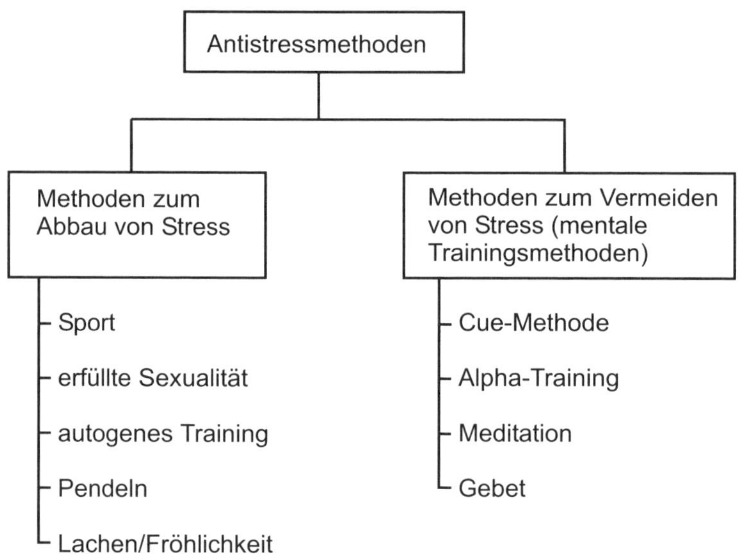

Abb.8.5.4 *Überblick über mögliche Methoden, mit Stress umzugehen.*

Sich nicht identifizieren!

Wenn ich mich mit einem Projekt oder einem Menschen identifiziere, dann geht es mir schlecht, wenn das Projekt schlecht läuft, oder wenn es dem geliebten Menschen schlecht geht, auch wenn ich gar nichts dazu beitragen kann. Wer hingegen einen gesunden Abstand pflegt, braucht sich wegen eines schlecht laufenden Projekts selber nicht auch schlecht zu fühlen. Identifikation bedeutet Verlust der persönlichen Freiheit. Wir werden vom Gegenstand unserer Identifikation abhängig. Deshalb fordern Sekten, Ideologen und andere Volksverführer immer die vollständige Hingabe ihrer Anhänger. Aus dieser Identifikation schöpfen sie ihre Macht über die Massen.

Wer sich „nur" engagiert, bringt alle seine Fähigkeiten ein, um die Ziele zu erreichen. Vor allem aber verliert er seinen Kopf nicht, wenn die Dinge schlechtlaufen. Dann ist er in der Lage, mit kühlem Kopf die Dinge zu beurteilen und das Bestmögliche aus der Situation zu machen. Wenn ein Kind krank ist, sollte sich die Mutter deswegen nicht auch krank fühlen. Gerade dann ist das Kind darauf angewiesen, dass die Mutter einen kühlen Kopf bewahrt und für das Kind das Bestmögliche unternimmt.
Begeisterung ist eine zweischneidige Sache. Begeisterung setzt Energien frei. Das „feu sacré" steckt andere zum Mittun an. Die Arbeit fällt uns leicht. Wir sind mit Spass an der Sache und beginnen uns schrittweise damit zu identifizieren. Engagement, Begeisterung und Identifikation auseinanderzuhalten ist bisweilen schwierig. Manch ein Projektleiter fühlt sich am Boden zerstört, wenn es seinem Projekt-Baby trotz stärksten persönlichen Einsatzes schlecht geht. Besonders dann, wenn er noch die Vaterschaft der Projektidee für sich in Anspruch nimmt.

Sport ist ungesund

Sportunfälle stellen die häufigsten Ursachen von Arbeitsausfällen in Betrieben dar. An der Spitze steht Fussball, gefolgt vom Ski- und Snowboardfahren. Dass unvernünftig betriebener Leistungssport zu noch mehr Stress und Gesundheitsschäden führen kann, ist ebenfalls allgemein bekannt.
Natürlich gilt die absolute Aussage in der Kapitelüberschrift so nicht. Im Gegenteil! Vernünftig betriebener Sport hält uns körperlich und geistig fit. Das wussten bereits die Griechen der Antike, und von den Römern stammt der bekannte Spruch: „Orandum est, ut sit mens sana in corpore sano." (Lasset uns beten, dass ein gesunder Geist in einem gesunden Körper sei.)

Pendeln

Die Arbeit unterbrechen und sich während einiger Minuten auf ein Pendel konzentrieren, mit dem wir bestimmte Bewegungen durchführen, wirkt entspannend. Die volle Konzentration auf das Pendel verhindert, dass wir Stress erzeugenden Gedanken nachhängen. Anschliessend sind wir wieder offen für Neues. Diese Art von Pendeln hat nichts mit Esoterik zu tun!

Autogenes Training

Während beim Sport, bei erfüllter Sexualität und bei Lachen/Fröhlichkeit aufgestaute Stressenergien abgebaut werden, können wir mit Hilfe von autogenem Training bewusst Ruhepausen ins Stressgeschehen einbauen. Jemandem, der autogenes Training regelmässig übt, gelingt es, in „Gefechtspausen" seinen Körper innerhalb von ca. zwei Minuten vollständig zu entspannen. Der Erholungswert kurzer Pausen kann so enorm gesteigert werden. Nach wenigen Minuten autogenen Trainings ist man wieder frisch und ausgeruht. Autogenes Training erlernt man am besten unter kundiger Anleitung in Kursen.

Infostress ausweichen

Viele Massenmedien bombardieren uns täglich mit Schreckensmeldungen über Unglücksfälle und Verbrechen. Mit der Zeit werden wir zwar abgestumpft, aber unser Unterbewusstsein verarbeitet diese Meldungen trotzdem. Besonders am TV haben wir im Gegensatz zur Zeitung keine Möglichkeit, Informationen zu überspringen. Wir müssen die im Boulevardjournalismus aufgemachte Tagesschau ganz ansehen, um zu einer bestimmten Meldung zu gelangen.

Anschliessend ist die Versuchung gross, nach einigem Herumzappen an einer Sendung hängenzubleiben und damit den ganzen Abend zu verbringen. Der Verzicht auf einen eigenen TV-Apparat hilft hier weiter. Man hat mehr Zeit für sich selber und ist über Radio und Zeitungen nach wie vor ausreichend informiert.

Mentales Training

Viele unserer Reaktions- und Verhaltensweisen sind über Jahre hinweg antrainiert und in der „Hardware" unseres Gehirns eingeprägt. Sie machen unsere Persönlichkeit aus. Ungünstige Verhaltensweisen und Einstellungen, in die wir immer wieder, meist unbewusst, abgleiten, können wir nicht einfach löschen. Wir können aber ein neues Verhalten einüben, bis es das alte dominiert. Mentale Trainingsmethoden beeinflussen mit dem Grosshirn (logisches Denken) die übrigen Hirnteile. Sie bauen auf dem Verfahren auf, dass man sich neues Verhalten zuerst bis in alle Einzelheiten vorstellt, neue, positive Einstellungen geistig durchlebt, ehe man sie in die Tat umsetzt. Solche neuen Gedanken prägt man sich am besten ein, indem man sich wie beim autogenen Training in einen tiefentspannten Zustand (Alpha-Zustand) bringt und sich auf die neue Vorstellung konzentriert. Mit Hilfe von neuen Einstellungen bewahren wir auch in psychischen Stresssituationen Ruhe und erbringen gute Leistungen. Für Spitzensportler sind heute autogenes Training, mentale Trainingsmethoden und gesunde Ernährung neben dem täglichen Körpertraining selbstverständlich.

Literatur: Wayne W. Topping: Stress Release.

8.5.5 Methoden zur Konzentration aufs Wesentliche

> **„Denn Zeit ist Leben. Und das Leben wohnt im Herzen. Und je mehr die Menschen daran sparten, desto weniger hatten sie."**
>
> *Aus „Momo" von Michael Ende*

8.5.5.1 Was ist heute das Wesentliche?

Eisenhower-Methode

Im täglichen Arbeitsgeschehen sind wir immer wieder mit der Problematik „wichtig" und „dringend" konfrontiert. Die Schwierigkeit beim Setzen der Prioritäten besteht normalerweise weniger im Entscheid, welche Aufgabe wir zuerst anpacken wollen, sondern im Entscheid, welche wir zurückstellen oder ganz weggelassen. General Eisenhower wird nachgesagt, dass er zum Setzen der Prioritäten jeweils das Schema in Abb. 8.5.5.1.1 angewandt habe.

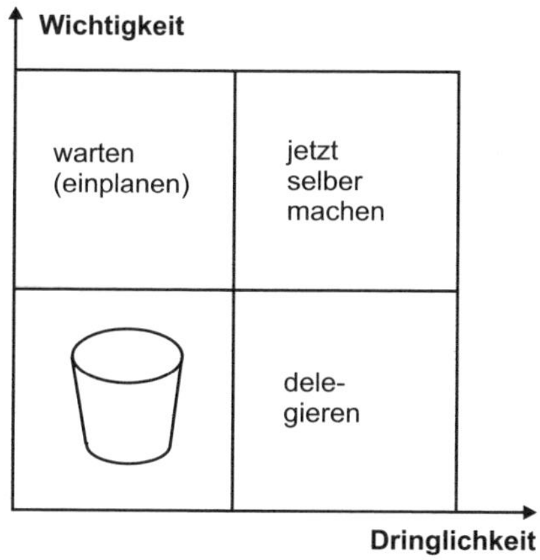

Abb. 8.5.5.1.1 Die Eisenhower-Methode.

Der schwierigste Entscheid ist meist nicht: „Was ist zu tun?“ sondern: „Was kann ich wegwerfen?“ Die Zweischachtelmethode kann unseren Wegwerfmut steigern.

Zwei-schachtel-methode

Haben sie auch immer Bedenken, vermeintlich Wichtiges zu früh wegzuwerfen? Mit zwei Pappschachteln können sie ihre Wegwerfbereitschaft massiv steigern: Alles, was sie wegwerfen wollen, legen sie in die erste Schachtel. Wenn diese voll ist, stellen sie diese beiseite und starten mit der zweiten Schachtel. Erst wenn auch die zweite voll ist, werfen sie den Inhalt der ersten Schachtel in den Abfall. Die zweite Schachtel wird jetzt beiseite gestellt, bis die erste wieder voll ist. Die Kapazität der Schachteln sollte mindestens für zwei Wochen ausreichen. Sollten sie etwas Wichtiges doch zu früh weggeworfen haben, können sie ihre Schachteln danach durchwühlen. Das wird selten der Fall sein, und sie werden die vollen Schachteln jeden Monat mit einem noch sichereren Gefühl wegwerfen.

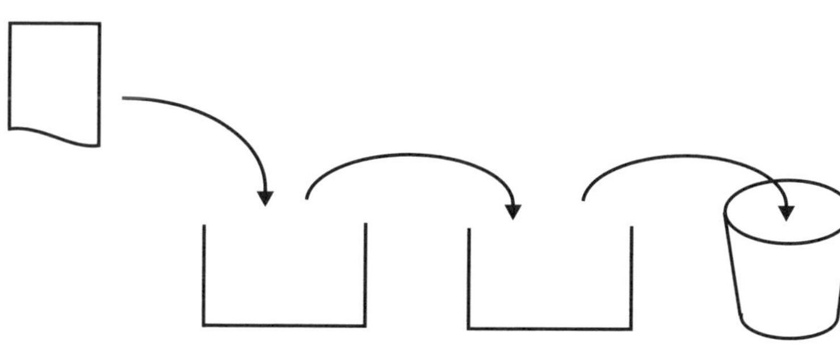

Abb. 8.5.5.1.2 Die Zweischachtelmethode.

Erfolgs-aussichten? Aktivitäten, deren Erfolgsaussicht wir im Voraus als gering beurteilen, sollten wir nicht anpacken. Solange es Erfolg versprechendere Wege gibt, unser Ziel zu erreichen, wäre das reine Energieverschwendung. Wenn es aber keinen anderen Weg gibt, müssen wir uns überlegen, ob es sich lohnt zu kämpfen.

> **„Nichts tun ist besser als mit viel Mühe nichts schaffen."**
> *Laotse*

nein sagen lernen Es ist immer einfacher, ja zu sagen, um sich damit beliebt zu machen. Wenn wir dadurch aber von der Erreichung unserer eigenen Ziele abgehalten werden, ist uns damit nicht gedient. Wir müssen also lernen, auf diplomatische Art nein zu sagen, wenn immer wir nein meinen. Natürlich werden wir das in einer freundlichen Art versuchen. Wir fürchten uns vielleicht vor einem möglichen Liebesverlust. Wenn wir nein sagen, hat das meist keine Konsequenzen. Auch wir haben das Recht, auf Verständnis. Und sollten wir deswegen trotzdem Freunde verlieren, so müssen wir uns fragen, ob sie wirklich unsere Freunde gewesen sind.

störungsfreie Zeiten Diese benötigen wir, um selber konzentriert arbeiten und nachdenken zu können. Wir müssen sie einplanen und Massnahmen treffen, damit wir dann nicht gestört werden. Wir ziehen uns in ein anderes Büro zurück und schalten das Telefon zur Sekretärin um, die uns nur in Notfällen rufen wird. Jeder Kunde und Mitarbeiter wird akzeptieren, dass wir im Moment nicht erreichbar sind, wenn wir ihn später zurückrufen.

8.5.5.2 Wo soll ich meine Energien einsetzen?

die 20/80-Regel Diese Regel besagt, dass wir normalerweise mit 20 % unseres Arbeitsaufwandes 80 % der Resultate erreichen. Im Alltag stellt sich allerdings die Frage: Welches sind die wichtigsten 20 %? Sie können sie aus Ihren Zielen ableiten.

Gefahren Was ist nun zu beachten: Aufwand, Resultate, Qualität, Perfektion? Die 20/80-Regel birgt eine Gefahr in sich: nämlich die, dass wir sie falsch interpretieren und alles nur noch zu 80 % erledigen. Dann wird nichts mehr wirklich fertig, und die Qualität leidet. Das wäre aber nicht im Sinne des Erfinders der 20/80-Regel.

Das, was wir tun, 100 %ig tun! Mit dieser Haltung wiederum geraten wir in Gefahr, Perfektionisten zu werden.

In der täglichen Praxis sind wir gezwungen, Dinge zu tun, die einfach notwendig sind, wobei wir diese mit mehr oder weniger Aufwand detaillierter oder oberflächlicher tun können.

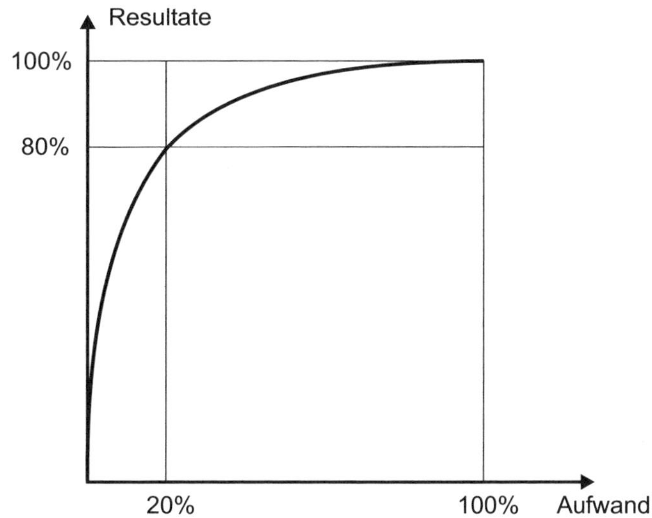

Abb. 8.5.5.2 *Die 20/80-Regel: Mit 20 % der Energie 80 % des Resultates erreichen.*

Beispiel Für jede Abteilung und jedes Projekt ist ein Budget zu erstellen. Wir können das oberflächlich oder detailliert tun. Welches ist der „richtige“ Aufwand? Das Optimum hängt stark von der Unternehmenskultur ab. In einer pingeligen Umgebung, wo oft nach Fehlern gesucht wird, muss ich mich gut absichern. Mit dem Absicherungsaufwand reduziere ich den Aufwand zum Austragen möglicher späterer Konflikte. In einer kooperativen und grosszügigen Umgebung muss ich mich weniger absichern und kann mehr Energie in die Lösung produktiver Aufgaben fliessen lassen. Bis zu einem gewissen Grad sind wir alle Spekulanten, wenn wir über den Einsatz unserer Energien entscheiden.

Konzepte sind wichtig Nicht sparen sollten wir beim Entwickeln und Durchdenken von Konzepten. Lösungskonzepte, Systemkonzepte, Projektkonzepte und -strukturen, die Fehler und Schwächen enthalten, können wir später bei der Ausarbeitung der Details kaum mehr korrigieren. Hier kommt die 20/80-Regel voll zur Anwendung. Bei der Neuentwicklung eines Produktes legen die Entwickler und Konstrukteure mehr als 80 % der späteren Produktelebensdauerkosten fest. Die durch sie verursachten Kosten liegen aber weit unter 20 % der Produktekosten.

8.5.6 Effizient arbeiten

Nachdem wir uns darauf konzentriert haben, das Richtige und Wichtige zu tun, wollen wir uns überlegen, wie wir das, was wir noch tun, auch möglichst effizient tun. Alles was wir effizient erledigen, gibt uns zusätzliche freie Zeit und weniger Stress. Effizient arbeiten heisst nicht hetzen, sondern überlegt vorgehen, um mit möglichst wenig Aufwand ans Ziel zu gelangen. **Kreative Faulheit ist gefragt!**

Am meisten können wir bei Routineaufgaben erreichen, für die wir viel Zeit aufwenden. Selbstbeobachtung und eine Tätigkeitsanalyse bilden die Ausgangsbasis. Wie gehe ich eine Tätigkeit an? Gibt es bessere Hilfsmittel und Methoden? Wie machen es andere?

Gewohnheiten und Routinen zu überwinden benötigt Zeit. Wenn wir unseren Arbeitsstil ändern wollen, müssen wir bewusst darauf achten und drei bis vier Wochen lang durchhalten. Erst dann können wir entscheiden, ob uns die Veränderung Vorteile gebracht hat. Zudem benötigen wir diese Zeit, damit das neue Verhalten wieder zur Routine wird. Die folgenden Tipps wenden Sie vielleicht bereits selber an:

8.5.6.1 Methodikeinsatz

Methodikeinsatz bedeutet zum Beispiel, dass wir die täglichen Arbeitsabläufe überdenken, sie gezielt angehen und nicht irgendwie und jedesmal anders. Wenn sie zur Routine geworden sind, können wir uns daran freuen, wie rasch und leicht wir sie erledigen können.

Methodikeinsatz heisst aber auch, dass wir neue Probleme nach dem **Problemlösungsvorgehen** angehen, das im Kapitel 3 beschrieben ist. Wir werden erst nach Lösungen suchen, nachdem wir die Situation kennen und uns darüber im Klaren sind, was wir wirklich wollen.

Rituale für gewisse wiederkehrende Arbeiten stimmen uns auf die Tätigkeit ein und entlasten unser Gehirn von der Routine. So können wir zum Beispiel für eine bestimmte Tätigkeit jeweils das Büro aufräumen und die Unterlagen in derselben Anordnung bereitlegen.

8.5.6.2 Konzentriert und sequentiell arbeiten

Statt an mehreren Aufgaben stückweise parallel zu arbeiten, konzentrieren wir uns auf eine und stellen sie ganz fertig, bevor wir wieder planen und uns auf die nächste konzentrieren. Bei dieser Arbeitsweise reduzieren wir die Umschaltverluste und belohnen uns immer wieder mit Erfolgserlebnissen vollständig fertiggestellter Arbeiten.

Nicht an die Zukunft denken!

Ein guter Tennisspieler konzentriert sich immer auf den nächsten Schlag und nicht auf den Matchgewinn. Sich während der Arbeit überlegen, was aus der Sache wird, lähmt uns. Ich darf daher nicht an morgen denken, sondern muss mich voll auf das Hier und Jetzt konzentrieren. Wenn ich mit den Gedanken zu weit abschweife, verlasse ich den „Schwebezustand" der höchsten Konzentration (siehe dazu auch Kapitel 8.3.2). Natürlich muss ich auch an die Zukunft denken, das aber nur in den Planungsphasen zwischen den konzentrierten Arbeitsphasen.

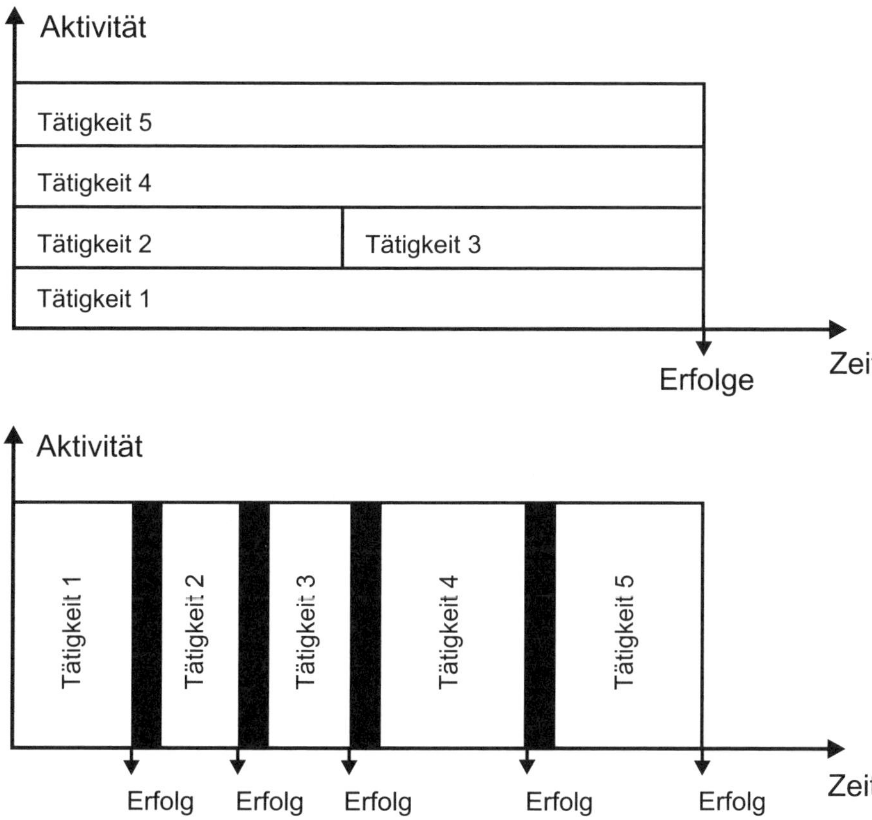

Abb. 8.5.6.2 *Sequentielles, konzentriertes Arbeiten mit dazwischenliegenden Planungsphasen statt paralleles Arbeiten steigert unsere Effizienz, und häufigere Erfolgserlebnisse stärken unser Selbstvertrauen.*

Natürlich lässt sich der Idealzustand, wie er im unteren Teil von Abb. 8.5.6.2 dargestellt ist, nicht erreichen. Oft werden wir unterbrochen und müssen Dringenderes dazwischenschieben. Oft können wir angefangene Arbeiten nicht zu Ende führen, weil wir auf andere warten oder zuerst weitere Informationen und Daten beschaffen müssen. Die Kunst besteht darin, bei neuen Arbeiten möglichst früh festzustellen, was noch zu beschaffen ist, um dann die Arbeit später beim Vorliegen sämtlicher Daten in einem Anlauf erledigen zu können.

8.5.6.3 Sitzungen effizient durchführen

Wahrscheinlich sind ihnen auch Meetings bekannt, die um 09.00 Uhr beginnen, um ein aufgetretenes Problem zu besprechen. Zuerst wird kurz informiert und vielleicht sogar eine Traktandenliste vorgelegt. Irgendwann sucht man dann „brainstorming-artig" Lösungen. Zu Entscheidungen gelangt man nicht.

Einige Aufträge für weitere Abklärungen werden verteilt. Um 11.00 Uhr spricht man dann noch weitere interessante und aktuelle Themen an und diskutiert bis zum Mittagessen weiter. Das Resultat: Sechs Mitarbeiter haben total drei Arbeitstage „verdiskutiert", ohne wirklich Fortschritte zu machen.
Flache Hierarchien und Arbeitsgruppen haben in vielen Betrieben zu einem Ansteigen derartiger Sitzungen geführt. Viele sind ineffizient und unproduktiv. In solchen Fällen muss ich abklären, ob ich es mir aus „politischen Überlegungen" leisten kann, fernzubleiben oder jemand anders zu delegieren. Wenn wir selber Sitzungen beeinflussen können, müssen wir uns vorher immer darüber klar werden, was wir mit der Sitzung erreichen wollen. Handelt es sich um das monatliche Abteilungsmeeting, eine Projektbesprechung, eine Krisensitzung etc.?
Gut vorbereitete Sitzungen sind effizient. Wenn es die Zeit erlaubt, erhalten die Teilnehmer im Voraus eine Traktandenliste mit Zeitplan und eventuell weiteren Unterlagen. An der Sitzung selbst wird informiert, diskutiert und entschieden. Umfangreiche Diskussionen zur Lösungssuche werden wenn nötig separat terminiert – es sei denn, die Sitzung werde gerade deswegen durchgeführt.
Der Sitzungsabschluss soll klar und formell erfolgen, bevor evtl. zu einem geplanten sozialen, gemütlichen Teil gewechselt wird. Sitzungen, die in ein Kaffeekränzchen und allgemeines Palaver ausarten, verlieren von ihrer Effizienz und Seriosität. Nach einem formellen Abschluss hingegen können sich Eilige ohne Entschuldigung verabschieden, und niemand fühlt sich mehr verpflichtet, unnötig länger zu bleiben.
Das Protokoll, mit den getroffenen Entscheiden und eine Pendenzenliste, ist ein wichtiges Steuerungshilfsmittel. Bei regelmässigen Sitzungen werden jeweils die fälligen Pendenzen kontrolliert. So entsteht ein wirksamer Druck auf die Teilnehmer, Versprechungen auch einzuhalten.
Das Fotoprotokoll unter Zuhilfenahme elektronischer Hilfsmittel erstellt, mittels Kamera und Bildverarbeitung auf dem PC, ist eine sehr elegante Art, um an Workshops auf Pinwänden und Flipcharts erarbeitete Darstellungen zusammen mit schriftlichen Kommentaren festzuhalten. Für Fortsetzungsworkshops bilden Fotoprotokolle ideale Erinnerungshilfen an das früher Erarbeitete.

8.5.6.4 Effizient informieren

Die technischen Fortschritte in der Datentechnik haben zu einer Informationsflut geführt (siehe dazu auch Kapitel 1.3). Wer in dieser Informationsflut noch gehört werden will, muss Aufmerksamkeit wecken und seine Anliegen empfängergerecht aufbereiten. Er muss sich über die Zielgruppe, deren Voraussetzungen und Erwartungen im klaren sein. Alsdann gilt es die Informationen übersichtlich zu strukturieren und verständlich zu formulieren. Wir müssen für jede Zielgruppe diejenige Arbeit leisten, welche die technischen Datenverarbeitungssysteme nicht leisten können.

8.5.6.5 Effizient suchen

Untersuchungen über das Arbeitsverhalten von Konstrukteuren zeigten auf, dass diese ca. 70 % ihrer Arbeitszeit mit Suchen verbringen. Sie suchen in Katalogen, Ablagen, Datenbanken, alten Unterlagen etc. Auch andere Berufsgruppen dürften sehr viel Zeit mit Suchen verbringen. Diese Tendenz ist durch die heutige Informationsflut trotz moderner Datenverarbeitungstechnik eher noch zunehmend.
Um sich in den eigenen Unterlagen und Daten zurechtzufinden, ist es lohnenswert, einige Gedanken über die Einrichtung des eigenen Arbeitsplatzes anzustellen.

- Auf welche Informationen benötige ich wie häufig Zugriff?
- Wie organisiere ich meine Ablagen physisch? Ordner, Hängeregister, Zeitschriftenboxen?
- Nach welchen Kriterien reihe ich die Unterlagen ein (Zugriffsschlüssel)?

Ein weiteres Problem stellt die Ordnung in meiner elektronischen Ablage dar. Wie schaffe ich einen Zusammenhang mit den Papierablagen?
Was ebenfalls oft vergessen wird, ist das Wegräumen alter, obsolet gewordener Dokumente, Mitteilungen und Files. Wenn ich das vernachlässige, wachsen meine Ablagen und der benötigte Diskplatz stetig. Auch die Suchzeiten für aktuelle Informationen steigen.

Das Suchen nach Informationen kann man auch delegieren. Es gibt Chefs, die ihre Ablage durch eine Sekretärin verwalten lassen. Besonders bei Datenbankabfragen empfiehlt es sich, „Profis" beizuziehen. Diese kennen die Abfragesprachen sowie die Stärken und Schwächen einzelner Informationsanbieter.
Es gibt keine allgemeingültige Methode für alle Arbeitsplätze. Periodische Überlegungen, speziell wenn sich die Aufgaben verändert haben, sind nützlich.

8.5.6.6 Praktische Hilfsmittel einsetzen

Planungshilfsmittel helfen uns, den fremdbestimmten Anteil an unseren Arbeitstagen zu reduzieren. Wir planen selber, wann wir was erledigen, wann wir erreichbar sind und wann nicht.

> **„Jeder Mensch hat seine Zeit. Und nur solange sie wirklich die seine ist, bleibt sie lebendig."**
> *Aus „Momo" von Michael Ende*

Hilfsmittel dürfen nicht zum Selbstzweck werden. Sonst ergeht es uns wie dem Manager, der sich beklagt, dass ihm keine Zeit mehr bleibe, seit er die Möglichkeiten seines Zeitplanbuches voll ausnütze. Hilfsmittel müssen den Bedürfnissen angepasst und einfach sein. Wenn ihr Einsatz einen umfangreichen Einführungskurs erfordert, werde ich sie später doch nicht anwenden.

Wir dürfen nicht zu Sklaven unserer Methoden und Hilfsmittel werden. Bevor wir uns in Unkosten stürzen, bringt uns der Blick in einen Bürobedarfskatalog möglicherweise neue Ideen. Die folgende Liste gibt einen Überblick über heute verfügbare Planungs- und Kommunikationshilfsmittel:

Planungsmittel:

- Agenda
- elektronische Agenda
- Plantafel
- Zeitplanbuch
- Computer

Kommunikationsmittel:

- Briefe
- Telefon
- Telefonanrufbeantworter
- E-Mail
- Diktiergerät
- Pager
- usw.
- Zeichnungen
- Videokonferenz
- Fax
- Internet
- Funktelefon („Mobile Phone")
- SMS, MMS

Die Wahl der richtigen Mittel hängt stark von unseren Aufgaben und der Arbeitsumgebung ab. Ist in einer Firma ein elektronisches Kommunikationssystem installiert und wird es auch genutzt, so wende ich es zweckmässigerweise oder gezwungenermassen ebenfalls an. Ein für alle einsehbarer Terminkalender macht es einfacher, gemeinsame Termine zu finden. E-Mail erleichtert die Kommunikation erheblich. Um in einer solchen Umgebung optimal zu arbeiten, muss ich mich an die gegebenen Standards halten. Eine elektronische Agenda, die zum EDV-System der Firma eine Datenübertragung erlaubt, erübrigt das Führen einer separaten Agenda für unterwegs und den notwendigen manuellen Übertragungsaufwand. Die Entwicklung elektronischer Hilfsmittel geht rasch voran. Überlegen Sie, was Sie wirklich benötigen. Vielleicht genügt eine einfache Agenda auch.

Und noch ein Wort zur Erreichbarkeit: Funktelefon und Pager galten noch vor nicht allzu langer Zeit als Statussymbol. Seit aber sogar Kindergartenkinder persönliche Mobiltelephone besitzen, sind die Zeiten des Statussymbols endgültig vorbei. Heute scheinen sich jedoch immer noch viele Leute durch ihre dauernde Erreichbarkeit ihre Wichtigkeit beweisen zu wollen. Aber nun ehrlich! Sind wir wirklich so wichtig, dass wir jederzeit und überall erreichbar sein müssen wie der Pannendienst? Oft täte es die Telefonumleitung zur Sekretärin oder zu einem Telefondienst auch (siehe dazu auch den Absatz „Störungsfreie Zeiten" auf Seite 244).

> **„Nur wer sich selbst nichts mehr zu sagen hat, muss jederzeit und überall erreichbar sein."**
> *Pater Albert Ziegler*

8.5.7 Zielbezogenheit und Flexibilität

Beharrliches Festhalten an unseren Zielen ist eine Voraussetzung für den Erfolg. Das macht uns auch für unsere Mitmenschen berechenbar und vertrauenswürdig. Beharrlichkeit heisst aber nicht Sturheit. Dazwischen ist oft nur ein schmaler Pfad. Ihn zu finden erfordert Flexibilität. Wer zielstrebig an seiner Richtung festhält und Erfolg hat, gilt als „beharrlich". Wer dabei Misserfolg hat, gilt als „stur". Der Flexible hält auch bei Schwierigkeiten an seinem Kurs fest. Er nimmt aber Umwege in Kauf, wenn er den Erfolg ernsthaft gefährdet sieht. Wer hingegen nur noch „flexibel" ist, besitzt kein Rückgrat und meistert Herausforderungen nicht mehr. Er kann nicht führen.

8.6 Wenn der Druck zu gross wird

Was soll ich tun, wenn der Berg des Unerledigten trotz Planung und klarer Prioritäten stetig wächst? Wenn erzwungenermassen Liegengelassenes zu zusätzlichen Problemen und Aktivitäten führt und auch Überzeit nicht aus der Situation heraushilft? Dann ist es höchste Zeit, dass ich mich frage:
Wer wird mir dafür danken, dass ich mich überarbeite und davon krank werde?
Wenn ich vor lauter Arbeit keine Zeit mehr finde, um über meine Arbeit nachzudenken, ist es wichtig, die Gründe für diese Situation zu analysieren.

> **„Nachdem Gott die Welt erschaffen hatte, gab er den einen die Uhr und den anderen die Zeit."** *Sprichwort*

8.6.1 Mögliche Gründe für den Dauerstress

Handelt es sich nur um eine temporäre Überlastung, die durch ausserordentliche Gründe entstanden ist, z.B. durch Ausfall eines Mitarbeiters, nicht vorhersehbare Ereignisse etc., die sich aber in absehbarer Zeit bewältigen lassen, oder ist es ein Dauerzustand? Spätestens wenn sich nach einem halben Jahr die Arbeitssituation nicht verbessert hat, muss ich mir aber eingestehen, dass etwas nicht stimmt.

Mögliche sachliche Gründe:

- unrealistische Planung
- zu hoher Druck des Arbeitgebers und zuwenig Personal für die anfallenden Arbeiten
- zu hoch gesteckte Ziele
- ungeeignete Abläufe und Hilfsmittel

Mögliche ungeeignete Einstellungen:

- Ich will alles kontrollieren
- Ich will immer der Beste sein
- Ich will alles selber machen
- Ich stürze mich zu tief in die Details
- Ich will unter allen Umständen Fehler vermeiden
- Ich will die ganze Welt verbessern

8.6.2 Einflussmöglichkeiten

Sachliche Gründe, die sich aus dem Arbeitsprozess ergeben, lassen sich meist leicht aufzeigen und durch Zahlen belegen. Dann muss das übergeordnete Management handeln. Möglicherweise können wir aber auch auf subalterner Stufe ungeeignete Prozesse verändern, besser über Abteilungsgrenzen hinweg zusammenarbeiten (Teamarbeit!) etc.
Ich bin selber schuld an meiner Arbeitssituation, weil ich mir auf Grund meiner Einstellungen zuviel aufgeladen habe oder habe aufladen lassen. Ich muss dann wieder zurück zu Kapitel 8.1, aber auch wieder über meine Einstellungen und meine Strategie nachdenken. Muss ich wirklich alles, was ich mache, selber machen? Bin ich wirklich dafür verantwortlich?

> **„Ein Chef, der dauernd Überzeit leistet, ist ein Trottel!“**
>
> *Lee Iaccoca*

Iaccoca sagte nicht, dass wir nie Überzeit leisten sollen. Spitzenbelastungen sind im Wirtschaftsleben etwas ganz Normales. Wir können sie aber nur bewältigen, wenn wir noch Reserven haben, und die haben wir nicht, wenn wir schon im Normalzustand an unserer Leistungsgrenze arbeiten.

8.6.3 Burn-out

Wenn auch genügend Schlaf nicht mehr ausreicht, um aus chronischer Müdigkeit, Gleichgültigkeit und emotionaler Erschöpfung herauszukommen, sind wir mit dem Burn-out-Syndrom konfrontiert. Das Syndrom des „Ausbrennens“, das oft mit psychosomatischen Beschwerden kombiniert auftritt, zeigt sich dann, wenn wir längere Zeit nicht mehr unserer Vision entsprechend leben, sondern uns in dauernden Rollenkonflikten befinden. Burn-out wird auch als „Krankheit des Überengagements“ bezeichnet. Besonders solche Menschen, die sich mit einem Projekt oder einer Firma identifizieren, sind gefährdet, wenn sich das Umfeld verändert und ihnen die Anerkennung versagt bleibt. Wer „mit der Firma verheiratet ist“ und dessen Identifikation mit dem Job die einzige Quelle des Selbstvertrauens darstellt, ist besonders gefährdet. Besser ist es, kein 120 %iges Engagement anzustreben. 100 % genügen. Stabile Familienverhältnisse und ausserberufliche Lebensbereiche tragen viel zum Gleichgewicht bei und erleichtern den Umgang mit den beruflichen Beanspruchungen.

8.6.4 Die Midlife- und andere persönliche Krisen

Es ist ganz natürlich, dass wir in unserem Leben immer wieder persönliche Krisen durchstehen müssen. Sie sind gewissermassen für unsere Entwicklung notwendig. Die Frage ist nur, wie rasch wir sie bewältigen. Neues lernen bedeutet vorerst einmal, Altes loszulassen. „Loslassen“ ist denn auch der Schlüssel zur Überwindung sich selbst gesetzter Grenzen und persönlicher Krisen. Krisen werden zum Beispiel ausgelöst durch

- Situationen, in denen wir plötzlich realisieren, dass das Leben an uns vorbeigegangen ist, dass wir es verpasst und/oder wichtige Ziele nicht erreicht haben;
- Situationen, in denen wir auf Widerstände stossen, die uns daran hindern, wichtige Ziele zu erreichen;
- Situationen, in denen persönliche Ziele plötzlich in weite Ferne rücken oder sich als komplett unrealistisch herausstellen.
- Neid, wenn wir plötzlich realisieren, dass wir auf einem Gebiet nicht so gut sind wie andere und uns dadurch selber abwerten.

Auslöser einer Krise ist immer ein als gross empfundener Verlust. Wir durchlaufen dann die folgenden emotionalen Eskalationsstufen bzw. Reaktionsmuster:

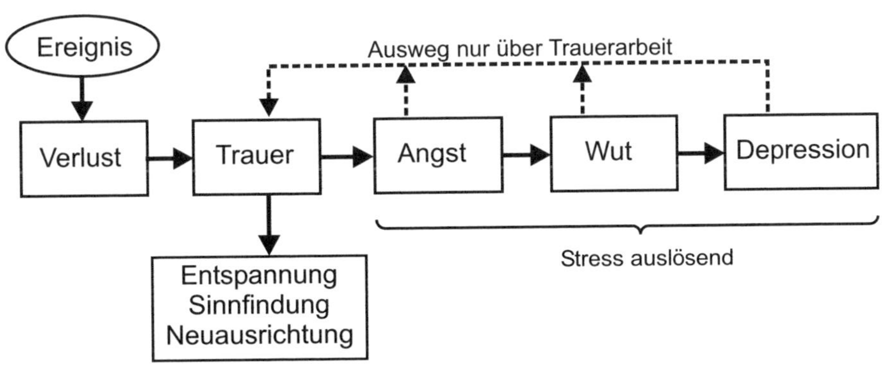

Abb. 8.6.4 Die Eskalationsstufen der Reaktion auf einen Verlust und der Ausweg über Trauerarbeit.

1. Stufe: **Trauer über den Verlust.** Meist verharren wir nur ganz kurz in diesem Zustand. Da wir nicht gerne traurig sind und zudem versuchen, unser Selbstbild aufrechtzuerhalten (recht haben!), gelangen wir rasch zur nächsten Stufe.

2. Stufe: **Angst.** Wie soll es weitergehen? Ab dieser Stufe befinden wir uns in einem Stresszustand und sind nicht mehr fähig, die Realität nüchtern zu betrachten (siehe dazu Kapitel 8.3.6).

3. Stufe: **Wut und Aggression** auf das, was uns im Wege steht, bzw. den, dem wir die Schuld an unserem Verlust zuschieben können. Das lässt uns vorerst stark fühlen und recht behalten. Wenn es aber auch nicht weiter hilft, geraten wir in die vierte Stufe.

4. Stufe: **Depression.** Wir ziehen uns vollkommen ins Unglücklichsein zurück und spielen „ach wie schrecklich" und „ach ich Ärmster" in den raffiniertesten Variationen. In der tiefsten Phase der Depression weiss der Betroffene nicht mehr, warum er eigentlich deprimiert ist. Wer mit der Welt gar nicht mehr zurechtkommt und trotzdem recht behalten will, entschliesst sich konsequenterweise zum Selbstmord.

trauern und Sinnsuche

Auswege aus einer solchen Krise kann man nur via Trauerarbeit über den erlittenen Verlust finden. Erst nachdem wir genügend traurig waren, können wir auch die aktuelle Situation so akzeptieren, wie sie ist. Mit neuem Realitätsbezug finden wir dann wieder Sinn in unserem Dasein, Ziele und mögliche neue Wege, für die wir uns begeistern können. Wer also Niederlagen leichter wegstecken (nicht einfach verdrängen!) kann, findet sich wieder rascher zurecht und kann seine Energien in neue Aktivitäten stecken. Man beachte aber: Nur was wir wirklich verarbeitet haben, können wir weglegen.
Auch unseren Feinden sollten wir ganz aus Eigennutz verzeihen. Unsere Wut auf sie blockiert nur unsere Kreativität, unsere Ziele zu verfolgen und, falls es dazu notwendig ist, unsere Gegner noch effektiver und effizienter zu bekämpfen.

Wer loslässt, hat die Hände frei.

Loslassen bedeutet nicht, dass wir für immer auf ein Ziel verzichten. Es bedeutet aber vorerst, dass wir aufhören, verbissen darum zu kämpfen. Erst wenn wir es wirklich aufgegeben haben zu kämpfen, können wir Ruhe und neue Wege finden. Wer loslassen kann, kann in Entscheidungssituationen auch einfacher Entschlüsse fällen, weil Entscheiden Loslassen vom nicht gewählten bedeutet.

Das Erlebnis mit der Morseprüfung:
Während meiner Studienzeit wollte ich Funkamateur werden und musste dazu das Morsen lernen. Es fiel mir nicht besonders leicht. Mit viel Training und Durchhaltewille erreichte ich aber dennoch mit der Zeit soviel Sicherheit, dass ich mich bei der zuständigen Behörde zur Prüfung anmeldete. Nachdem ich den Prüfungstermin kannte, stockten meine Fortschritte. Besonders wenn ich selber senden musste, war ich ganz verkrampft. Ich bearbeitete die Morse-

taste mit so viel Kraft, dass darunter der ganze Tisch wackelte und ich nach wenigen Minuten schweissgebadet aufgeben musste. Nichts half, weder Baldriantropfen noch die gutgemeinten Ratschläge meines Morselehrers. Eine Woche vor der Prüfung gab der Lehrer auf. Wir waren uns einig, dass ich das fehlerfreie Senden bis zum Prüfungstermin nicht mehr schaffen würde. Trotzdem solle ich die Prüfung ablegen. Den Empfangstest und den Theorieteil würde ich bestehen, und zum Senden einen Nachprüfungstermin erhalten. Ich empfand das damals als eine grosse Schmach. Ausgerechnet im Zusammenhang mit meinem Hobby werde ich eine Prüfung nicht bestehen. Aber es war klar. Es war nichts mehr zu machen, und ich ging niedergeschlagen nach Hause. In meinem Zimmer schaute ich nochmals die Unterlagen für den theoretischen Teil der Prüfung durch und spielte nebenher mit meiner Morsetaste. Plötzlich realisierte ich, dass ich ja morsen konnte! Ganz locker, ohne Kraftanstrengung bewegte sich die Taste. Die Prüfung bestand ich dann ohne Probleme.

8.7 Der Umgang mit dem täglichen Frust

> **„Die Scheisse fliegt in jedem Unternehmen herum. Erfolgreiche verstehen es aber, sie aufzufangen und als Rohstoff für die Goldherstellung zu verwenden.“**
> *Dr. P. Warschawski*

Zu allererst müssen wir die Vorstellung aufgeben, dass wir in einer harmonischen Umwelt leben können. Zu verschieden sind die menschlichen Charaktere, als dass sie einander immer verstehen würden. Und da jedermann zum Überleben diejenigen Fähigkeiten einsetzt, die er hat oder zu haben glaubt, sind besonders in wirtschaftlich schwierigen Zeiten Konflikte und Rivalitäten vermehrt vorprogrammiert. Menschen mit hohen ethischen Ansprüchen an sich und ihre Umgebung tun sich am schwersten mit dieser Situation. Um im täglichen Kleinkrieg besser zu bestehen, die drei folgenden Tipps:

1. Zur Kenntnis nehmen und akzeptieren, dass die Situation so ist, wie sie ist!

2. Abstand zu den Dingen und den Menschen wahren. Sich mit nichts identifizieren. Sich der eigenen Emotionalität bewusst werden, sich aber emotional nicht mitreissen lassen.

3. Stets ausgehend von der aktuellen Situation (die ist, wie sie ist) und meinen persönlichen Zielen nach realisierbaren Alternativen suchen und entsprechend agieren.

Wichtig ist, dass wir uns nicht vom Strudel der Emotionen und Gefühle, der uns umgibt, mitreissen lassen. Nur so können wir uns gegen persönliche Angriffe gezielt und wohldosiert zur Wehr setzen. Betrachten wir doch unsere Umgebung als eine Menge von interessanten Menschen, die so geworden sind, wie sie heute sind, und die so reagieren, wie sie gewohnt sind zu reagieren. Hören wir auf, sie ändern zu wollen oder sogar noch die ganze Welt zu verbessern. Betrachten wir es als unsere Herausforderung, aus einer gegebenen Situation heraus den für unsere Zielerreichung grösstmöglichen Nutzen zu ziehen und nicht nur unseren momentanen Emotionen folgend unser Ich zu stützen. Lernen wir, in den Kategorien unserer Partner zu denken und mit deren Stilmittel zu kommunizieren. Sie glauben dann, uns viel besser zu verstehen, und wir werden feststellen: „Die Menschen verhalten sich alle sehr logisch, wenn man deren Logik versteht." Auf unserem Weg zum Ziel müssen wir aber auch Gegendruck und Anfeindungen aushalten. Wenn wir zu rasch zugunsten einer falschen Harmonie Kompromisse schliessen, werden wir unsere Ziele nicht erreichen.
Ich weiss, das ist nicht immer einfach. Etwas Humor kann aber über die Schwierigkeiten hinweghelfen. Falls Sie bessere Methoden kennen, lassen Sie es mich bitte wissen.

8.8 Wann ist der Weg das Ziel?

In meinem Leben ist der Weg das Ziel. Auf diesem Weg entwickle ich mich kontinuierlich weiter. So arbeite ich an Projekten und löse Probleme. Manchmal mit mehr, manchmal mit weniger Erfolg. Stellt sich der Erfolg ein, kann ich mich freuen. Bei Schwierigkeiten habe ich die Situation (Menschen und Umstände) falsch eingeschätzt oder ungeeignete Prozesse gewählt. Dann muss ich andere Möglichkeiten bzw. Prozesse suchen. Vielleicht arbeite ich auch an den falschen Aufgaben und muss andere Wege beschreiten. In diesem Zusammenhang mag gelten: „Der Weg ist das Ziel."

Solange ich aber an einem Projekt oder Problem arbeite, ist das Projektziel, bzw. die Lösung das Ziel. Wer in diesem Zusammenhang behauptet, der Weg sei das Ziel, wertet die Zielerreichung ab und hat sich damit die Ausrede für das Scheitern bereitgestellt. Im Zusammenhang mit einem Problem oder einem Projekt bleibt also immer die Zielerreichung das Ziel.

8.9 Mein persönliches Controlling

Wenn ich mir Ziele setze, muss ich auch regelmässig kontrollieren, ob ich ihnen näher gekommen bin oder ob ich mich durch das Tagesgeschäft habe ablenken lassen. Für Projektziele genügt die Überprüfung des Terminplanes. Ein für die Karriereplanung und die persönliche Entwicklung hilfreiches Kontrollinstrument ist das Führen eines Tagebuches.

Das Tagebuch hilft mir, bewusster zu leben. Ich muss mich regelmässig hinsetzen und das Geschehene niederschreiben. Was ist passiert? Was hat mich bewegt? Die Schriftlichkeit zwingt mich zur Kürze und Präzision, zwingt mich, über mich selbst nachzudenken und soeben Geschehenes zu beurteilen. Regelmässig (geplant!) setze ich mich wieder hin und lese die Aufzeichnungen durch. Stimmen meine kurzfristigen Urteile, oder werte ich vieles aus der Distanz etwas anders? Dann stelle ich mir die Frage, was ich in der vergangenen Zeit zur Erreichung meiner persönlichen Ziele beigetragen habe: beruflich, privat und in den sozialen Beziehungen. Habe ich etwas gelernt? Was werde ich in Zukunft anders machen? Periodisch überprüfe ich auch meine Ziele. Denn die Umwelt verändert sich, und wir ändern uns mit. Dann muss ich meine Strategien und Ziele wieder überdenken und neu formulieren. Besonders dann, wenn wir sehr erfolgreich sind, müssen wir vorsichtig werden. Denn der Erfolg birgt die Gefahr des zukünftigen Scheiterns in sich. Er macht uns zu selbstsicher und blind gegenüber Veränderungen.

Nie aufgeben!

Auch auf dem Gebiet der Lebensgestaltung und der persönlichen Arbeitstechnik ist noch kein Meister vom Himmel gefallen. Wir können unsere Verhaltensmuster nicht von heute auf morgen ändern. Es kostet uns Anstrengungen und Geduld, Geduld mit uns selber. Tröstlich mag für uns sein, dass es schon grösseren Geistern nicht besser erging. Johann Wolfgang von Goethe meinte einmal: **„Gegenüber der Fähigkeit, die Arbeit eines einzigen Tages zu ordnen, ist alles andere ein Kinderspiel."**
Das ist aber noch lange kein Grund zum Aufgeben! Beginnen wir damit – **gleich jetzt!**

> **„Das wichtigste am Fortschritt ist, dass wir fortschreiten wollen."**
> *Seneca (4 v.Chr.–65 n.Chr.)*

Anhang

Frageraster zur Problembearbeitung nach 4 W

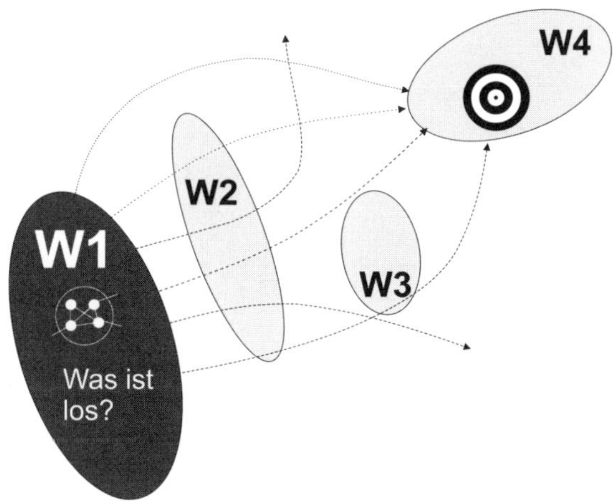

W1: Was ist los? (Situationsanalyse)

Was ist die (vorläufige) Aufgabenstellung?
4 A: Ausgangslage, Absicht, Auftrag, Arbeitsprogramm
Dringlichkeiten? Sind Sofortmassnahmen erforderlich? Wer ist zu alarmieren?
Was ist die Position des Projektleiters, bzw. meine Position?
Verantwortungsbereich, Massnahmenkompetenz, Ressourcen, beteiligte Akteure
Art der Aufgabe? Fehlerbehebung/trouble shooting, System-Neuentwicklung, Strategieentwicklung, Aktionsplanung/Realisierung
Mit welchem System haben wir es zu tun? Systemabgrenzung, Blackbox-Betrachtung, Elemente, Beziehungen, Was gehört nicht dazu? Beteiligte, Betroffene
Interessen und Machtstrukturen: Wer vertritt welche Interessen, Gewinner und Verlierer?
Wie stellt sich die Ausgangssituation dar? Bisherige Ereignisse und Entwicklungen, Stärken und Schwächen? Erwartete Ereignisse und Entwicklungen/Prognosen? Chancen und Gefahren?
Woher genau rührt die Schwierigkeit bzw. der Veränderungswunsch?
Treibende Kräfte? Ungenützte Ressourcen? Faktoren des Gelingens, Misslingens? Ursachen von Abweichungen?

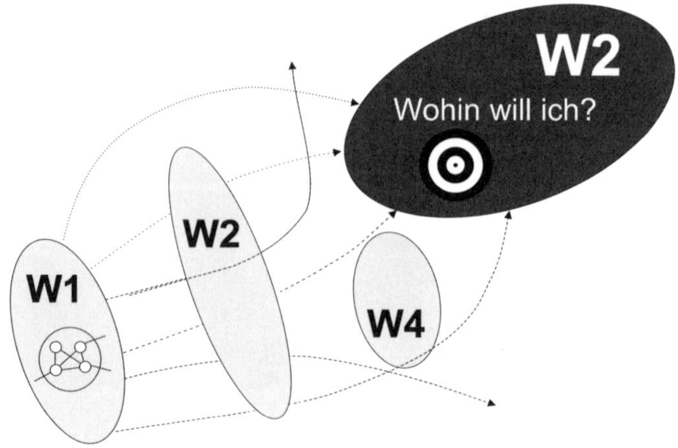

W2: Wohin will ich? (Zielformulierung)

Wie lauten mögliche Ziele?
Welche Merkmale hat der „ideale Endzustand“? (Das gibt die Zielrichtung vor.)
Wie wird es dann und dort konkret aussehen?
Was soll das Ding tun?
Wer hat langfristig welchen Nutzen?
Wo soll welche Wirkung entstehen?
Wo zeigt sich bereits heute der Idealzustand?
Wie lassen sich die Ziele ordnen?
hierarchisch (Oberziel, Teilziele)
funktional (Ursache, Wirkung)
zeitlich (vorher, nachher; kurz-, langfristig)
Was beschreibt (in einem Satz) die eigentliche Absicht?
Was sind die prägenden Anforderungen?
Festziele, Mindestanforderungen, Wünsche?
Sind die Ziele nun genügend operationalisiert?
Inhalt, Ausmass, zeitlicher Bezug
Sind wirklich Ziele formuliert und nicht Massnahmen?

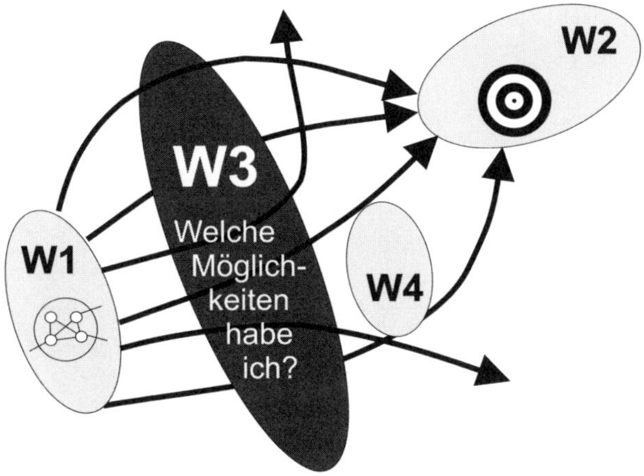

W3: Welche Möglichkeiten habe ich?

Um welche Art von Aufgabe handelt es sich jetzt?
Entweder: System reparieren, System neu konstruieren/ersetzen, System überflüssig machen, oder eine Strategie (Weg zum Ziel) entwickeln?
Um welche Art von Problem handelt es sich? Informationsproblem (Lösung suchen, recherchieren), Erfindungsproblem (technischen Widerspruch bewältigen)
Welche Methoden zur Lösungsentwicklung wählen wir? (Suchmethoden, Konzipierungsmethoden, Kreativitätsmethoden)
Methoden anwenden, gefundene Lösungsideen festhalten, dokumentieren
Lösungsideen sortieren (nixe = neu, interessant, nicht weiter verfolgen, entwicklungsfähig)
Lösungsideen bündeln: Was sind alternative Strategien? Was sind alternative Lösungskonzepte? Welches sind direkt umsetzbare Lösungen?

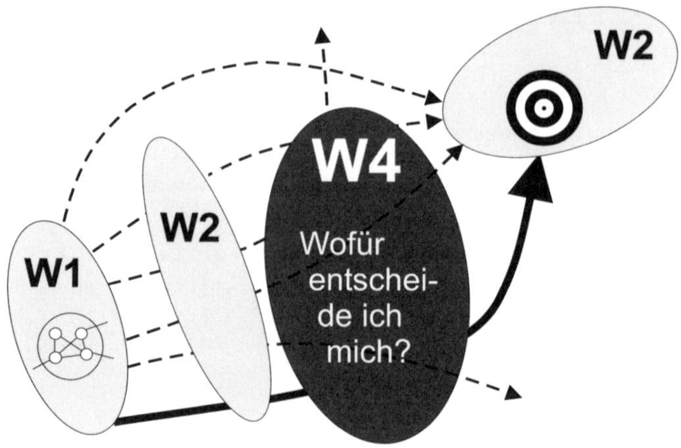

W4: Wofür entscheide ich mich?

Wer entscheidet?
Wer unterschreibt? bezahlt? unterstützt?
Was prägt die Entscheidungssituation?
Ist zwischen sich ausschliessenden oder sich ergänzenden Lösungskonzepten zu wählen? Sind sich ausschliessende oder kombinierbare Lösungswege/Aktionen zu vergleichen? Vergleichen wir fertige Lösungen, oder handelt es sich erst um Konzepte?
Welche alternativen Lösungskonzepte / Aktionen sind zu vergleichen?
Welche Varianten fallen hinaus, weil sie Muss-Forderungen nicht erfüllen?
Nach welchen Kriterien werden die Alternativen bewertet? Mit welcher Gewichtung?
Mit welcher Methode bewerten wir? Nutzenanalyse, Nutzwertanalyse, Kostenrechnung, paarweiser Vergleich?
Wie ist das Ergebnis des Verfahrens zu beurteilen? (Sensitivitätsanalyse)
Welchen Entscheid schlagen wir vor?
Wie ist der Weg zum Entscheid(er) zu gestalten? (Lobbying?)

Literaturverzeichnis

Averil J.R., Nunley E.P: Die Entdeckung der Gefühle, Ernst Kabel Verlag, Hamburg 1993

Axelrod R.: The Evolution of Corporation, Basic Books Inc. Publishers, New York 1984

Bisang P.: Was tun bei Kosten- und Terminüberschreitungen, Fehlinvestitionen, Personal überlastung ...?, io Managementzeitschrift 55 (1986), Nr. 6, Seiten 273–276, Verlag Industrielle Organisation, BWI ETH, Zürich 1986

Blanchard K., Jonson S.: Der Minutenmanager, Rowohlt, Hamburg 1983

Bransford J.D., Stein B.S.: THE IDEAL PROBLEM SOLVER, W. H. Freeman and Company, New York 1984

Brassard M, Ritter, D: Der Memory Jogger, GOAL/QPC, Methuen, Massachusetts 1994

DABEI: DABEI-Handbuch für Erfinder und Unternehmer, VDI-Verlag, Düsseldorf 1987

Dietfurt H.: Von den biologischen Grenzen unserer Vernunft, in: Denken über die Zukunft, Herausgeber Hannes Keller, Zürich 1986

Ernst H.: Was will ich wirklich wissen? in: Psychologie heute, Juli 1998, Seiten 20–26

Gebäudeversicherung des Kantons Zürich: Feuerwehr Ausbildungs- und Einsatz-unterlagen, Gebäudeversicherung des Kantons Zürich, Postfach, 8090 Zürich

Glas F, Lievegoed B.: Dynamische Unternehmensentwicklung, Haupt Verlag, Bern 1993

Goldberg P.: Die Kraft der Intuition, Gondrom Verlag, Bindlach 1995

Golemann D.: Emotionale Intelligenz, Carl Hanser Verlag, München und Wien 1996

Gomez P., Probst G.: Vernetztes Denken im Management, Schweizerische Volksbank, Die Orientierung Nr. 89, Bern 1987

Gomez P., Probst G.: Die Praxis des ganzheitlichen Problemlösens, Haupt Verlag, Bern 1995

Grandjean E.: Arbeitsgestaltung, Ott Verlag, Thun 1967

Guntern G.: Herausgeber: Intuition und Kreativität, Internationales Zermatter Symposium, SCALO Verlag, Zürich 1995

Haberfeller R., Nagel P., Becker M., Büchel A., von Maslow H.: Systems Engineering, Verlag Industrielle Organisation, Zürich 1994 (8. Auflage)

Harber C. S., La Jolla: How to get a bright idea? The ECONOMIST, Dec. 27, 1980

Hensel J., Lomnitz G.: Projektleiter-Praxis, Springer-Verlag, Berlin, Heidelberg, NewYork 1987

Hermann N.: Das Ganzhirn-Konzept für Führungskräfte, Ueberreuter, Wien 1997

Holliger-Uebersax H.: Handbuch der Allgemeinen Morphologie, MIZ-Verlag 1980, Auslieferung über P. Bisang, Postfach 196, FL-9496, Balzers

Huber A.: Emotionale Intelligenz, Heyne Sachbuch Nr. 19/4087, Wilhelm Heyne Verlag, München 1996

Jackson M. A.: Grundsätze des Programmentwurfs, S. Toeche-Mittler Verlag, Darmstadt 1980

Kälin K., Müri P.: Sich und andere führen, Ott Verlag, Thun 1985

Kepner C. H., Tregoe B.: Entscheidungen vorbereiten und richtig treffen, Verlag moderne industrie, Zürich 1982 (1. Auflage), 1992 (6. Auflage)

Kühn R.: Marketing Mix, Die Orientierung, Schweizerische Volksbank, Bern 1984

Laurent G.: Einführung in das Studium der Strategie, Verlag für Volkstum, Wehr und Wirtschaft, Berlin 1939

Lauster P.: Selbstbewusstsein, ECON Verlag, Düsseldorf 1993

Lay R.: Kommunikation für Manager, ECON Verlag, Düsseldorf, Wien 1991

Limacher U.: Generell gültige Strukturen und Vorgehensweisen bei der Planung von CIM, CIM-Zentrum Muttenz 1992

McLean P.: The Triune Brain in Evolution, Plenum Press, NewYork 1990

Mechsner F.: Die Suche nach dem Ich, GEO, Nr.2/Februar 1998, Seiten 62–80, Hamburg 1998

Nadler G.: Arbeitsgestaltung – zukunftsbewusst – Entwerfen und Entwickeln von Wirksystemen, Herausgeber: Hubert Hugo Hilf, Carl Hanser Verlag, München 1969

Nagel K.: Nutzen der Informationsverarbeitung, Oldenbourg Verlag, München 1988

Ninck A., Bürki L., Hungerbühler R., Mühlemann H.: Systemik, Verlag Industrielle Organisation, Zürich 1997

Porter M. E.: Wettbewerbsvorteile, Campus Verlag, Frankfurt 1989

Rexrodt F. W.: Gehirn und Psyche, Hypokrates Verlag, Stuttgart 1981

REFA: Methodenlehre des Arbeitsstudiums Teile 1–6. In Teil 3 „Kostenrechnung, Arbeitsgestaltung" ist die 6-Stufen-Methode detailliert beschrieben, Hanser Verlag, München 1985

Rogoll R.: Nimm dich, wie du bist, Herderbücherei Band 593, Freiburg im Breisgau 1976

SATW: Ethik für Ingenieure/technische Wissenschafter (Grundsatzpapier der SATW), November 1991, Sekretariat der Schweizerischen Akademie der technischen Wissenschaften, Postfach, 8039 Zürich

Schirm R.W.: Die Biostrukturanalyse 1–3, IBSA Institut für Biostrukturanalysen AG, Baar 1991

Schweizer P.: Systematische Produktentwicklung mit Mikroelektronik, Ott Verlag, Thun 1989

Schweizer P.: Aber bitte mit System – von der Funktions- zur Systemhierarchie: ein Beitrag zur Konstruktionsmethodik, Technische Rundschau 43/89, Seiten 86–89

Schweizer P.: Systematisch Lösungen realisieren – Innovationsprojekte leiten und Produkte entwickeln, vdf Hochschulverlag an der ETH Zürich, Zürich 2008 (2. Auflage)

Schweizer P.: Systematisch Lösung werden – Selbstmanagement für Führungskräfte, vdf Hochschulverlag an der ETH Zürich, Zürich 2008

Schweizer P.: Systematisch zu Lösungen führen – Führungskräfte im sozialen Umfeld, vdf Hochschulverlag an der ETH Zürich, Zürich 2008

Schweizerische Armee: Taktische Führung (TF 95), Teile 2 und 11, Reglement 51.20d, Bern 1995

Seiwert L. J., Gay F.: Das 1x1 der Persönlichkeit, GABAL Verlag, Offenbach 1996

Senge P. M.: Die fünfte Disziplin, Klett-Cotta Verlag, Stuttgart 1996

Stähli F.: Ingenieurethik an Fachhochschulen, Sauerländer Verlag, Aarau 1998

Topping W.: Stress Release, VAK Verlag, Freiburg 1994

Ulrich H., Probst G.: Anleitung zum ganzheitlichen Denken und Handeln, Haupt Verlag, Bern 1988

VDI: Methoden zum Entwickeln und Konstruieren technischer Systeme und Produkte, VDI Handbuch Konstruktion, VDI 2221, VDI-Verlag, Düsseldorf 1969

Vester F.: Phänomen Stress, dtv Sachbuch, München 1996

Wagner H.: DISG-Persönlichkeitsprofil, GABAL Verlag, Offenbach 1990

Zeichen A.: Zeitmanagement – Mehr Zeit für das Wichtige, Wirtschaftsförderungsinstitut der Handelskammer Vorarlberg, Dornbirn 1993, Nr. 209 in der Schriftenreihe des WIFI

Züst R.: Einstieg ins Systems Engineering, Verlag Industrielle Organisation, Zürich 1997

Zwicky F.: Jeder ein Genie, Verlag Bäschlin, Glarus 1997 (Neuauflage)

Zwicky F.: Entdecken, Erfinden, Forschen im Morphologischen Weltbild, Verlag Bäschlin, Glarus 1997 (Neuauflage)

Stichwortverzeichnis

Der Autor

Peter Schweizer ist Geschäftsführer der Firma MethoSys GmbH in Zürich, die den gesamten Produkte-Innovationsprozess mit einem modularen Kursangebot sowie Coaching und Beratung unterstützt. Nach seinen Studien zum Dipl. Elektro- und später auch zum Dipl. Betriebsingenieur an der ETH sammelte er seine Erfahrungen als Entwicklungsleiter in der Elektronikindustrie, als CAD-Verkäufer in der EDV-Branche, als Professor an der Fachhochschule beider Basel und als Ausbildungsleiter in der Industrie. An der Fachhochschule Nordwestschweiz leitet er den Nachdiplomkurs „Produkt- und Entwicklungsmanagement". Das besondere Interesse des Autors galt immer der Produktentwicklung und den dabei einzusetzenden Methoden, den sich dabei stellenden psychosozialen Problemen sowie Ausbildungsfragen. Über weitere Publikationen und die Angebote der Firma MethoSys GmbH informieren Sie sich im Internet unter www.methosys.ch sowie www.triz.ch. Hinweise und Anregungen nimmt der Autor gerne als Email entgegen (peter.schweizer@methosys.ch).